製作福爾摩沙——追尋西洋古書中的台灣身影

The fabrication of Formosa: Images of
Formosa in European antique books

鄭維中◎著

《荷使第二及第三次出訪（大清）中國記》／達波1670

《水陸遊記中有教益和奇趣的書簡大全》／斯托克林1726

《莫斯科大使出訪中國記》／伊德斯1704

《荷使初訪中國記》／尼霍夫1665

《東西印度驚奇旅行記》／司馬爾卡頓1983

《荷蘭信使》1663

《歐洲每日大事記》1663

《中國新圖》／衛匡國1655

《荷使出訪日本記》／蒙塔納斯1655

《反對薩爾曼納查言論的探究》／薩爾曼納查1710

《東印度水路誌》／林斯豪頓1596

《福爾摩沙島歷史與地理的描述》（英）／薩爾曼納查1704

《被遺誤的福爾摩沙》／揆一1675

《亞洲指南》／斯班1694

《東印度旅行短記》／赫伯特1669

《耶穌會士書簡集》／郭弼恩等1720

《福爾摩沙島歷史與地理的描述》（荷）／薩爾曼納查1705

推薦序
綿延新生的荷蘭時期台灣史研究

　　早在一九四七年，我進入台大圖書館工作時，就深受東西交通史書籍的吸引。例如英國玉爾(Henry Yule)爵士所寫的" The Travels of Marco Polo"、" Cathay and the Way Thither" 兩書，可說愛不釋手。一九五〇年代起，台灣史研究的風氣逐漸興盛起來，我因為對清代之前的台灣史事發生濃厚的興趣，便在台大桑田六郎老師傳授的東西交通史知識基礎上，主動利用外文史料來研究荷蘭時代的台灣史。當時研究所藉助的資料，主要是台大總圖書館、文學院圖書館內珍藏的外文檔案、古籍。為了讓更多人能夠自由運用這些資料，我也與賴永祥先生合編了一篇《有關台灣西文史料目錄稿》，來引介這些相關書籍。本書介紹的一些古本書籍，在此亦多所提及。

　　其後，在恩師岩生成一先生的支持下，一九六五年我得以加入聯合國教科文組織的「國際東西文化互相鑑賞研究計畫」前往日本深造，鎮日流連於東京東洋文庫圖書館、內閣大庫圖書館當中，盡情瀏覽眾多西文、漢文珍本古籍，利用第一手的史料來進行研究。一九七三年，受到陳荊和教授的邀請，我到香港中文大學參與跟美國南伊利諾大學越南研究中心合作的「越南中文史料國際研究計畫」，從事校訂《大越史記全書》，也花費相當精力查閱、抄寫中外古籍。一九七〇年，荷蘭萊登大學學者包樂史（Leonard Bluss　）先生來台留學，我給他引介了不少相關的研究資料與學者，使他從人類學者的身份，踏上歷史研究之路。一九七八年，他在荷蘭推動《熱蘭遮城日誌》的刊印編校計畫，

邀請我去參加。於是，我又獲得機會，得以前往荷蘭萊登大學歐洲擴張史研究中心與荷蘭國家檔案館遍覽珍本古籍與檔案資料。

在過去，沒有電腦、影印機的便利，研究者必須隨時隨手抄錄相關記載內的隻字片語。由於許多古籍珍本，台灣本身並無典藏可考，許多必須徵引、查對的段落，都必須親自前往世界各地的圖書館調閱。如今，時空環境已經改變，不但各類歐語檔案已逐漸抄錄編校、翻譯成中、英文刊行出版，國內各機構對西書古籍的典藏，也日漸豐富。在翻譯方面，江樹生先生翻譯《熱蘭遮城日誌》已屆數年，包樂史先生推動英譯之原住民史料Formosan Encounter系列也將完成出版，而台大外文系教授鮑曉歐（José Borao）先生也將西班牙檔案匯集並譯為英文。而台史博所購置的這批珍本古籍為歷年罕見的齊全收藏，給未來年輕學子在資料運用上帶來的便利，是自台灣史研究熱潮後所未有。

自從一九八四年開始在台大任教之後，我也盡力指點對此研究領域有興趣的學生相關的中外文史料。本書作者鄭維中，便是我課堂上較為晚近踏入這個領域的研究者。二〇〇三年他到荷蘭接受包樂史先生的指導，取得博士候選人的資格，現在應該有足夠的能力來介紹這批古籍。相信未來像他這樣有意願也有能力從事相關研究的年輕學子，都能藉助台灣歷史博物館典藏的書籍，便利地進行各種研究。當然，也希望他能順利完成學業，取得博士學位，繼續台灣史方面的研究工作。

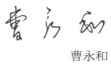

曹永和
中研院院士

一本帶著歷史「詩意」的好書

國立台灣歷史博物館（簡稱台史博）籌備處從二〇〇二年開始執行「海外台灣資料調查及收藏計畫」，嘗試與荷蘭、西班牙、英國、法國、日本、美國等地的相關研究機構接觸，展開初步調查，期望了解台灣相關資料在海外的情況。另外，在收藏方面，則經由歐福曼（Paul J. J. Overmaat）、藍柏（Lambert van der Aalsvoort）、魏德文幾位先生進藏了自十六世紀以來的台灣相關地圖、圖葉和古籍。

博物館對於收藏品除了應該用心保存維護之外，必須透過研究來彰顯藏品的價值，並出版為公眾所用，才算克盡其責。台史博自海外收藏的相關地圖、圖葉和古籍一直持續在進行維護與研究工作，於二〇〇六年元月與南天書局合作出版了《經緯福爾摩沙：十六至十九世紀西方人繪製台灣相關地圖》及《早期台灣歷史文獻研究書目》兩書，開始提供了計畫的初步成果。

本書得以成稿出版，來自一個奇特的機緣，撰著者鄭維中先生是台大社會學博士生，留學荷蘭一年，取得萊登大學博士候選人資格。學有專精，主攻十七世紀台灣史，語文能力超強，除英文之外，還可以閱讀荷蘭文和德文。為了長遠的學術生涯規畫，他決定先服兵役（文化服務），再安心完成學業。

二〇〇五年初，我獲知此事，乃主動爭取他到國立台灣歷史博物館籌備處服役。他來報到的時候，我告訴同仁，此君原則上

只歸我管，不要打擾他。我請他專責整理本處十七、十八世紀的西文特藏書（英文、荷蘭文、德文），並相約定在服役期限內選譯古籍中台灣相關資料編輯成書。「服役」期間（二○○五年四月到二○○六年六月），每日上班時，他總是鎮日伏案用功，是一個令人佩服，也讓我羨慕的「書呆子」。退伍前，他不負所望地完成任務，無愧於是一個負責認真的好「軍人」。相信這本書可以展現他的學術能力，也應該是表現文化替代役的價值和貢獻的一樁美談。

鄭維中先生雖然看起來很嚴肅，其實比我要浪漫許多。原先我單純地想將台史博的西文典藏古籍「古板」地整理介紹，提供給學界及社會大眾參考使用，以彰顯博物館藏品的研究價值。但是在他的細心及生花妙筆之下，卻成為一本帶著歷史「詩意」的書，相信讀者在字裡行間可以體會。

台史博籌備處的江明珊小姐和如果出版社的張海靜小姐認真盡力，本書得以問世，當記一功。「如果」是一家有膽識與創意的出版社，很佩服王思迅總編有膽量和台史博合作出版這樣一本冷門書。此書內容雖然有點冷，幸而加上鄭維中的「詩意」和「如果」的編輯創意，出版後「如果」可以暢銷，那就功德圓滿了。是為序。

呂理政
國立台灣歷史博物館籌備處主任

製作福爾摩沙與福爾摩沙製作

　　西元十五世紀末以來，歐洲史學家以歐洲中心主義的立場，將當時混雜著經濟、政治、軍事和科學的全球航海事業，旁若無人地誇稱為「地理大發現」。「福爾摩沙」因此被西方人看到，也因此被命名，更因此被記載傳誦。這本《製作福爾摩沙》所收錄的書籍就是其中一部份。

　　不過，歷史是詭譎的。有所「記」，當然就有所「漏」；有所「記」，當然會有「親歷」或「實錄」，也免不掉「傳聞」或「虛構」；記「一時」，也就顧不得「一世」。而所記之人的小我生涯和大我脈絡，更是影響到所記的內容。而後世讀者的小我生涯和大我脈絡又何嘗不會再度加深整場公案的詭譎程度。書中的真假虛實，時人就需要知津者指點，更何況後人面對這些史書時的茫茫。

　　製作福爾摩沙當然不是任何時空或是任何國族或是任何人的專利，更不可能只是任何時空或是任何國族或是任何人的能力。

　　這本福爾摩沙製作的《製作福爾摩沙》首要歸功於作者鄭維中認真的精神和培養多年的研究功力。原本只需將館藏的外文古書作個提要，就可以交差了事的。他這個服替代役而且又沒有拿特別加給的社會學碩士偏要把這份差事當成一場志業，於是成就

了這麼一本具有可看性的圖文故事書。最特別的是，維中以社會學的專業角度來看待一個歷史的題材，也造就了這本書的另一種特色。

　　光是作者完成不了一本書，還要有當初支持這項計畫的台灣歷史博物館，以及出版社的投入。當然，追本溯源的話，還要歸功於當初這些寫書的人對於福爾摩沙的熱愛。不管這些人當初寫作動機為何，身為讀者的我們，現在遙想起當年那種「像一趟東方海上之旅一樣長」的書名，以及顯然是繪圖者「想像東方」的異國情調（您看過像書中插畫那種「窈」「窕」兩字的掛軸嗎？還有那個引起爭議的「東部朝上」的地圖早在當時的外國書中就出現了，並非最近本地人的發明）；以及今天讀來像是天方夜譚的我們祖先（其實大部份不是漢人）的軼事，在在都能讓我們這些四百年後的「福子福孫」參與一場外人先行製作而我們再加工複製的、永不止息的歷史文化大戲。

　　看完這本書，不知道您會不會像前人那樣讚嘆，

　　啊～婆娑之洋，美麗之島～

孫中興
台灣大學社會學系教授

歷史學者是新一代的偵探和說故事的人，
藉由他們的眼，我們看到三百年前被塵封的歷史祕密！

作者序
一種帶著同情與理解的閱讀

　　本書乃是筆者於台灣歷史博物館籌備處服替代役時，依照館方期待所寫的作品。由於台灣歷史博物館已接近開館，十七、八世紀的館藏需要更深入的研究與介紹，才能讓大眾明瞭館藏的重要性與其價值，因此，我的工作便是從事先期的介紹，以裨益於日後研究者運用。

　　雖然館方最初的期待是將藏品列表簡介出版，我卻以為此一作法無助於引起台灣大眾的興趣，也無法彰顯其重要性，所以將原先全錄的構想改為選錄，並對所珍藏西文善本書的來源，以及其之所以值得收購之處，一一詳細闡明。這樣的構想，也獲得館方的認可。在寫作的過程當中，除了介紹所選錄書本的特殊性外，也逐漸挖掘出這批珍貴收藏書籍背後，其中涉及台灣記載的段落間，相互呼應的人物與事件。因此，書本、人物（作者）、事件三者互相指涉的關連性，變成了將本書有機地組合起來的重要元素。

　　在資訊的流通受到重重限制，而有目的之寫作佔去文類大半的近代早期時代（early Modern），出版書籍的活動本身，即有重重的社會脈絡為之襯托。書、人、事三者相呼應的的情況，常常是過去歷史上文化活動的基本條件。想要瞭解與台灣相關的古籍，其基本功夫也就在於對這些已逝去脈絡的理解。理解在古老時空下，作者寫作時心中所假設的讀者，以及現今古籍真正的閱讀者之間，因為時代、文化差異而產生的落差，即是本書意欲彌縫的鴻溝。也只有在跨越了這樣的落差之後，這些古籍珍本橫

互數百年所承載的文化意義，才能重放光明。

　　本書介紹、釐清的目標，固然特別著重歷史中人與書的關連，但由於台灣歷史博物館收藏這批圖書，特重其所記載的台灣資料，故只有將所刊載的台灣歷史事件，與前述關連交互參照，才能解明此文本對於台灣史的意義。在人與書相互纏繞的關係中，被當成爭議點或關懷點之事件，也因此成為本書不得不觸及的內涵。惟讀者須知，對此類歷史事件的介紹，並非針對歷史事件本身的研究，而是對古籍內所傳達歷史事件的面貌做出研究。

　　近年來，隨著各種外文檔案史料的翻譯、註釋，研究者對於十七、八世紀台灣史的研究成果也逐漸累積，其眼光與視野、所運用的工具都不必限於過去傳抄出版的資料，此點已是國內外研究者的共識。換言之，館藏古籍珍貴之處，不在其能客觀的反映台灣過去的歷史情況，而在其能如實反映台灣在世界上的地位。

　　本書若能導引讀者以一種遨遊的心情，對這些書、人與事，產生一種「同情的理解」，那讀者必定能從中享受到玩賞古籍所帶來的樂趣。

　　本書的出版，首先要感謝台史博展示組的江明珊、賴思儒、張艾茹小姐的鼓勵，以及館內同仁的支持。並感謝內人恆妏不吝逐字修改初稿，將生澀文字化為流暢的篇章。編輯張海靜小姐、王思迅先生是真正將筆者模糊的概念化為具體書籍的人，亦在此致謝。此書實是在眾多師友默默祝福中誕生，也僅以此書獻給過去與未來書寫台灣這塊土地的人。

鄭維中　2006.6.20

於國立台灣歷史博物館籌備處辦公室

目次

台灣史相關西洋古書系譜圖

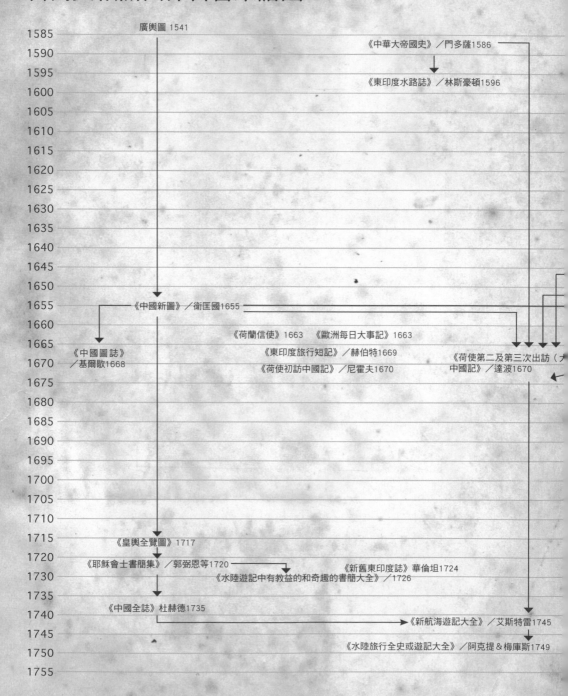

廣輿圖 1541		
	《中華大帝國史》／門多薩1586	
	《東印度水路誌》／林斯豪頓1596	

1585
1590
1595
1600
1605
1610
1615
1620
1625
1630
1635
1640
1645
1650
1655
1660
1665
1670
1675
1680
1685
1690
1695
1700
1705
1710
1715
1720
1725
1730
1735
1740
1745
1750
1755

《中國新圖》／衛匡國1655

《荷蘭信使》1663　《歐洲每日大事記》1663

《中國圖誌》
／基爾歇1668

《東印度旅行短記》／赫伯特1669

《荷使初訪中國記》／尼霍夫1670

《荷使第二及第三次出訪（大
中國記》／達波1670

《皇輿全覽圖》1717

《耶穌會士書簡集》／郭弼恩等1720

《新舊東印度誌》華倫坦1724

《水陸遊記中有教益的和奇趣的書簡大全》／1726

《中國全誌》杜赫德1735

《新航海遊記大全》／艾斯特雷1745

《水陸旅行全史或遊記大全》／阿克提＆梅庫斯1749

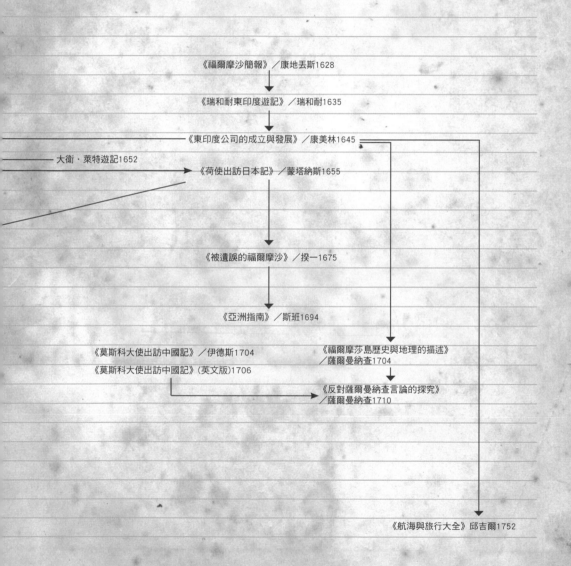

《福爾摩沙簡報》／康地丟斯1628

《瑞和耐東印度遊記》／瑞和耐1635

《東印度公司的成立與發展》／康美林1645

大衛・萊特遊記1652

《荷使出訪日本記》／蒙塔納斯1655

《被遺誤的福爾摩沙》／揆一1675

《亞洲指南》／斯班1694

《莫斯科大使出訪中國記》／伊德斯1704

《福爾摩莎島歷史與地理的描述》
／薩爾曼納查1704

《莫斯科大使出訪中國記》(英文版)1706

《反對薩爾曼納查言論的探究》
／薩爾曼納查1710

《航海與旅行大全》邱吉爾1752

0

序幕：福爾摩沙之鏡

　　中世紀的歐洲人，非常形象論地把法律以明鏡之意象來表達。日耳曼法律書《薩克森鏡鑒》（Sachsenspiegel），就把法的理念當成是現實秩序的鏡映：

spigel der Saxen	薩克森之鏡
sal diȝ buch sîn genant	此書正如其名
wende Saxen recht ist hir an bekant,	在此識得薩克森之法
als an einem spiegele de vrouwen	比如婦女取鏡
ir antlitze beschouwen.	自覽面容

——Sachsenspiegel vorrede　　　　——《薩克森鏡鑒》前言①

　　隨著文字使用範圍的擴張，鏡影乃成為思索世界萬有的象徵。荷蘭文學之父瑪蘭（Jacob van Maerlant）於一二八四年編纂的大書《歷史之鏡》（*De Spieghel Historiael*），便以荷蘭文表述了世界史，開創了荷蘭人的世界觀點。荷蘭史學者胡競格（Huizinga）引用聖經哥林多前書：「因為我們現在透過蒙塵的鏡子來看，可是那時我們就會面對著面」以表示，②中世紀晚期歐洲人認為思維與感受的形象乃是難分難捨。那時鏡中的自我形象，被認定具有某種脫離真實自我的可能性，鏡中世界如同另一個平行的世界，終究會於現實中浮現。鏡中世界虛幻卻完美，與實存世界的真實卻帶有缺憾，成為對立的兩面。鏡象因此既是摹本（Beeld），又是模範（Voorbeeld）。在此一形象式比喻之下，當時藉以認識世

界萬有，提升自我的書籍，也廣泛習稱為「明鏡之書」。本書
所簡介的，主要是十七世紀前後到十八世紀前半，載有歐洲人
有關台灣紀事的珍貴典籍。在那個時代，歐洲人剛剛開始探索
外在的世界，並且以無限的好奇心反映了這些事實，並詳加登
載。而這些承載著稀有知識的典籍，後來又成為塑造歐洲人世
界觀的重要摹本。這些典籍的文字記載，零散片段的反映著當
時亞洲地區的人文風貌。也就如同各式各樣的鏡子一般，映照
著某一個變換不居又恆久一致的實體──福爾摩沙。

　　透過《東印度水路誌》，我們見到青翠的台灣山巒；在
《東西印度驚奇旅行記》、《東印度旅行短記》中，見到奔跑
獵鹿的原住民與腰纏銅幣的大明海商；在《荷蘭信使》、《歐
洲年度大事記》裡面受難的荷蘭牧師、《荷使第二及三次出訪
（大清）中國記》裡面驍勇的明鄭海軍跟畏縮的清軍、《莫斯
科大使出訪中國記》裡獨立的台灣王國、《耶穌會士書簡集》
裡向神父抱怨的平埔族等等。這些古籍內的記載，確實是如實
地反映了作者的自身經歷。

　　但是，我們也不應該天真的以為這些典籍都如同平滑光亮
的鏡子。其不同的原材，　所受到的光源和擺放的角度，在在
影響了其反映的形象，例如在《福爾摩沙簡報》裡，讓人感覺
得到《日耳曼尼亞志》的迴響、在《中國新圖》中，我們透見
內裡《廣輿圖》的影子；在《中國圖誌》的仕女圖中，看到的
卻是當時義大利女性模特兒的身影。《被遺誤的福爾摩沙》封
面上的國姓爺圖像，竟是從伊斯蘭君主轉化來的鄭成功形象；
而《荷使第二及第三次出訪（大清）中國記》裡，矯健原住民

①Grimm., Jacob/ Wilhelm, Grimm., *Deutsches Wörterbuch von Jacob Grimm und Wilhelm Grimm,* 16de Bde, （Leipzig: S. Hirzel 1854-1960）., z. 2236.
②Huizinga, John., *The waning of the Middle Ages: a study of the forms of life, thought, and art in France and the Netherlands in the XIVth and XVth centuries*, （New York: St. Martin's Press: 1985）, p. 183.

的想像圖裡，帶有希臘人的味道。確實，與映照實體的明鏡不同，心靈中的形象必須要有參考的概念。沒有這些「前理解」，要讓遠在萬里外的歐洲人想像福爾摩沙，實在困難。

更奇特的現象是，各自獨立的典籍，也如同隨意散佈在實體周遭的鏡子一樣，相互映照，從一個鏡中獲得了另一個鏡中的形象。例如。在《東印度水路誌》裡可見到《中華大帝國史》的篇章，《歐洲年度大事記》中的快報則與《荷蘭信使》多所重疊。《被遺誤的福爾摩沙》、《荷使第二及第三次出訪（大清）中國記》關於原住民的敘述，都來自《福爾摩沙簡報》，後者關於台灣的地理描述，則來自《中國新圖》，《亞洲指南》略談的台灣故事，則是《被遺誤的福爾摩沙》之大意；《中國全誌》多出自《耶穌會士書簡集》；《荷使出訪日本記》中關於南明的記載，則引自《中國新圖》。後書將前書當成必要資料逐予編纂的情況，說明了這「鏡中世界」是如何的自成一格。

更不要這些相互映照的鏡中形象，如何因為一些不經意的扭曲，形成了幻想的實體。如《東印度水路誌》的海圖，將台灣繪製成三座相間的島嶼。假台灣人薩爾曼納查所寫的《福爾摩沙地理與歷史之描述》，正是建立在對《福爾摩沙簡介》之批駁。而其續集《反對薩爾曼納查的探究》，則是因為《莫斯科大使出訪中國記》提出質疑所為之辯解。即便是《中國全誌》也引用了《台灣府志》的記載，而誤以為荷蘭人用牛皮向原住民換地。《新舊東印度志》所刊的福爾摩沙地圖，因為接合局部地圖的方式錯誤，而讓台灣的腰圍長寬。

　　上述一系列的典籍正交錯複雜地構成了一面廣大的「福
爾摩沙之鏡」。鏡中的形象，雖然是映照真實的形象而來，卻
不完全等同真實本身。對我們而言，所謂過去的真實本身，無
寧已經隨著時光而流逝。但那個已然流逝的福爾摩沙，卻也仍
是我們時時所遙望的福爾摩沙。在這廣大無垠、交互折射的
「福爾摩沙之鏡」裡變化萬端的形象，藉由一本本的書籍相互
鎖定，將歐洲人遙望福爾摩沙的所見，凝結在某個時空當中。
如同攬鏡自照，我們可從這面鏡中望見先人的生動形影。穿越
時空，雖然面目模糊，但那真實的彼刻已經永遠被封存在這鏡
中。那曾經鮮活的現實與文字與圖案所傳遞的記憶，就這樣直
接地，無聲無息地呈現在我們面前，「可是那時我們就會面對
著面」，這面光影斑斕的大鏡子中，層層疊疊的歷史記憶，不
斷向我們襲來。那麼對於身為現在福爾摩沙島的主人的我們，
對這些迴旋散落在歷史當中的形象，能否還原其本真？或者，
永恆地遙望著福爾摩沙，也將是我們不得不接受的命運？

● 《本圖為一六一○年由沃達
努斯（J. C. Woudanus）所翻印
的〈萊登大學圖書館圖〉。萊
登大學圖書館成立於一五九五
年，是發動荷蘭人發動獨立活動
後，沒收天主教女修會建築所改
裝。因為開放給公眾使用，故
當時書籍均以鐵鍊鎖在書架上。
此建築目前雖已不是圖書館，
仍為荷蘭萊登大學的學術大樓
（Academiegebouw），門牌為拉
芬堡（Rapenburg）七十三號。

第①章　跟著葡萄牙水手一起去旅行
——《東印度水路誌》

《東印度水路誌》 *Itinerario*

現今為人所共享的近代歐洲文明，源自中世紀一個在歐亞大陸上文化落後、思想封閉的偏遠角落。歷經了我們所熟知的文藝復興、宗教改革，歐洲人開始拓展眼界，不再僻處世界的一隅。推動著文明進步風貌的，乃是不斷由歐洲外界傳入，關於世界各地的知識；以及歐洲內部的，印刷技術的開展。

十五世紀以來，位在歐亞大陸最邊緣的西班牙人與葡萄牙人，把他們自身的眼光，從向內的地中海移開，反轉到開闊的大西洋，引發了一連串的地理大發現，掌握了美洲的財富。繼美洲之後，更望向亞洲。葡萄牙人因此不再滿足於由阿拉伯人中介東南亞香料的貿易，遂直接繞過非洲好望角，積極尋求直接貿易的可能。藉此地利，西葡人在十六世紀建立了全球性經營網絡，成為全歐洲的商業龍頭。西葡人的成功，引動了西歐各國轉向世界各地發展的熱望。

● 《東印度水路誌》編著者林斯豪頓肖像。林斯豪頓雖是荷蘭人，但這張畫中卻是典型的葡萄牙式服裝、打扮。

荷蘭人林斯豪頓與《東印度水路誌》

將葡萄牙人的世界經營網絡公諸西歐各國大眾的，是一位嫻熟西葡語言，又在葡萄牙亞洲總部，印度之果亞市（Goa）參知機要的一個荷蘭小學徒——林斯豪頓（Jan Huijgen van Linschoten）。①一五六二年，林斯豪頓出生於南部荷蘭的哈倫市（Haarlem）。當時荷蘭雖然屬於西班牙治下，但因西班牙國王推行天主教，而荷蘭各地則多為新教徒，故已有獨立的風聲。在他成長過程中，荷蘭人仍多傾向支持西班牙王室，因此他與兩位哥哥跟當時許多人

● 《東印度水路誌》中描繪的印度果亞。果亞市場中各國商旅攢集，人聲雜沓的景象。

一樣，到伊比利半島的西班牙與葡萄牙城市，去學做生意。到了一五八〇年，也就是荷蘭獨立戰爭爆發的前一年，他抵達了里斯本。一五八一年，西荷間爆發全面性的衝突，西班牙國王決定以經濟封鎖來對付尋求政治獨立的荷蘭人。像林斯豪頓這樣的荷蘭學徒，自然無法投入本來暢旺的荷西貿易活動中。因此，他輾轉找到了一個祕書工作，在一五八三年，隨著葡萄牙大主教到印度果亞去工作。

當家鄉風聲鶴唳，戰火不斷的同時，人在印度的他，藉由公餘時間，大量閱讀與翻譯了西葡已出版的各種公私航海記錄、遊記、風土見聞等等文字資料。一五八七年，大主教在返國途中逝世，他也丟了飯碗，只得回國另謀生計。但不旋踵間，即一五八八年，西班牙無敵艦隊在大西洋上為英人擊潰；遭逢大敗，使西班牙的海上優勢不再，國際情勢因而逆轉。西歐各國如英、法、荷等，早已對於西班牙的經濟封鎖感到不耐，亟思突破，搶占東南亞香料生意。一五九二年林斯豪頓回到哈倫市，即他的母港恩克豪森（Enkhuizen）。對於那些按捺不住的荷蘭商人來說，他旅印幾年間順手翻譯的資料，不啻是荒漠甘泉、一場及時雨。

一五九五年，阿姆斯特丹的荷蘭商人取得了林斯豪頓編譯的資料，率領四艘商船，首度開闢歐洲直航東南亞的航線，並且於一五九七年滿載而歸。一五九六年出版的《東印度水路誌》當然因此聲名大噪，陸續出版了拉丁文、英文、法文與德文版。西葡人關於東亞的知識，在數年之間，橫掃西歐各國，普及於一般識字階層中，頗獲好評。一般均認林斯豪頓的譯筆

①Jan Huijgen van Linschoten，亦有人譯為「林碩登」。

順暢，全書通貫而有組織。

《東印度水路誌》三部曲：《航海記》、《水路誌》、《見聞》

　　當時出版的《東印度水路誌》，實際上共有三編，由這三編組合而成。上冊《航海記》是各國地理位置與風土民情的介紹，匯集了西葡公開出版品的精華及可信者；中冊《水路誌》是作者於果亞收集的公私檔案記載；下冊《見聞》則是他從果亞經印度洋，繞過好望角，一路回國的實錄。《航海記》是西葡教士鑽研各國語言，繁瑣細緻地考證校定後的結晶；《水路誌》是水手們口授筆載的海路指引；《見聞》則是林斯豪頓身受葡萄牙水手負載歸國之恩所得之副產品。可以說，這都是葡萄牙水手一百年來出生入死，累積下來的經驗談。就讓我們來看看，林斯豪頓筆下的東亞各地是如何地豐饒富庶，而台灣，又是怎樣地進入了這美麗多彩，夢幻瑰麗的舞台。

　　林斯豪頓是這樣開始他的《航海記》：
　　《航海記
　林斯豪頓葡屬東印度地區航海記
　　包括此地區與海岸的簡短記載，以指出其至今所知由葡萄牙人發現最重要的海港、大河、海角等地：
　　並且附加上，不止描述了散居各處葡萄牙人的習慣、穿著與生活風貌，還描述了當地原居人士的廟宇、神像、房舍等，（包括其最重要的樹木、水果、草藥、香料等其

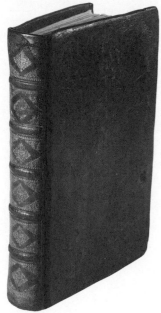

●《東印度水路誌》外觀。

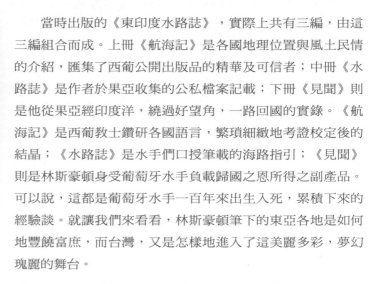

●《東印度水路誌》第一編〈航海記〉的封面，這通常也被當作全書的封面。

ITINERARIO,

Voyage ofte Schipvaert / van Jan
Huygen van Linschoten naer Oost ofte Portugaels In-

dien/inhoudende een corte beschrybinghe der selver Landen ende Zee-custen/met aen-
wysinge van alle de voornaemde principale Havens/Revieren/hoecken ende plaetsen/tot noch
toe vande Portugesen ontdeckt ende bekent: Waer by ghevoecht zijn / niet alleen die Conter-
feytsels vande habyten/drachten ende wesen/so vande Portugesen aldaer residerende/als van
de ingeboornen Indianen/ende huere Tempels/Afgoden/Huysinge/met die voornaemste
Boomen/Vruchten/Kruyden/Speceryen/ende diergelijcke materialen/als ooc die
manieren des selfden Volckes/so in hunnen Godts-diensten/als in Politie
en Huis-houdinghe: maer ooc een corte verhalinge van de Coophan-
delingen/hoe en waer die ghedreven en ghevonden worden/
met die ghedenckweerdichste gheschiedenissen/
voorghevallen den tijt zijnder
residentie aldaer.

Alles beschreven ende by een vergadert, door den selfden, seer nut, oorbaer,
ende oock vermakelijcken voor alle curieuse ende Lief-
hebbers van vreemdigheden.

t'AMSTELREDAM.
By Cornelis Claesz. op't VVater, in't Schrijf-boeck, by de oude Brugghe.
Anno CIƆ. IƆ. XCVI.

他物產），及這些人們的宗教、政體與家庭組織；而且對其商業概況加以報告，即何人於何地找出生意並經營之，還有在他們住下來以前發生的，值得注意的歷史事件》。

　　由作者所彙整描述，對於所有蒐奇家與好奇者，好用、好讀、又有趣。

　　這就是書名頁上排列成倒三角形鉛字所打成的標題，在今日看來，幾乎與書本封底或封套上的介紹相同，不但提綱挈領，還有廣告功效。在封面圖案的四角，盤踞著四個城市。左上角的安特衛普、與右上角的阿姆斯特丹，乃是荷蘭南部與北部兩個最重要的商業大城；而左下角的密德堡、右下角的恩克豪森，乃是萊茵河的出口上，熱蘭邦（Zeeland）中的最大城市，以及林斯豪頓自己的母港。在畫面的中央，則是葡萄牙素有「海上城堡」之稱的克拉（Karaak）大商船，為貿易風鼓滿的三桅之帆，全速破浪前進。在東方的海洋上，除了這「唯二」兩艘葡船之外，四面縱橫、帆檣雲集的乃是阿拉伯的三角帆船。激勵荷蘭船員出海的殷切之情，躍然於紙上。

通往中國的東南亞航線

　　那麼，當時葡萄牙人所活躍的東亞，又是怎樣的光景呢？讓我們跟著《東印度水路誌》中的「東南亞地圖」及林斯豪頓的敘述，想像一下商人們在南中國海上四處航行，遊歷泰國、越南、菲律賓購買貨品，最後到大明國廣州交易的情景：

第二十二章

由新加坡海岸到暹國城市，還有柬埔寨與交趾沿岸，及勃泥群島、呂宋或菲律賓群島。

[從麻六甲]沿著新加坡（Singapura）海岸直到稱為錫諾舒拉（Sinosura）的海角②，係朝東約十八哩。此後再行六至七哩，緩緩見到海中的礁石群，稱為白礁石（Pedra Bianque）。③來往中國的船隻俱行經此處，經常遭遇大難。倘若導航員駛過每一塊礁石時均能戒慎恐懼，一些船隻則可熬過此處：而捨此之外別無他途。

從這一個錫諾舒拉海角向東轉南航行四十哩，勃泥島（Borneo，即今之婆羅洲）的第一個海角開始顯現，此地位於北緯一度，向東北延伸一百二十哩到北緯七度的地方。其寬度尚未知悉，仍有待發現。島上遍佈叢林，出產樟木（Camphora），品質為東南亞之最。

從錫諾舒拉[海角起的]海岸向北延伸三十哩，抵達彭亨城（Pan，即今馬來西亞之彭亨），立於北緯三度半。於同樣的航道上再前行十哩，沿著海岸朝北北西方向再行五十哩，則是大泥（Patane，今馬來西亞北大年）城所在，立於北緯七度半。此兩處彭亨城與大泥城均為王國，並均向暹國（Sian）朝貢。這兩處出產幾乎能與金銀等值的沉香木（Pala Dagula），昂貴而香氣濃郁的伽楠木（Calamba），人們（當行情好的時候）簡直以為價同金銀。也有樟木，不過不像勃泥島產的那麼好。可以發現金

②英譯本認為這原該是葡萄牙語「錫諾舒拉」（Cynosura，意指北極星），林斯豪頓翻譯成荷語時可能對文意有所誤解。英譯本參見：Burnell, A.C.ed, *The voyage of John Huyghen van Linschoten to the East Indies: from the old English translation of 1598: the first book, containing his description of the East*, vol. I, (London: Hakluyt Society, 1885), p. 119.
③英譯註，今新加坡Bintam島。

●《東印度水路誌》
第一編所附插圖〈東
南亞海圖〉，標題全
稱為：〈中國、交趾
支那、柬埔寨、暹
國、麻六甲、阿瓦、
緬甸各國與其海岸，
還包括其沿岸大小島
嶼、礁岩、沙汕、淺
灘，按照葡萄牙舵手
現時使用的正確海圖
所繪製的真實精確圖
形〉。其左側為北
方，不標示經度而僅
標示緯度。

塊，還有稱為Bezar的石頭，可以用來測毒，價格高昂。人們也可找到一些寶石，還有肉荳蔻，與[肉荳蔻]樹，以及蘇枋木（hout Sapon）。許多是從暹國進口的，和巴西蘇木（Brasilien hout）一樣用作染料。

　　從大泥向北一百哩，④海岸再度延伸到暹國，亦即暹國內位於北緯十四度半的地方。此一地區向西南延伸十五哩，向東南延伸七十哩的海岸之外則是柬埔寨（Cambaja）的城市。此城立於北緯十度，由此海岸再度向東北延伸六十哩，再向西北延伸六十哩，然後轉向西北西，直到交趾（Cauchinchina，今越南北部）的深處區域。此一朝向柬埔寨的海岸也被稱為占婆（Champay）海岸。此地有豐富的、香氣濃郁的伽楠木。穿越此一王國流入大海的河流，稱為湄公（Mecom），本地人稱其為諸河之首。因為夏季水量是如此巨大，而淹蓋了土地，可以說，就像埃及的尼羅河一樣。柬埔寨的人們相信，所有的生物，包括人類與動物，無論何種，之後都要為其活動付出代價，無論善惡皆然。在柬埔寨與暹國之後的內陸，還有許多人群與種族，比如說佬人（Laos），非常的強大，其餘的還有佤人（Auas）與緬人（Bramas），兩者都居住在山巔。另有居住在群山中的人，稱為堝人（Gueos），他們過著野人般的生活，吃人肉，並用熱鐵遍紋全身，這是為了美觀。這些人群是人們已經有所記載的。除此之外，還有許多不為人知的種族。

　　從柬埔寨或占婆海岸，向東入海，大約一百哩處，

或多或少有些島嶼，稱為呂宋（Lussons）或呂宋群島（Lussones），它們是從新西班牙來的西班牙人新近發現的，⑤從一五六四年起，也被稱為馬尼拉（Las Manillias），又名菲律賓群島。由於主要的海港與城市被稱為馬尼拉，有些人也稱之為呂宋，也因此被稱為呂宋群島，而西班牙人取這個名字是跟著西班牙國王，也就是菲利普的名字，來稱呼的。這呂宋或馬尼拉城位於北緯十四度，在此城與呂宋島旁，有大量的島嶼群，整個也通稱為馬尼拉群島、呂宋或菲律賓群島，現為歸服於西班牙人的地區。他們的總督與頭頭們駐於馬尼拉或呂宋城中，都是由西班牙經由國王之路（Coninghs wehghen）派來。派來當頭的，還有一個主教。⑥

　　這群島一度均曾臣服於中國的王權，但因為某些原因被他們所拋棄，所以，在居民中，沒有王室或政治體制，而那些最有能力的人，就會成為頭頭（meesters）。他們的生活如同動物，故西班牙人不費太多力氣，即將他們以暴力收服，並使他們大量地受洗，成為基督徒，每日增加。此地相當豐足，有許多玉米，有各式各樣的獵物如雄、雌鹿，同樣，各種牲口，如水牛、公牛、母牛、豬、母羊等等。有許多果子狸，⑦還有和中國所產一樣的各種水果，蜂蜜、魚類都很豐富，人們也提到各種香料，不過，這點並不是太確定，只有西班牙人這樣說。想來他們多是要把他們的情況說得比其他[地方]的都好，這點，他們都是一個樣。在這群島上與中國進行著龐大的貿易，而由他們的國家帶來各色貨物，如全部的絲貨、棉布、陶

④英譯文為一百二十哩。
⑤即西班牙屬美洲之意。
⑥這是說從西班牙人利用太平洋信風帶將墨西哥銀礦運送到馬尼拉，換取大明國絲貨以後，繞北太平洋送到美洲的海路。此一海路由西班牙國王壟斷，稱為「國王之路」。
⑦Muske cattes直譯為「麝香貓」。

瓷、火藥、硫磺（Solfer）、硫磺礦（Swevel）、鐵、
鋼與白銀和其他的金屬、銅、麵粉、胡桃、栗子、糕餅
（Busquijt）、蜜餞（Dalen）。各種絲綢，文具箱、還有
各式各樣可以想得到的有趣玩意。每年有二十艘中國船將
之運抵本地，又由此被西班牙人再販運出口到新西班牙與
墨西哥，此一航行於今是如此地平常，就像葡萄牙人到亞
洲一樣。

　　由此我們再回到那海岸上來，換言之，就是深入剛才
停住的交趾地區，向東，直到一個稱為泰拉阿塔（Terra
Alta）的海角或高地，立於北緯十九度之處，已過了六十
哩。這裡即是大帝國中國的起始點，對此我應特別加以介
紹。上述此一［海岸］地區即是柬埔寨國界、還有占婆海岸
的終端，所謂交趾海岸的起始處，正如所說，其國土與海
岸都會延伸到中國。

　　交趾的國土被兩個或三個王國所分割，都向中國朝
貢，其人民的風俗和禮儀，幾乎都和中國一樣。［交趾］是
個肥沃的國度，各種糧食補給都很充足，還有大量的沉香
木（Palo Daguilla），氣味濃郁的伽楠木，許多絲貨和其
他物品，如同中國一樣。由此泰拉阿塔角向東轉南航行十
哩，就是海南（Aynao）島，一個屬於中國的島嶼和行省。
在島和大陸之間，是個漁場並產各類珍珠。從此角之後沿
岸向東北航行九十哩，即為位於北緯二十二度半的澳門
（Macao）。葡萄牙人與出生於本地的中國人一起，住在這
裡。

澳門西北是一個島嶼遍佈的區域或地帶，其深處則是廣州城（de stadt van Canton），位於北緯二十四度半，距離澳門三十哩，本省的首府，為相當龐大的商業城。葡萄牙人從這裡買到商品，這裡是他們藉以跟整個中國交流的少數地區之一。[8]

西方人到了大明國

林斯豪頓接下來轉述了西班牙人門多薩《中華大帝國史》的內容[9]，解說大明帝國的富庶景象，讀者可以想像，葡萄牙水手們是如何從廣州跨進了大明國之內，從而目睹華南各地的人文景觀：

第二十三章
中國之富足、豐饒、強盛與其他可注意之事

中國位於北回歸線之下，其海岸線由西南向東北延伸約四百哩。在其西南方是交趾王國，在其西北、北方則是韃靼，而在中國西邊的諸國，則是屬於白色人種的國度，稱為契丹之國（het landt van Cathay），傳說那裡，有許多基督徒。[10]其國境為波斯（Persie）所限制與阻擋。言歸正傳，中國在韃靼與其領土間有一座[傳說]綿延五百哩的城牆，如同崇山峻嶺般的高聳而立，在兩國間還有一些谷地，其長度有八十哩長，使得城牆的高度[顯得]更高。與其山形一起，將整個國度封鎖起來，利用蜿蜒圍繞的胸牆與城樓來保護其免於受韃靼，他們的大敵[之害]。根據

[8]《東印度水路誌》，（台史博館藏：2003.15.168），p. 27.
[9]Gonzalez de Mendoza, Juan., *Dell' historia della China*, （Venetia , A. Muschio: 1586).中譯本參見：門多薩，《中華大帝國史》（何高濟譯自英譯本），（北京：中華，1998）。
[10]這個傳說當然是錯誤的，但當時的歐洲人卻深信不疑。

●《東印度水路誌》中的大明人形象，幾乎成為十七世紀前期歐洲製圖者慣用的標準圖形。圖為英國地圖出版家John Speed於一六二七年所出版〈中華帝國圖〉周邊飾框的圖形。

●英國地圖出版家John Speed於一六二年所出版〈中華帝國圖〉周邊飾框的圖形中，所列出的葡萄牙港市：澳門。

歷史記載，過去此牆尚未建立的時候，他們[韃靼]幾乎縱橫整個國境，長年占據不退。不過他們[中國]再度將之驅逐出境，此後並固守此城牆來抵禦他們，並相信這樣他們對韃靼就高枕無憂了。⑪

　　中國（大明）被分為十五個省，再加上海南島省。而每個省都有一個省會，而整個省就依其省會稱呼。在國境內中央有個大湖或內海，由此流瀉出數條大河與溪流，散布並切割了國土全境，[水道]數量龐大，人們在上面航行的時候可見到各式各樣小艇（Schuijten）、小帆船（Barcken）、還有平底船（Bergatijnen），為人所用。此一繁盛的水上交通是此地百貨流通，富足昌盛的原因。且大部份城市、村莊、平地都建立於河流或水域的岸邊，為他們帶來極大的便利，在每一方面都使各自相互充分地供應。沿海是當今人們關注的焦點，在沿海有著五個省分，⑫即廣州那一省（die van Cantao）或廣東[省]（Canton），接下來是漳州（Chincheo），朝東北的方向，沿著下去，為寧波（Liampoo）與南京（Nanquijn, Nankijn），以及北京（Paquian），也是最後一個[省]，位於東北方。皇帝在此省駐蹕並設宮殿，[宮殿]大部份是給軍人用的，因為此省距離韃靼的疆界最近，而防禦此省則能確保全中國的平安，故皇帝自己也在此地鎮守。其國境內小艇，內河船隻與其他[舟楫]，塞滿河流與港灣。還有一個必須告知的奇事：光是守禦廣東的海港與河流，就用了比整個西班牙更多的船隻（schepen）與小艇（Barcken）。此地由於空氣與天候良好，萬物都極其豐

饒，如玉米、稻米和其他諸如此類的穀物、種子，全年都
可以播種和收割。 於其內陸，有一些大象、獅子、老虎、
還有其他猛獸。還有很多產麝香（Mosseliaer）的野獸，
其身形大小如同一隻小狗，在其死亡入土後數天，腐敗之
後，仔細刷洗，讓其血肉都和麝香凝結在一起、混同一
道，並且與毛皮一起把血肉做成丸狀，弄成
一盎司一盎司的，葡萄牙神父採取之，並加
以出口。

在此地還有許多白鼻心（Catten van
Algllia ,Zivet）與琥珀（Ambar），也有馬
匹，不過比歐洲的要矮小，鵝、雞、鴨，諸
如此類的[家禽]相當豐富。河魚和海魚也非
常多，還有其他必需品與糧食。境內富藏金
銀礦：不過皇帝並未充份開採，因為在其皇
宮裡有個庫房，向外蒐羅一切東西，不用說
（niet teghendtaende），在他的宮殿裡已
經滿是金銀和其他珠寶。

●十七世紀航行於東南亞的大明商
船。原先在一六四五年刊印於康美
林編著的《聯合東印度公司的成立
與發展》一書中，本圖是十八世紀
的重印版。

葡萄牙人眼中的豐饒之地

在此白銀的價格被估得比黃金更高，這是因為[黃金]
有各種成色和價格的差別，白銀的價格卻是確定的。還有
很多來自海南島的珍珠和珊瑚（Khissat），許多白銀、
銅、鐵、鋼、錫片、錫礦、鉛、硫磺和其他此類金屬。
還有琥珀，除了這些財富以外，還有中國皇帝所抽取的

⑪即明太祖朱元璋與蒙古人間的戰爭。
⑫文中所指可能為廣州府、泉州府、漳州府、寧波府，應是西班牙原著因不清楚中國
的地方制度，混淆了府及省。

　　無數稅款，人們傳說他從各省城裡收集了數量龐大的祕
寶。在此國內穿著絲綢是如此[一般]普遍的習慣，在此
國將大而普通的，以絲甚至綢緞製成的布匹（Laken）
和織錦（Lijwaet），從頭穿到腳，有些還是正反緞
（Brocado），換言之，以金銀線織成，上有炫目的彩繪、
刺繡，[這是]因為他們在國境內有無數絲綢的關係。人們
言之鑿鑿地說，每年從廣州市出口到東南亞地區的絲貨，
就超過三千擔（quintal）⑬，全都秤斤論兩出售；除此之
外，絲貨還每年出口到日本島和呂宋或菲律賓群島，暹國
境內，及其他周邊國家。而國內剩餘的數量仍然龐大，就
算裝滿整支西洋船隊（vloten），人們也覺得不痛不癢。
那裡也有棉布和亞麻布，價格相當低廉，出人意表。他們
所製造的瓷器，無法計數地出口，整年讓西班牙人輸運，
直到東南亞、葡萄牙、新西班牙等其他通路。不過境內品
質最好的則不許出口，違者以死罪論處，這些都為此地仕
紳們和皇族所獨享。其品質如此良好，水晶玻璃也無法與
之相比。這些瓷器都在內陸製造，用一種非常堅硬的泥
土，磨細捶打成塊狀，然後浸泡在裝滿水的石盆中，時時
攪拌，就好像用牛奶桶製造牛油一樣。這樣做之後，從這
些半成品上層取走最佳的部份，之後取走下層較為粗糙的
部份，按照好壞來加工，在上面繪圖、隨心所欲塗上人物
或肖像，之後陰乾，於窯中燒製。

　　本地也有豐富的砂糖、蜂蜜和蠟，價格低廉。有各種
草藥、根莖和植物，境內同樣還有各色水果，如同西班牙
國內一樣，還有[歐洲]本地不認識的水果。這裡的柳橙其

甜度高於一般水平（die Suplier te boven gaen）。有種稱為荔枝（Lechyas）的水果，大小如同李子一樣，不過味道不同。此一食品滋味甚佳，價格甚高，在夏季，人們總是朝思暮想地要等到它。

十六世紀中國的軍事、宗教與教育

大明國的租與稅相當龐大，說起來幾乎無法令人相信。光是廣東省河流稅關，從其所製的鹽所抽取的，每年就值一百五十萬兩黃金，人們可將此當成基準來估算其他的租稅。

本國所有城池都是以磚製成的城牆和工事，加上強大的城樓，環繞成形，並且都有水壕溝或護城河圍繞來加強防護。他們不造堡壘（fortressen）或城堡（Casteelen），而只在每個城門建造堅強城樓，在此置砲防護城池，運用各式各樣的武器如：火繩槍（Roer）、噴筒（Bogen）、各式矛槍、如同半個單面刃（houwer）的斧鉞，雙面短刀（Cortelast），還有圓盾（Rondassen）。所有士兵趕赴戰場時，身著直抵膝上的棉製長衣，而以一副矛槍或斧鉞（Rapier）來自我保護。身為士兵，拿國王支給的薪資，並請求一頂紅或黃色的帽子為記。其人數眾多，幾乎無法數清。他們有帶領十人、百人、千人、萬人、二十萬人甚至更高的軍官。所有這些軍官都可由不同的標誌來指認並區別，一者與另一者迥異，據此人們可知他們層級的高低。所有的新兵都列冊收俸，並全以白銀支

⑬西班牙擔（quintal）為重量單位，約合現今46公斤。3000擔約等於138公噸。

薪，因為其他的都不算是貨幣。而只有把白銀削成小片
（in stuck sliens）：這樣來秤重，人們以此來支付與
收受款項，所以人們身上總是都帶著用來秤量削切白銀的
天平或小秤。每月朔日士兵收受薪俸，價值為一個半西班
牙里爾（reael）銀幣，但在那裡算起來幣值較高，根據
物價（waerdije van alle dingen），是我們的四個杜加
（durcat）或十二個卡洛盾（karolus guldes）。

　　他們的宗教與儀式為異教式的，沒有混雜任何伊斯蘭
教或是其他教派的律法。他們在各處崇拜魔神，單單只是
因為沒對他們肆惡。當某人過世，他們便為他設置起一
幅邪魔的畫像，左手捧著太陽，而右手則握著寶劍。[鍾
馗？]繪製此邪魔，因為他看來兇惡，希望他成為其[死
者]在另一個世界的朋友，希望他不要對死者肆惡。他們崇
拜太陽與月亮，他們相信這各自是先生與太太[按：陽與
陰]，且一旦日蝕發生，他們就會大肆獻祭，因為害怕神會
取走他們的小命，在[日蝕]發生當中，他們感到極大的恐
慌緊張。他們都相信靈魂不死，而且因此相信來世會依其
[現世]活動而有報應，因此他們才用雕樑畫棟把墳墓裝飾
精美。並相信人們在彼世將不會死亡，獲得永遠的生命。

　　在此國中也有許多學風各異的學派和學校，人們在
此可學習哲學與國法。在中國無人因為其先祖、出身或
家產而獲得尊敬與榮耀，僅能因為其淵博的學識。這
些人是在各地城市中從事公務的官員，並有一定管轄區
（regieringhe）者，被極嚴肅與崇敬地來服侍與榮耀之。

他們的生活驕奢淫逸，如同神一般受到崇敬。他們被稱為
老爺（Loicia）或大人（Mandorijn），總是被人抬在轎上
過街，轎上並懸著絲綢帷幕，金銀布幔。他們非常享受宴
飲（banckereren）、吃與喝，相互恭維。而在中國各地，
沒有任何上位者、總督或其他司法官員，在他所出生的城
市或地區執勤，換言之，皇帝不使其因為其父兄造成其判
事的不公與非法。哪裡有王法，那裡就有天威。當一個上
述的［皇帝］駕崩，許多服侍他的人跟嬪妃也會殉葬。還有
各種存糧和必需品。許多珠寶和他們一起在他的墓中歸於
寂靜，這是為了要讓他們在他前往彼世的路上，繼續照顧
他，並且讓他有好旅伴。

豐饒的晚明士庶景像

此國的氣候適中，空氣良好：因為其起自北緯十九
度，而終於某些高於北緯五十度的地方，故可推想之。但
必須知道其肥沃，［有］相當大的［原因］是由於居民在此地
長期而穩定地投入開墾工作才輔助形成的：因為山嶺和土
坯，都被犁開、翻土，因為人口是如此地眾多。他們嚴格
地維持一條法律，任何人不經允許不得出國，而任何異族
未經允許進入則必遭到體罰。這群人的相貌細緻，一般都
心地善良（vet en vroom），有寬而圓的臉，小眼睛、大
耳朵，高眉脊（wijnbrauwen）、小又平的鼻子，幾乎沒
鬍子，只在嘴上下有七八根毛，還有極黑的毛髮，他們對
此極為讚賞，極力地加以保養、梳理，保持美觀，男女皆
然，留得極長，並且在頭頂上結一個髻，上面套著絲布片

Ioa: à Doe: fc.

Habitus e China regno pretiosę elegantię et rerum omnium affluentiſsimum

● 《東印度水路誌》中描述的大明人形象。左側為從事勞動的庶民男婦，右側為不事生產的士紳仕女夫妇女，背後為華南沿海大港市。原圖說為：「滿是珍玩寶物的國度：中華帝國，其居民的服飾⋯⋯」

Cleedinge van die wt China een Coninckryck overvloedich
van alle schoonheyt en costelickheyt

32 en 33

的小罩子或小風帽。

　　在沿海生活，並且與葡萄牙人貿易的，就是說，住在澳門或廣東的，是淺褐膚色的人群，就如同北非的白種摩爾人或帕柏爾（Barbaria）人，還有一部份的西班牙人。但是在內陸則全然不同，其膚色與荷蘭人和日耳曼人較相似。他們當中有些人的皮膚幾乎全黑了，眼睛較大，有很多鬍子，不過人數較少。而猜想他們，如同中國傳說，他們的祖先曾與韃靼或其鄰近的其他種族混血，經過准許而能夠整群人一起，從事運輸與貿易，他們現在或許並不從事的行業。正如前所述的。這些人的左手留著很長的指甲，右手的指甲卻削得很短，他們是因為信仰崇拜的儀式才這樣做的。前面所說的服裝，大多是五彩的絲綢所製，換言之，大部份有產或中等地位的人民皆然。其他人或較窮的，則穿著棉布所製成的衣物，為黑或樸素的顏色，和同樣的質料。毛織成的布匹還有呢絨，在整個中國都沒有人會做，雖然毛皮充份，而且羊群眾多（menichte van Schapen），[他們]卻對此一無所知。當葡萄牙人帶進[幾件毛織品]時，他們都大感奇異。女性穿著極為昂貴，又長又寬的衣服，並在頭上配戴許多珠寶、小首飾（kleijnodien）。很少能見到女性，大部份閉門不出。她們認為小腳是美的，因此人們從幼時起就[幫女性]纏足，使其不能完全發育，以至幾乎不能行走，幾近於半跛著，而男人帶來的服飾，則使其更加難以行走。因為男人們非常[容易]吃醋、極度可笑又不貞，而[藉口]卻說是要美化、裝飾女性。這些有財產和地位的人，總是乘轎過街，

在絲綢錦緞、金銀線所交織的正反緞面的帳幕下，設有一
小梯窗（traplikens）。這樣他們可以見到外面，但沒人
看得見他們。⑭

葡萄牙人已經注意到，中華帝國廣大，且南方
人與北方人有所不同。而晚明士庶生活的景象，深
深地打動了歐洲人的心。特別是大明人穿戴絲綢而
不用毛織品的情況，還有身上的繁瑣配件，都讓葡
萄牙水手注目不已。

出現在世界舞台的台灣島

然而，我們所關懷的台灣島，在這世界舞台之
上，占據怎樣的位置呢？在這涵括了西葡人各地活
動的書裡，台灣的地位並不特別顯明。或許是因為
本編的介紹，偏重於各國人民的貿易與風俗。台灣
的形跡，並不在這寰宇搜奇的紀聞中，而是在第二
編，葡萄牙水手實際航行的經驗談裡。本書第二編
的標題乃是：

《葡萄牙人東方航海旅行記

內容包括：導航員與皇家水手們經過不斷航行，親身
經歷所觀察記載的，從葡萄牙到東印度地區，前往麻六
甲、中國、日本、爪哇與蘇門答臘群島等地之去程與回程
海路；從中國到西屬美洲之去程與回程海路；還有巴西海

●《東印度水路誌》第二編〈水路
誌〉的封面。除了標題外與第一編
並無不同。

⑭《東印度水路誌》，（台史博館藏：2003.15.168），pp. 28-31.

岸水路和沿岸所有海港資料；還包括從大陸到中美洲西屬印度群島（稱為安地列斯群島），以及西非加彭海角往安哥拉，直到衣索匹亞的海路。以及全部海路上的港口、島嶼、水深、沙洲、乾地、岩石與礁石的方向與形貌；每年風期，包括東方一切海岸與港口潮汐、天候、水文、風暴的真實記錄與知識。》

不惜工本、並經比較糾謬，內容一致，全部信實可靠，並由林斯豪頓從葡語和西語翻譯成一般荷蘭人的口語。

這第二編是由葡萄牙水手口述的航路所構成。在本書《東印度水路誌》出版前一年，阿姆斯特丹的船隊據以為導航的必要資料。在葡萄牙水手從澳門航向日本平戶的海路上，可以找到台灣的蹤跡，根據書中的附圖，可以推測我們所要見到的台灣島為何者：

第三十二章

從浪白澳（位於中

●《東印度水路誌》所附的〈東南亞海圖〉局部放大。圖上標示了南澳島（I. de Lamao）、漳浦縣（cha-ba-quon）、漳州府（Chin-cheo）、包括福爾摩沙（I. Fermosa）的小琉球（Lequeo pequeno）。沿著南澳島向東北東方向伸出的導航線，就是從澳門航向薩摩島的大致方向。

國沿岸的澳門處）出發，航向日本平戶的航線或水道，包括其他導航員在此水道所記載的大要。

從浪白滘航向日本島，首先應該向東穿越南方島嶼的水道或海門。此島向東方延伸，半路上會遭遇一座小嶼或礁石，要穿越該小嶼與島的岬角間，由於風勢強勁，總是要全神貫注（met het loot in de handt）。

從這島嶼間的水道半路即漸漸放洋，可見到一片沙底，半路水不到三噚深。⑮所以最好繞著位於你東南東方，高出水面的大島而行。一抵此島（還有其他洋面上島嶼），即可沿著此島出海放洋。

從此島出發，前行六哩，可遇上一條島鍊。其中有小嶼、礁石，共有九座，位於全部其他（先前沿著航行的）島嶼群範圍之外的洋面，從南南西向北北東延伸。不必也不用環繞這些島嶼航行，而應穿越這些島嶼（那時你應位在大陸的一方）而直驅一座山巒挺立、綠樹繁茂的大島。當人們接近，此島顯現的時候，其型狀就像一個圓（Het Condt），因為當人們直接航向此點時，不是面向細長，如同海岸延伸的那一面。由此再向前一段路之後，在此島與他島（靠得很近的一座）間有一條水道，在最後一座島後側，東北東方位之處，有一港灣，一些中國船隻會在此地裝貨並交易。此處距離南山（Lanton）⑯港灣或海口不遠。

前面所稱的大島，漢語稱做擔杆（Tonquion）。由此向東北東方向航行，以朝向所見到的漳州（Chinchon）和

⑮噚（Vadem）約為1.69米。
⑯為廣州灣東北側陸地。

稍南方漳浦縣（Chabaquo）間的海岸，繼續前進二哩，直
到見到漳州的海岸線，在非常靠近海岸線近旁，可見一個
圓而高的小島。人們由此從漳浦縣航向漳州，先由西南向
東北，再由東北轉向東。當人們經過漳州的時候，在海上
二哩之處，可見到一座既高又圓的小嶼。島上有一座上面
堆著石塊的高山，就像在占婆海岸的普羅法雷拉（Pulo
Varella）島一樣，其入口也需穿越若干小島。上述的小圓
島嶼，漢語稱為東椗（Toanthea）。

　　當你航越漳州，繼續前行，航向東北東方，直到離
岸約八到十哩，遠離了所有的沿岸島嶼。進入此區後，
轉向東北，在此一航道上應會見到小琉球島（Lequeo
Pequeno），此島位於北緯二十五度之處，是個高山綿延而
形狀細長的島嶼，與中國海岸相距有十八哩海程。當你航
經小琉球之側，也就是北緯二十五又三分之一度的地方，
你最好航往豐後（Bungo）的方向，⑰如此再航向東北，並
由東北方向轉向東方。

　　在此一航線上會遇上一群島嶼（位於薩摩島的南
方），它們首先會在北緯二十九度半的地方出現，並延伸
到北緯三十度半，是七個大小島嶼，從一個延伸到另一
個去。最前面三個包括周圍的礁石，呈西南到東北、東
北稍北、西南稍南的走向。其他三個呈東北東、西南西走
向，最後一個則是南北走向。經過這一個島嶼後應該在北
北東方向六哩處可見到其他兩個島，各自東西相對，東邊
那一個較小。此島的東端有個高聳的小坵，坵後為陡坡且

向東，則為低平的岬角。你還是最好穿越兩島中間：因為兩島間是絕佳的水道，兩島裡較大的一個（又高聳又細長的），被稱為屋久島（Ycoo）。

從此島的東端出航，再向北三或四哩，就是薩摩島（Tanaxuma），島上一片光禿，向北延伸約七到八哩遠。…⑱

葡萄牙人初見福爾摩沙

澳門的葡萄牙水手在珠江的河口處裝載了貨品以後，曲折地駛出廣州灣，沿廣東航向福建，又在漳州的海角轉向小琉球，也就是台灣。他們已經知道台灣是細長的大島，而從台灣的東北角出航，沿著琉球群島，就可以指向日本。其實，早先葡萄牙人也利用中國帆船從澳門載貨到日本。尤其是一五四四至一五六〇年之間，常常如此。葡人初航日本，就是乘著漢人的帆船。說不定，這就是葡萄牙人第一次望見台灣島的記載：

三十三章

葡萄牙導航員，隨著一艘艗仔（Soma），即中國帆船，由澳門離開中國航向日本與豐後的旅程，包括此次航行的水道大要。

七月十九日星期六，我們從稱為塔斯歐泰亞斯⑲（A Ylha das Outeas）的島嶼（位於澳門水道或出口的西側

⑰位於今日本九州大分縣。
⑱《東印度水路誌》，（台史博館藏：2003.15.168），第二編，p. 76.
⑲可能為今天廣東珠海市的橫琴島。

之處）離港，放洋出海，亦即，穿越麻六甲來船入港的
澳口：不過，由於我們不許到海賊大島⑳（Allha grande
dos Ladroins，位於澳門東南東四哩海上的一大海盜窟
巢）上去，因此我們由下風處越過，直到一個灣澳（een
scheut van een Bass）的地方起，也就是這兩個島各自分
開處，才用稱為「莽葛」（Banckoin）的中國輕舟鑽過一
個很窄的水道，由此開始，約經過一個半哩後，才有另一
個細長的島嶼，遍佈野獸與叢林。而當人們由此島此面即
西南方經過時，在水道的半途，會見到一個受大海沖刷的
石塊。

　　由此島出發朝東南東航行六哩，則可見到擔杆島，這
是高聳又細長的島嶼，滿佈野獸與樹林，而且在朝向大洋
的那一面，有九到十個小嶼圍繞，因為我們無法逆風，穿
越這些島嶼和礁石，所以我們從下風處繞過。在此島的尾
端有另一個島嶼，在向北約一哩遠處，為一大島嶼，附帶
有兩個小嶼或礁石，大的較近，小的較遠。我們讓他們全
到左手邊，沿著擔杆島前進，雖然說此島的東北東方位，
有一處沙澳，是南季風吹起時絕佳的碼頭。

　　離開這些島嶼後，將航向定在東南東方，直到我們放
洋出海，抵達沿海最遠的一個島嶼。見到此島時，將航向
轉向東方，再轉向東北，航行六十哩後到達南澳（Lamon）
島上風處。我們到此一探，是為了去查看海盜和竊賊們，
他們在此時此地據有此區，並與澳門的葡萄牙人相互攻
擊，在此處上陸探查，沒有見到反抗，也就是說在空曠

的地面上，只有灌木與野獸。南澳島（雖然我們沒見到什麼）位於當我們朝向漳浦縣山峰航行時之航線上，偏向東北之處。

　　中國沿岸［方面］，即海岸的這個區域，有許多暗流（quade watere）和暴風，而見到漳州港外的紅石（Varella）［時］，無異於見到一座宏偉的大山。自此之後，我們（如同離開南澳時一樣）朝向東北方的航道航行，將不再見到中國陸地，而是見到小琉球。換言之，在我們離開澳門島四晝夜之後，就在星期三早晨破曉之時，我們在距離其［小琉球］八哩的地方下錨。這是沿著中國海岸的方向，就這樣我們抵達了其［小琉球］西南角。小琉球島，由西南延伸到東北，［兩端］由東北延伸到北，並由西南延伸到南，是一個約有十五到十六哩長的大島，其尾端的岬角或此島的東北端，大約位於北緯二十五度半：在航行了五到六哩之後（wesende 5 ofte 6 mijlen dwers daervan af），在風平浪靜時測得了此地的太陽夾角（緯度）。從這個東北角起，此島的海岸就明確轉向東南。在此終端處，我還發現一個山巒高聳的大島，與之［小琉球］間隔很狹窄的水道，而從這個東北的方位我還發現一個良港，適合在南與南西西季風吹起時使用。我們沿著琉球島平靜渡過三天，當時，吹著涼爽的季風。我們的平靜感，想來是因為相當接近陸地油然而生的。

　　從［小］琉球的岬角（亦即，位在北緯二十五又二分之一度之處）出發，我們沿著東北以及東北轉東的方向前

⑳Allha grande dos Ladorins，是葡萄牙文「海賊大島」的意思。位置可能是今日廣東珠海的大萬山島。

進，沿這條航線直到北緯二十九度，到此已經遠離了[小]
琉球，到處可見水中有珊瑚礁（Haf-beenen），以及其他
的許多同樣的小貝類，全都是白色。如此從遠方看來就像
棉布帶一樣：但要是當你靠得非常近時，就不像了，因為
之後[珊瑚]逐漸變少、各自分開，這些都在北緯二十六度
以北的地方。

　　到了北緯二十九度附近，我們已走了東北東航線一半
的航程，又繼續再航行八到九哩直至太陽西下，那時我們
見到正前方，立著一個又圓（contende）又大的島嶼，而
離開那裡之後約六哩，就到了七個島中的第一個，最外緣
的島嶼，人稱阿斯西特伊拉斯島（As Sete Yraas）㉑，就
是七姊妹，位於北緯二十九度半。

　　前述的第一個島的正中央有尖頂，而在山腳下，靠西
側的地方，則有一個像石頭的基石（Pilaer），其型態如
同麻六甲旁，靠近新加坡海峽的法雷拉石（Varella），而
離此地在東北東方一哩半遠之處，則立著一塊圓形的黑礁
石。

　　一見到前述的島，就要立刻由北朝東轉，這樣向前航
行一整夜，到日出的時候（已經過了前述島嶼），就會見
到其他全部島嶼，在[視野可見]前述七個島[的區域中]
中，仍然轉向東北，直到前述最後一個島嶼的區域，亦即
向東北航行六哩後，就有兩個島嶼，東西橫列，東邊那個
既長又高，看來因滿佈林木而蒼鬱，西邊的那個相比之下

小很多，在其尾端或小島的東角，有個高丘，其後朝西的
為急陡坡，形成一個長而低矮的岬，此兩島間有一個約一
哩寬的水路，隔開兩島。

　　從這個長形岬角之後，向西行三哩半，可見到另一個
島嶼，與前述島嶼一樣高大。上述的高大島嶼被稱為屋久
島，而前述的七島都應該整個被保持在東南的方位，而從
第一個到最後一個應有七到八哩，當我們抵達七島[範圍
內]的最後一島後，便取向東北，直入高大島和有低長岬
角島之間的水道，由當中穿越，直到由其北方的另一側出
來。此一兩島間的水道，既深又美，毫無礁石與岩塊，航
出水道或通道後向西北行四哩，有一座極高而圓的島嶼，
在其西側顯[然]有礁岩。此島嶼的火山多半是活躍的。就
是說，是硫磺山或火山，位於此島的後面。當脫離此島向
北航行一哩後，會有另一個低矮的島嶼。從前述火山島
起，正東航行八哩後，就會抵達薩摩島。……

　　上面記載裡的「小琉球」島，應該就是台灣。在沿著廣東
到福建沿岸，再從漳浦轉向台灣，然後沿著琉球群島到日本的
路線上，台灣是個相當顯明的大島。漢人的航行，較少使用導
航儀器，而是著重地形地物，乃至於水深水色的辨識。葡萄牙
水手沿著廣東、福建，然後在漳州沿岸掉頭向東，經過台灣北
部航向日本的航線，在在見證的台灣島的存在。藉由《東印度
水路誌》的刊行廣佈，台灣島的存在，成為西歐讀者大眾對於
世界認知的固定組成部份。在漢人的帆船上，葡萄牙水手們緩
緩地在海面上遙望那山峰高聳、山巒綿延的台灣島。而島上吹

㉑As Sete Yraas應為今日本鹿兒島縣管轄トカラ列島（Tokara）中的「惡石島」
（Akusek jima）。過去トカラ列島也被稱為「七島」或「十島」。

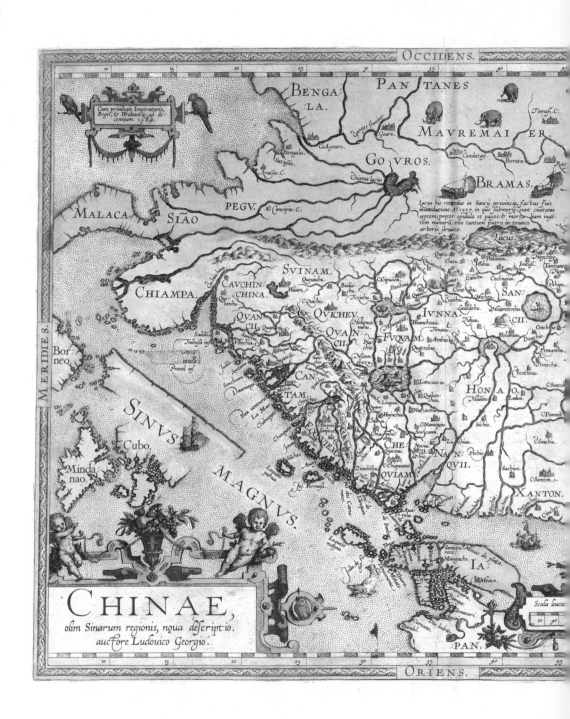

來山風，徐徐拂面，帶給人安穩恬靜的感覺。會不會，如上面所記載的，漢人水手沿著台灣航行三天的習慣性作法，才讓平日無暇去注意這島嶼的忙碌葡萄牙水手，留下了深刻的印象呢？而與大陸沿岸處處漁火炊煙相比，蒼翠的台灣島，實在寧靜得突兀？無論如何，林斯豪頓的解說，已為西歐的讀者，預留了很大的想像空間。

　　這裡我們不提本書第三編，因為林斯豪頓從來也沒有到過東亞。在他回程的路上，沒有提供我們讀者期待瞭解的消息。說起來，即使是他所翻譯的作品，如門多薩的《中華大帝國史》，原作者也完全沒到過中國，甚至從沒離開過西班牙。但是，這並不減損其作品的重要性。因為透過他的生花妙筆，關於亞洲各種人與事的形象，一下子深刻、鮮明了起來。而台灣雖非其主題所在，也受此餘蔭，為讀者開啟了無窮的想像空間。接下來，讀者們，將會一步步的發現，在富庶華南一側的這個神祕島嶼，怎樣不得不讓歐洲人的眼光，巧妙地投注在其身上，始終徘徊不肯移去。

●本圖是葡萄牙耶穌會士參考了明朝的中國地圖（可能是〈輿地全圖〉）加以編譯後，於一五八四年繪製的新式地圖。本圖首度質疑了馬可波羅敘述傳統下的東亞觀。林斯豪頓可能也參考過此一地圖。圖中亦清楚標示了澳門（Macao）、南澳（La Mao）、漳浦縣（Chahaqueo）、漳州（Chinqueo）、小琉球（Lequeio parua）、福爾摩沙（Ins. Fermosa）、七島（7 insule）、薩摩島（Tanaxuma）。反而是不在葡萄牙航線上的呂宋島，位置並不明確。

第②章　康第丟斯牧師的伊甸園
　　──《福爾摩沙簡報》

A

VOYAGE

To the KINGDOM of

Chili in America.

Performed by

Mr. *Henry Brewer*, and Mr. *Elias Herckeman*,

In the Years 1642, and 1643.

With a Description of

The Isle of FORMOSA and JAPAN.

Illustrated with Copper Plates.

Translated from the High-Dutch *Original, Printed at* Frankford *upon the* Maine, 1649.

VOL. I.   6 A

●西按照荷蘭聯合東印度公司荷文名稱（V. O. C.）縮寫所設計的徽誌。各分公司會在字母V下方再標示其縮寫。如阿姆斯特丹分公司（A），台夫特分公司（D）等。

林斯豪頓的《東印度水路誌》引發了席捲西歐的轟動熱潮，荷蘭商人錢、船、人俱在，只缺臨門一腳。林斯豪頓自己也參加了遠征隊，想藉由穿越北極的航路，直接前往東亞。荷蘭商人精打細算，覺得若是有足夠的地理資訊，可以取道他途，沒必要跟西葡兩國的海軍硬碰硬。無奈，北冰洋的霜雪，遠非荷蘭商人所想的如此輕易就能穿越。成功歸國的船隊，仍重複了葡萄牙人與西班牙人的走法，若不是穿越好望角到印度洋，就得穿越麥哲倫海峽到太平洋，跟西葡海軍照面，變成不得已的事。再加上，眾人紛紛蜂擁到香料群島，荷蘭人間惡性競爭，打壞行市，使一時蓬勃的市場蒙上了陰影。

●荷蘭東印度公司最大的貨棧與船塢，位於阿姆斯特丹港側。約於一六六五年時由東印度公司買下，是當時歐洲最大的船廠。其儲存船隻補給物資與東亞貴重貨物的貨棧建築，則建於一六五六年，現址今為荷蘭航海博物館（Scheepvaartmuseum）。

當時，荷蘭共和國評議會的祕書長歐登巴耐菲特（Johan van Oldenbarneveld）衡度時勢，認為在外有西葡壓力，內有各城市利益衝突的情況下，必須由國家出面調停，才不致造成玉石俱焚的局面。於是，他召集荷蘭有能力從事遠程貿易的海運公司，說服他們合組一家公司，泯除私利，共同提高售價，

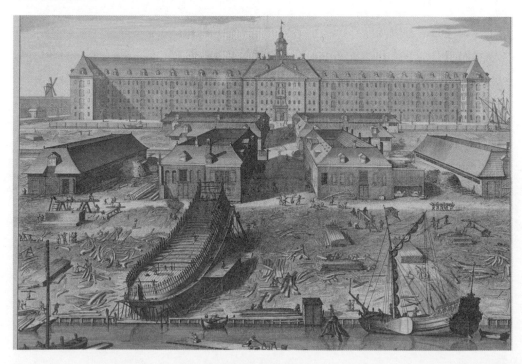

甚至為共和國賺取軍費。一六○二年，荷蘭聯合東印度公司
（Verenigde Oost-indische Compagnie, VOC）因此成立，
大家共同投資，每年定時派出約十至十五艘大船到東南亞各處
採購香料。

　　東印度公司船上的水手們，當然都是基督徒。他們每年有
半數以上的時間，要在大海上飄搖。他們經常面臨蔬果、淡水
不足的情況。更不用說遭到颱風、暴雨的侵襲，還有夜間航行
時，可能無預警的觸礁、擱淺。任何一艘船上，至少都要有一
名神職人員，或者，也要有人暫時頂替一下，帶領大家祈禱、
唱詩歌，以鼓勵水手們的士氣。當然，在基督教的規定裡，只
有正式的牧師才能執行如洗禮、婚禮、喪禮這一類人生大儀
式。但是透過牧師或會眾的同意，也能指派一些略知文墨，性
格方正的人，來代替牧師去探訪需要照顧的人，也就是「探訪
傳道師」（Kranken-bezoeker）。因為他們能讀書識字，比一
般士兵水手，多了一些技能，也能順便負擔傳遞文書的任務。
所以他們也就像林斯豪頓擔任葡萄牙果亞大主教祕書的時候一
樣，可以拿到一些「內部」的資料。一位名叫瑞和耐（Zeyger
van Rechteren）的探訪傳道師，一六二九年時，隨船航向東
亞，歸國後，在一六三五年所刊行的《瑞和耐東印度遊記》
裡，①便附帶了一份「內部資料」──《福爾摩沙簡報》。

徘徊中國門外的荷蘭東印度公司

　　從一五九○年代到一六四○年代，荷蘭與西葡之間的戰爭
並沒有中斷。②但是荷蘭各邦在艱困中聯合成立一個共和國，

①Rechteren, Zeyger van. *Journael, Ghehouden door Zeyger van Rechteren : Op zyne gedane voyagie naer Oost-Indien,*（Zwolle, Frans Jorrijaensz ende Jan gerritsz: 1635）. 一六三九年又出版了增補版。
②荷蘭人反抗西班牙人爭取獨立的戰爭參閱前一章。一五八○由於皇室聯姻的關係，葡萄牙也與西班牙合併。一六四○年也因為同樣的原因分離。

並逐漸迫使西班牙國王面對荷蘭人追求獨立的現實。一六○九年，西荷兩國間暫時簽訂了十二年的停火條約，可說是西班牙承認荷蘭自主勢力的第一步。荷蘭東部與南部的戰線因此暫時停火，而沿海城市貿易轉而復甦，書市也大為暢旺。作為投資大眾，人們尤其渴求知道東印度公司在亞洲的情況如何，以免血本無歸。東印度公司原先只是商人共同經營的團體，可是，在西葡的阻撓下，荷蘭共和國當局遂將國家才能掌理的外交與軍事大權授與公司權宜運用。因此他們在亞洲的經營獲利，也成為荷蘭共和國立國的重要基礎。對荷蘭共和國的市民們而言，公司經營的成敗，也是獨立戰爭的一個部份，不可不聞不問。於是阿姆斯特丹的一位出版商康美林（Isaac Commelin），看準了這個報導市場，四處蒐集荷蘭船隊出航的報告、遊記，並於一六四五年開始出版完整而確實的遊記大全《聯合東印度公司的成立與發展》。前面所說的《瑞和耐東印度遊記》，包括與台灣相關的《福爾摩沙簡報》就在此年隨此書面世，展現於歐洲各國讀者大眾的眼前。

如果說林斯豪頓的《東印度水路誌》，是西葡水手的經驗集成，並因此成為荷蘭水手的實用指南的話，包含在《聯合東印度公司的成立與發展》中的二十八篇遊記，就是荷蘭水手在一六○○年後二十年間親身驗證《東印度水路誌》的結果。

● 《聯合東印度公司的成立與發展》系列書籍封面。其中並刊印了大明商人行駛於東南亞各地所駕的帆船。

巧妙的是，西葡人在十六世紀間大剌剌地於華南各地遊

覽的情況，在荷蘭人抵達華南的時候，已不復見。葡萄牙人
被限居在小半島澳門，內陸只有少數的耶穌會士。一六○二
年、一六○四年荷蘭人都曾數度嘗試向大明國朝廷申請自由
貿易的許可，但是都因為碰上海禁，沒有成功。再加上東印
度公司剛剛成立，急於獲利，在香料群島、印尼一帶與伊斯
蘭海商、西葡人大動干戈，聲名狼籍。這些消息傳到大明國
後，又進一步被葡萄牙傳教士抹黑醜化，於是，更被大明國
朝廷視為卑劣無匹的海盜。

●曾隨著荷蘭艦隊前往華南發展貿
易的荷蘭船長班德固，由於其遊記
大為風行，使荷蘭人現在仍以「一
趟班德固之旅（eene Bontekoe's
reis）」來比喻逢凶化吉的情節。

　　一六二○年，荷蘭人從香料群島擠走西葡人，貨源穩定
後，便於雅加達立定腳跟，卯足全力，要挖葡萄牙人的牆角，
奪走他們承辦的中日貿易。一六二二年荷蘭艦隊司令萊爾生
（Cornelis Reijersz.）率隊前往奪取澳門，失敗後退守澎湖，
又被明軍驅走，轉向台灣。因緣際會之下，在林斯豪頓書中還
只是一個地標的台灣島，成為荷蘭水手遊記裡一個重要的回頭
港。相反地，林斯豪頓書中大肆鼓吹的繁華中國海岸，這批荷
蘭水手卻無緣一遊，只能於門外徘徊、望眼欲穿。即使如此，
這一徘徊的過程，也在一六四六年，由艦隊中一名船長刊行成
書，成為著名的《班德固船長航海記》。③

康第丢斯牧師與《福爾摩沙簡報》

　　附載於「瑞和耐遊記」的《福爾摩沙簡報》，其實出自
一位德裔牧師之手。亦即頂頂大名的康第丢斯（Candidius
Georgius）牧師。康第丢斯牧師一五九七年（跟《東印度水路
誌》出版正好差一年）出生於當今德國西南萊茵河流域的帕拉

③參見：林昌華譯註，《黃金時代：一個荷蘭船長的亞洲冒險》，（台北：果實，
2003）。

丁地區，亦即在德法交界亞爾薩斯-洛林的東側地帶。此地首府
是後來甚為著名的海德堡，距離路德舉起宗教改革大旗的符騰
堡也不算太遠。帕拉丁地區以喀爾文教難民之「僑鄉」聞名，
因為此地位於各種政治勢力交界之處，南德的基督教勢力、法
國、義大利的天主教勢力，都虎視眈眈。荷蘭人雖想幫助這裡
的喀爾文教徒，但距離過遠，自顧不暇。一六一八年日耳曼地
區三十年戰爭爆發，就是因為帕拉丁的領導者不願意向這兩股
勢力屈服的關係。而這個地區當然也完全捲入戰火之中，慘遭
蹂躪，人民輾轉流離，境況慘痛。一六二一到一六二三年，康
第丟斯前往喀爾文教重鎮──荷蘭萊登大學研讀神學，或許也
是因為家鄉受戰火波及所致。

　　他在大學畢業之後，就為東印度公司服務，隨船到東南
亞地區。公司會雇用牧師，當然是要照顧船員水手們的需求。
可是康第丟斯時年二十六歲，在家鄉受到迫害，又在大學飽讀
詩書、滿腹經綸，只想一展長才，讓世界認識到喀爾文教（在
荷蘭則是改革宗）的真理。所以，即使公司的安排是希望他不
要操心傳教的事務，他還是一心尋找傳教的機會，但結果卻到
處碰壁，給自己找了不少麻煩。比如說，他希望到印度東部傳
教，可是東印度公司的商務代表跟當地人所簽的約，根本不允
許他們傳教。④後來，公司安排他到當時相當重要的摩鹿加群
島的德納第（Ternate）去服務。公司到此的目的主要是收購
丁香。當地的伊斯蘭君主與荷蘭東印度公司合作，以對付葡萄
牙人。因為公司與伊斯蘭君主合作，所以牧師雖可以傳教，卻
不能為改信者洗禮。康第丟斯莽撞地傳教後，才發現有這個限
制，便與當地的荷蘭長官費佛爾（Jacques le Fèbre）大吵了

一架。⑤他自認他跟長官的衝突，就如同聖經上先知拿單跟大衛王的衝突一樣。

　　這個典故是說，大衛王看上了手下大將烏利亞的妻子，假公濟私，讓烏利亞在戰場上因故陣亡，以滿足自己的私欲。把大衛捧上王位的先知拿單，看不下去，就對大衛說了一個故事，說城裡有個富戶，自己的牛羊不用，要奪那窮苦人的小羊。大衛王聽了義憤填膺，要處罰這個富戶，拿單於是才說這富戶就是大衛王自己。康第丟斯牧師以先知拿單自況，可見他對於傳教活動有自己的見解，不容公司長官操縱。

　　吵架的後果是，他被調回公司的亞洲總部巴達維亞（現今的印尼雅加達）服務，可是他依然不滿意。在雅加達從商的伊斯蘭教徒，已經在那裡落地生根了四、五百年，公司在那裡駐有三名牧師，三名探訪傳道師，可是對傳教都不熱心。康第丟斯說，那裡的伊斯蘭教徒都不想改信基督教，只有嫁給荷蘭人的那些女奴，才會勉為其難地受洗，信仰完全是功利取向。⑥懷憂喪志的康第丟斯牧師，因此偶然地被派到台灣來。他在一六二七年六月抵達台灣，發現台灣原住民不但不是伊斯蘭教徒，而且連文字經典都付之闕如。可以想像，康第丟斯牧師有多麼興奮。他的志願，終於有發揮的空間。他說：

　　「…我想處理的是，其意志可不因利益或世俗動機，只因信仰的價值和尊嚴，而改變接受我們信仰的種族。這就是福爾摩沙的原住民。」⑦

④甘為霖（W. Campbell）著，《荷據下的福爾摩沙》（李雄輝譯），（台北：前衛，2003），p. 123.
⑤甘為霖（W. Campbell）著，*op. cit.*，p. 124.
⑥甘為霖（W. Campbell）著，*op. cit.*，p. 124.
⑦甘為霖（W. Campbell）著，*op. cit.*，p. 124.

「…為何此[台灣原住民]社區能逐漸變成和荷蘭祖國任何社區一樣優秀、一樣真誠。在荷蘭,常常可以發現一屋子裡有多少人,就有多少種不同的宗教看法。然而福爾摩沙人在正統教師教導後,必然只有同樣的一種信仰。

我們荷蘭人要根除錯誤,不僅困難,而且幾乎是不可能的工作,因為堅信錯誤的人,也有理論作為其錯誤的依據,所以能把同樣的錯誤教給下一代。」⑧

Fort de Zeelande ou de Taiovang

●刊行在《聯合東印度公司的成立與發展》裡〈瑞和耐遊記〉中的插圖,描述了大員的概況。其中懸掛荷蘭旗幟的中國帆船也是公司所有,用來保護漁船,運送士兵到台灣本島上。本圖是十八世紀法文重刊本的上色版。

當時荷蘭境內,湧進大批新教難民。這些難民來自全歐洲,有法國南部、德國南部、東歐人、南歐人、英國人,他們各自由於不同的信仰,被天主教、路德教,或是其他主流教派的君主驅除出境。康第丟斯的出生地帕拉丁(Palatin),後來也是路德派、天主教、喀爾文派三分天下的地區。可以想像,康第丟斯在萊登大學的歲月,是如何地為各種宗教解釋間的爭論,費心勞神。雖然他接受喀爾文派的正統教育,但卻又為當時荷蘭大眾宗教認同紛歧的處境,感到挫折。

真是踏破鐵鞋無覓處,得來全不費功夫。遠從德國南部

的家鄉，長途跋涉到荷蘭，又從阿姆斯特丹的港口，飄浪到印
度與香料群島。舉目所及，不是頑固死腦筋的新教徒小氣商
人，就是對真理根本不屑一顧的伊斯蘭暴發戶。飄洋過海這麼
久，終於，在一塊從來沒被爭奪過的土地上，康第丟斯找到了
他的夢土。他不顧公司官員的抗議，喜孜孜地搬到原住民的部
落——新港村居住。他在新港村傳了十六個月的教，號稱有
一百二十人願意聽他講道。之後，他真的覺得必須向長官，甚
至向東印度總督爭取奧援，所以，才會有這一篇《福爾摩沙簡
報》誕生，以作為他爭取傳教資源的說帖。

康第丟斯牧師眼中的福爾摩沙居民

在這四百八十多天內，他所認識的原住民是這樣的：

我所熟知的有八村：新港、麻豆、蕭壠、目加溜灣、
大目降、Tifulukan、Teopan、大武壠（Tefurang）等。其
居民宗教、風俗習慣和語言都相同。其位置也大致相同，
由海邊到山邊。以熱蘭遮城（按：安平城）總部為起點，
所有村落都一日可達。…

Formosan.
[Asia.]

●十八世紀之後所刊行的福爾摩沙
人（台灣原住民）想像圖，出處不
明。但其圖像仍多根據康第丟斯牧
師的〈福爾摩沙簡報〉。

男人很高、極粗壯，事實上幾乎是巨人。其膚色介於
黑與棕之間，很像印度人，但沒有Caffir那麼黑。[9]夏天
他們幾乎全裸，沒有羞恥感。相反地，婦女很矮小、胖
壯，其膚色棕黃，穿些衣服，除了洗澡之外，有點羞恥
感。她們每天洗溫水澡兩次。洗澡時，如果有男人經過並
看她們，她們會視而不見。

[8]甘為霖（W. Campbell）著，*op. cit.*，p. 124
[9]Caffir人指東非的黑人。南亞伊斯蘭教徒、葡萄牙人都有畜養黑奴的習慣。

　　大抵而言，福島人民友善、有自信、脾氣好，對陌生人好，會友善地給陌生人食物和飲料。

　　在這段期間內，台灣原住民相當善待他，而且看來有朝氣，又自信。針對這篇著名的《福爾摩沙簡報》，台灣討論的文章已有許多，但透過康第丟斯牧師的眼，又帶給我們不同的看法。可以發現，在台灣原住民的生活中，隱含有某種形式的「民主」體制。例如，康第丟斯說：

　　這些村莊沒有一位首領統治他們，村村都相互獨立，各村也沒有他們自己的頭人來統治。他們有名義上的評議會，由十二位名聲好的人組成。每兩年評議會改選一次，老議員卸下他的職位，由新選上的取代。議員大約四十歲，全部都同年。雖然他們沒有年齡的概念，沒有人知道他們實際上活多久了，但他們確實記得他們生於何年何月何日。當他們服務兩年以後，就要把前額兩旁的頭髮拔掉，以示他們任期已滿，不在職位了。然後就會再選其他同年齡的人。

　　議員們沒有很大的權力，人們不需服從他們訂的法律或命令。但當有困難發生時，他們必須面對，必須深思解決之道。達成決議後，便召集所有人到一間公廨去，向大家解釋問題，全體討論問題正反意見半小時。一人講完，別人馬上接下去，他們很努力想藉著語言來說服大家接受他們的提案。他們秩序井然，一人說話時，沒有人想要插嘴，雖然聽眾有一千人。我很吃驚於他們的雄辯，我相信

即使古希臘演說家狄摩西尼斯（Demosthenes）也不比他們
還會講話，也不比他們能多用多少字彙。議員們說完後，
大家再深思他們的提案，他們可以接受或拒絕其提案。這
裡沒有強迫，每個人都獨立思考該提案的優缺點。

　　康第丟斯作了一個非常生動的比喻。他說台灣原住民間
相互辯論的場面，就如同幾千個希臘人在市民廣場裡集會，大
聲互相詰問的情形一樣。他提到的古希臘演說家狄摩西尼斯
（Demosthenes），據說由於天生口吃，於是含著小石頭練說
話；又為了擴大音量，就天天對著大海演說。想必當時台灣原
住民在千人集會上，不用麥克風也可以讓所有人鴉雀無聲聆聽
的這般景象，讓康第丟斯想起了古代地中海濱，希臘民主集會
的情景。想想看，一群高大自傲的人，穿得不多，用「東方語
言」在海濱集會大聲演說，怎麼不讓康第丟斯想起強壯又自誇
的希臘人呢？

在福爾摩沙原住民中遇見日耳曼精神

　　其實，這一篇《福爾摩沙簡報》的形式和主題，與古羅馬
史家塔西陀（Cornelius Tacitus）所寫的《日耳曼尼亞志》也
頗為類似。在羅馬時代，身處帝國邊境的日耳曼人：也就是後
來德國人與荷蘭人的祖先，文明雖然落後，卻堅持著他們固有
的「自由」，不願被羅馬帝國所奴役。塔西陀眼看羅馬從共和
演變為帝國，深有「禮失求諸野」的心態，撰述了這一篇《日
耳曼尼亞志》。荷蘭人為了護衛他們的自由獨立，往往援引此
書，以為他們反抗精神的根源。《日耳曼尼亞志》也有這樣一

段記載：

　　[日耳曼人中]，小事透過酋長們商議，更重要的事則
經過整個部落[議決]。雖然最後的抉擇有賴於人民，但這
些事項總是先由酋長們透徹探討過。全體大會，除非是緊
急狀況，都在固定的日子舉行，若非是朔日，就是望日；
因為他們以為這是處理事務的吉利時刻。正如同我們[羅馬
人]以日記時，他們[日耳曼人]則以夜計時，並以此確立他
們經常的、法定的集會。他們認為一日之始在於夜；他們
所謂的自由造成以下的缺陷，就是說他們無法自發或者相
邀[集會]，而是要花費兩三天的時間來集合，造成延誤。
當人人都認為時候到了，他們便帶著武器坐下。祭司們命
令全場肅靜，因他們在此時有權維持秩序。然後傾聽他們
根據年齡、出身、戰爭表現，或口才[而推舉的]酋長或
王，這[大會]與其說是來自於他指揮的大權，還不如說他
是藉由說服來發揮影響力。如果他們聽了不高興，就會用
喃喃低語聲來表示反對；如果他們滿意，就會揮舞長矛。
參加者致上最高恭賀的方式，乃是以武器來表達贊同。⑩

　　因為福爾摩沙人，也就是台灣原住民們，有這種和希臘羅
馬頗為類似的「每個人都獨立思考提案」的傳統，康第丟斯才
覺得在本地有喀爾文派最重要的質素：「其意志不因利益或世
俗動機，只因信仰的價值和尊嚴，而改變接受我們信仰」。所
以他說：

　　我絕不懷疑基督信仰一定會吸引此地的人民，他們自

---

⑩Tacitus, Cornelius; Alfred J Church/ William J Brodribb trans., *The
complete works of Tacitus*, （New York: The Modern library: 1942）, pp.
714-5.

己的信仰、風俗習慣等，只要和神的律法不一致的，他們都將會自動地拋棄。我堅信在本島一定會建立起全東南亞最先進的基督教社群，而且甚至還可和最繁榮的荷蘭本國爭勝。⑪

康第丟斯牧師離開後的原住民圖像

雖然後來對台灣原住民傳教的進展情況，並不像他期望的那麼美好。可是這一份《簡報》，承載著康第丟斯牧師的熱情，四百年來，不斷不斷地召喚新教的傳教士，年復一年，來尋找這伊甸園中美好的人們。在一六七〇年的《荷使第二及第三次出訪（大清）中國記》裡面，⑫作者引用了可能在一六五〇年代末訪台的水手萊特（David Wright）的記載，來補充康第丟斯的這個簡報：

台灣人的體格和習性如何：男性體型強壯結實，特別是居住在平埔者。但山上的居民體型較矮小，女性也是屬於較矮小的一方。他們的臉大又圓（vol），大眼睛，塌鼻子，不過通常胸脯結實，沒鬍子，這並非天生，而是持續拔掉毛髮的結果。一長新毛就拔除；而相反地有令人吃驚的長耳朵，上面可以放置一個很大的裝飾品（cieraet），並用一個製成螺旋形的牛角，持續地把耳垂撐大，弄得既圓又寬。一些小柱子貫穿這裝飾而像一個小桌子，其上有很精緻上色的雕刻；另外一面則是彩繪的貝殼，特別在節日，要在其偶像前表現的時候。因為在其他日子他們讓耳際懸空，不放裝飾品，大剌剌地（ongeschroeft）懸著，

⑪甘為霖（W. Campbell）著，*op. cit.*，p. 122.
⑫見第六章介紹《荷使第二及第三次出訪（大清）中國記》（台史博館藏：2003.15.175）。《荷使出訪日本記》（台史博館藏：2003.15.176），在簡介台灣情況時，也曾經把康第丟斯牧師的《福爾摩沙簡報》重新抄錄再版。

Habit d'hiver des Habitans de l'Ile de Formosa.　　　4

● 《荷使第二及第三次出訪（大清）中國記》中，根據英國水手萊特描述的髮型、衣著所繪製的福爾摩沙人形貌，構圖並強調其高大健美的體態。後方背景為高山、森林，表述台灣島多高山的特徵。中景的原住民房舍也是根據文字敘述繪製的。

此時，看來非常醜陋，幾乎都要懸到胸部一半的地方了。那頭髮極黑又長，而以兩種特別的方式結起，此地大部份人都一樣。不過，其他人則以大明人的方式，把頭髮結在頭上，或是編起來放在小錐布套裡。他們臉上的膚色是黃棕色（zwartachtig geel）或介於黃色與黑色之間。可是在蛤仔難（Kabelang）⑬地區的人是介於黃與白之間。大肚（Midag）地區女性的膚色為黃色，同樣還有塔樓（Soeten nouwe）⑭和小琉球島（Lamey）的［也都偏黃］。

他們的記憶力很強，理解力高，敏於判斷，對接受基督教信仰此事，比其他東南亞地區的人都友善溫和。⑮

萊特訪台時，距離康第丟斯牧師的《簡報》寫成，已有近三十年的時間。但是他所記載的，主要仍是新港一帶的原住民。而彙編這些記載的《荷使第二及第三次出訪（大清）中國記》的編者達波（Olfert Dapper），則請人按照萊特的描述，把福爾摩沙人的情狀，繪製成版畫。例如：

他們在夏天差不多就是穿一件棉衣——上身寬得像一件床單，在胸部的地方把兩個角繫起來，而在一臂下穿過，這樣身體的一側通常被掩蓋起來，另一面則會露出。在中間則是繫腰（toegegort），還有在小腿上綁著的［綁腿］。他們既不穿鞋，也不穿襪；可是有的會穿一些野地鞋，用山羊皮所製，然後用小繩子繫起來。

冬天他們在身上穿上虎、豹或熊等其他毛皮，用以

⑬或稱噶瑪蘭，為今之宜蘭一帶。
⑭位於今屏東里港鄉塔樓村。
⑮《荷使第二及第三次出訪（大清）中國記》（台史博館藏：2003.15.175），pp. 20-1. 此處字面上中國人均譯為大明人，以避免誤解。

禦寒。住在蕭壟地區⑯的老人們，過去曾穿上荷蘭式的服
飾，不過，其他地區的人們，都穿著中式服裝。

　　在西班牙人、荷蘭人抵達以前，居民都光著身子活
動。山上的居民裸身，有時會在私處覆蓋一小片布。

　　女性大多和男性穿得一樣，只有一處不同，就是她們
以布包覆、綁住自己的雙腿：她們身穿長裙，不過不會長
過她們身長的一半，裡面則是棉質小衣，長到膝上。她們
以一塊絲綢或絨布來包覆頭部，有兩荷碼長，而其兩端在
前額就像角一樣，朝前突起。她們從不穿鞋。每個女性身
後經常跟著一頭豬，就像小孩一樣。

　　半數的男性在他們的胸前、背上、手臂的皮膚上有裝
飾（Cieraers），並繪上某些色料（verf），[色料]會殘
留在皮膚之中，而不會褪色。（按：即刺青）[他們]在脖
子和手上都穿戴琉璃珠（glas-kralen）的項鍊，還有緊緊
鎖起來的鐵環，從前臂一直戴到手肘處，幾乎沒有空隙，
所以不可能讓手臂露出來。同樣地在雙腿上每一面都有許
多白色貝殼，像一條帶子一樣。⑰

　　而萊特對於原住民新居落成的祭典也有生動的介紹：

　　當牆蓋好的時候，此一工作的師傅率先進入新屋，代
表全部的人第一個向諸神獻祭。
　　在置上屋頂的時候，三到四個女人會在手上捧著滿滿

⑯為今台南縣佳里鎮一帶。
⑰《荷使第二及第三次出訪（大清）中國記》（台史博館藏：2003.15.175），pp.
21-2.

Habit d'Été des Habitans de l'Ile de Formosa. 41.

● 《荷使第二及第三次出訪（大清）中國記》中，根據英國水手萊特的描述，繪製的福爾摩沙婦女形貌。圖中婦女頭戴絲綢、絨布頭巾，並包紮綁腿。後方的屋舍以豬隻頭骨裝飾，也是根據萊特記載所繪，但豬隻頭骨是否如畫師所想像豎立於屋頂，則仍有待考證。

一竹筒的水，她們會緩緩地喝下它，然後馬上再從口中噴出。那麼她們口中吐出的水就會正好浮在空中，而這被他們當成此一房舍能維持多久的預兆。然後這些女人會馬上跑開，因為他們認為，她們跑得有多快，屋頂的消耗就有多快。⑱在屋頂完全蓋好之後，整個房子也完成了，他們又會狂飲，直到醉倒。房子造好一會後，兩、三個男人，每個手上都握著他們稱為Tatak的刀，對他們的諸神說：這是水酒，來讓我們共飲吧。不要對我們族人發怒。讓我們共同幫忙造屋。然後再輪番詢問每個人的夢境。那個夢境最好的，要首先躺在地板上，並且第一個去生火。

之後［他們］向諸神獻祭，向他們的先知或巫者（duivel-jaegsters）獻上一串Pasie，亦即一種乾的米糕（gerfongedorschte rijs），希望［先知、巫者］能在中午的時候到他們的屋子去，讓他們可以向諸神獻上一頭豬。奉獻的豬，其頭要朝東（因為他們的觀感中，東方的神要比西方的神好），而整隻豬都要用米椿（rijs-stamper）敲打過。除了頭，不要打到，為了怕弄傷顎骨。因為他們要把它纖毫無損地保留起來。如果［顎骨］被米椿打碎，會被認為是今年內［有人］死亡的徵兆。跟豬一起，獻上檳榔（Pinang，Sire）、米糕，並在豬頭上倒上一些Masakhaw（按：酒類）。最後人們將豬腹切成小塊，留一塊在房內的箱子裡，當成裝飾，並向諸神祈求讓箱子堆滿值錢的貨物。

同樣地他們會鋪上他們的刀和盾，祈求諸神接納

（gestort），藉以增強[力量]來對抗敵人。沒錯，在房裡沒有任何椰子（kalabas），而是放一塊腹肉來榮耀[神靈]，但所有的豬油、內臟或剩餘物則當成豬肉大餐（verken-schotten）奉獻給諸神，並發出如下的話：這是您們給了我們，我們的諸神，保護我們的豬隻，讓其肥碩。然後他們必須致贈巫師十束稻穀（pagie），一噚長的花布；還有每隻豬的右肩肉、一塊豬腹、一塊豬心、肝、腎，一些豬油跟Masakhaw。最後，[巫者]他們要求整天到他們房裡，以[為他們]祈求，[希望房子]可以更耐用。福爾摩沙人此一獻祭送出的信息，帶有力量，相信能讓他們和其房舍免於任何魔鬼或精靈的侵害作怪。⑲

　　有趣的是，《荷使第二及第三次出訪（大清）中國記》的彙編者達波，是當時出版近東（如希臘、小亞細亞、埃及）方面遊記的專家。他找人所繪製的插圖，也帶有希臘人的味道。而這些圖像，也如同書本一樣，一再地引起歐洲人的興趣，把福爾摩沙人優美的體態，一再複製。

全島各地的福爾摩沙聚落

　　在《福爾摩沙簡報》寫成到萊特來台間的近三十年中，荷蘭人對於原住民的認識並非完全沒有增進。經過三十年，荷蘭人的足跡已經幾乎踏遍全島。一六四〇年代，荷蘭人為了捕鹿而往台中盆地邁進，與大肚王相抗。同時，為了到雞籠採金，他們經過恆春半島、花東縱谷，而與瑯嶠領主、卑南社人相遇，征服雞籠後，則與宜蘭平原（蛤仔難）的平埔族見面。因

⑱因為當時用竹木、茅草搭製的屋頂，很快就會朽壞，此處所指的是一種占卜行為。
⑲《荷使第二及第三次出訪（大清）中國記》（台史博館藏：2003.15.175），pp. 21-2.

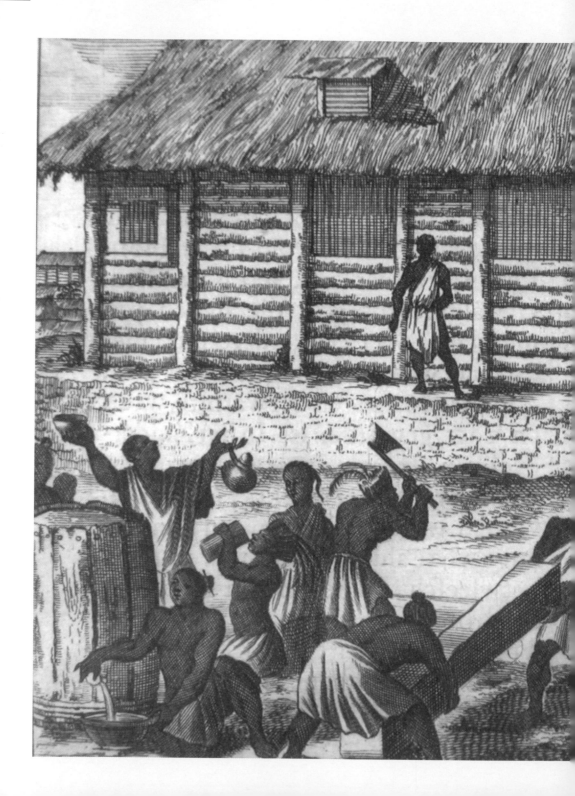

● 《荷使第二及第三次出訪（大清）中國記》
中，根據英國水手萊特的描述，所繪製福爾摩人
共同建造房舍的活動。其對於房舍的描繪，頗符
合康第丟斯的敘述。屋簷下垂吊的則是各類貝
殼，也是根據文字記錄所繪。其實若與十八世紀
的〈番社采風圖〉對照，更能瞭解本圖所要表達
的情景。

● 《荷使第二及第三次出訪（大清）中國記》中，根據
英國水手萊特的描述，所繪製福爾摩沙人架屋完工後所
行的祭典。畫面中心是主祭的尪姨，正在把豬腹肉分給
圍攏的族人。豬腿前則是作為「法器」的米樁。背景中
有兩名戰士看守的則是竹製的望樓。因為萊特把望樓寫
成「塔」，所以畫師才照著「塔」的形象繪製望樓。

為在淡水設立了紅毛城，他們的足跡也出現在桃園、新竹各
處。對此，萊特作了如下的報導：

　　福爾摩沙島沒有一個統治者，除內陸高山地區有無數
頭目外，在平地分成十一個區或邦，各有其首領。

　　第一個荷蘭人領有的區位在[大員]北方，新港、大目
降、目加溜灣、蕭壠、麻豆、大武壠、虎尾壠、二林、螺
東、西二林、阿束等村社。⑳

　　第二個區，或邦國，我們[荷蘭人]稱之為蛤仔難灣，
包括七十二個村社，村村各自治理，相互結盟。荷蘭人無
法強制他們，只得和他們締和。他們跟荷蘭人交易各種商
品，甚至賣他們的子女為奴。年紀約十三歲的，通常可賣
十里爾。㉑

　　第三區，屬於大肚番王，位於大員東北，在八掌溪之
南。這王統治十七個村社，最大的稱為大肚，是首府，也
是[番王]駐地。沙轆、水里、北社、牛罵則是這十七村的
四個大社。大社牛罵，在離八掌溪一哩半的平原上，其
他各村都在山丘上。大肚王以前統治二十七村，十個已脫
離他而去。他沒有盛大的排場，外出時只有一兩個隨從而
已。他不願基督徒於他境內居住，也不讓通事學習語言，
但穿越境內是可以的。大肚之北約七小時路程，離海約四
哩處有八卦山（Patieniie of Gedu1t-berg），因其險峻
難攀登而得名。此山，從鄰近的平原來看很平坦，四四

方方像桌子，很像是人造的一樣，周遭沒有別的山丘，滿是荊棘覆蓋。此外，流過山南邊的河流，水流很強，最強壯的原住民也無法直接穿越，而要二、三十個人牽手一起，直到踏上對岸。所以西班牙人稱其為八掌溪（Rio Patiensia）並無不妥，因為渡過該河，需要極大的努力和忍耐。[22]

　　第四區是卑南覓，領有八社和散佈甚廣的各村。最重要的是卑南，是首領的居住地。其居民是勇武善戰的豪傑，是全島最佳、最莽撞的武士。首領本身就是豪邁的英雄，身邊圍繞強大的侍衛。所以常常跟邊界村落衝突。他過去與荷蘭人結盟，准許一個士官帶二十五個士兵在那裡居住。

　　第五區是掃別，整個位於福島的後側，有超過十個社。其首長跟卑南結盟。

　　第六區稱為內文（按：即琅嶠區），有十七社、許多村，最重要的是大、小內文社。其境內有一座非常高峻的大山，從大員就能望見。大內文社位於高處，山中約一日的路程。[23]

　　第七區是Kardeman的轄區[24]，她是位女性。因為她友善地接待基督徒，所以荷蘭人稱他為「好夫人」。她統治五個村莊。當我們（荷蘭士兵）往平原去的時候，她為我們準備食物。她對屬民掌有大權。本來是位寡婦，可是後來

---

[20]所謂北路地方集會區，主要是從今之台南縣到嘉義一帶。
[21]即宜蘭平原各村社。
[22]位在台中盆地，彰化一帶。
[23]主要是恆春半島的排灣族部落。
[24]可能是指屏東平原，塔樓附近的村社。

嫁給了本地（荷蘭城鎮）的一個貴人，搬到大員居住。

第八區領有十二社，主要的村社有 Deredou、Orraro、吞霄、Barraba、房裏、大甲日南、大甲西勢和 Kubeca 等。㉕

第九區是崩山，有七社又七村，最重要、最大的是崩山社，乃是首領住所。㉖

第十 [區]，名竹塹，幾乎是個完整的城市，如同荷蘭的哈倫市一樣大。與崩山的七社持續交戰，也和八里盆、南崁兩社作戰，這兩社形成福島第十一個區。

在這些地方以外，在山上還有千百個部落，因為數量實在太多，無法一一舉名。每個都只限管理自己，互相不斷交戰。㉗

● 《航海與旅行大全》中的〈福爾摩沙簡報〉，雖然編者在卷首序言中醫稱作者已佚，但簡報前言 卻清楚標示為康第丟斯牧師的記載。

萊特的敘述裡漏掉了台北盆地的原住民村社，可能是當時這些村落正在叛亂，所以沒有消息。而他也漏掉了後來稱為鳳山八社的下淡水溪（今高屏溪）沿岸的村社，原因不明，可能是他沒有被派到那裡去過。但是他的敘述，已經把當時台灣全島各地，包括山區的情況說得差不多了。

康第丟斯牧師的《簡報》一六三五年由瑞和耐出版，並

㉕Deredou、Barraba都出現在〈村落或戶口表〉裡面，也在桃園地區。Orraro、Kubeca則不明。

㉖崩山〈村落戶口表〉拼成Dockudekol，應位在在桃園與新竹之間。

㉗《荷使第二及第三次出訪（大清）中國記》（台史博館藏：2003.15.175），pp. 17-18。

㉘ Commelin, I. verzameld., *Begin ende Voortgangh, van de vereenighde Nederlantsche Geoctoyeerde Oost-Indische Compagnie...*, （Amsterdam: Jan Janz., 1646）。

㉙ Montanus, Arnoldus.ed; tran., *Atlas Chinensis: being a second part of A relation of remarkable passages in two embassies from the East-India Company of the United Provinces to the vice-roy Singlanmong and General Taising Lipovi and to Konchi, Emperor of China and East-tartary...* （London: John Ogiby, 1671）。

㉚荷文版《被遺誤的福爾摩沙》（台史博館藏：2003.31.10）。

於一六四五年收入《聯合東印度公司的成立與發展》後㉘，
雖然被《荷使第二及第三次出訪（大清）中國記》（1670）
當成重要參考資料，但並未重印。由於後者被譯為法文、德
文，並被英國人歐格比（John Ogliby）所出版的《中國地
圖》（1671）所收錄，所以其中採自《簡報》的片段，也廣
為流傳。㉙據說末代台灣長官揆一的翻案書《被遺誤的福爾
摩沙》（1675）中，也採納了大部份，但此書當時僅有德譯
本。㉚故《簡報》第一個英文版本要到出版家邱吉爾（John
Churchill）於一七三二年刊行《航海與旅行大全》時，才被完
整地翻譯與收錄。㉛現今台灣歷史博物館的藏本，即是此版。
荷蘭文重刊本於一八八五年出版，收錄在賀勞特（Jacob Anne
Trothe）所編纂的《早期荷蘭傳教史檔案》；㉜甘為霖牧師
《荷據下的福爾摩沙》所收錄的《原住民概述》，即是根據此
一重刊本而譯為英文。而同書所收錄的《福爾摩沙概述》裡，
萊特的記載，則可能出於歐格比的譯本。對於康第丟斯牧師的
這份《簡報》，邱吉爾版的序言說得好：「本集所收錄關於中
國沿岸福爾摩沙島的報告（荷蘭人在此曾蓋了大城堡），其作
者已佚，只知為荷蘭派遣此島的傳教士所著。此報告雖然很
短，可是對我們的用途來說，卻包含了最多有用的重點。」㉝

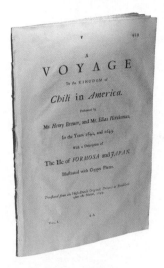

● 《航海與旅行大全》把康第丟斯
牧師的〈福爾摩沙簡報〉跟兩位荷
蘭船長的智利遊記編排一起出版，
因為兩者都是從某套德文版的遊記
大全輾轉譯過來的。

　　這文本不斷流傳，而有了自己的生命，康第丟斯牧師原
先的撰述意圖為何，已經不再重要。同樣，達波請人所繪的圖
像，也以頗為相類的方式，超越了插圖的本意，而成為台灣人
的永恆形象。㉞

㉛Churchill, Awnsham/ John, Churchill., *A collection of voyages and travels*, （London: Printed by
assignment from Messers. Churchill , 1732）.
㉜Grothe, J. A. ed., *Archief voor de geschiedenis der oude Hollandsche zending*, （Utrecht: C.Van
Bentum, 1884-1891） ,6 delen .Grote林昌華牧師譯為「虞魯提」，並將書名譯為《荷蘭佈教史料類綴》。林
偉盛先生則譯為《舊荷蘭海外宣教檔案》，此處從程紹剛先生譯法。
㉝Churchill, Awnsham/ John, Churchill., *op. cit.*, vol. 1, p. iii.
㉞《福爾摩沙簡報》，目前所知最原始的版本，則在順益博物館與包樂史先生的推動下，收錄於Formosan
Encounter第一冊中。參見：Blussé, J.L. /Everts, N.C.. *The Formosan Encounter. Notes on Formosan
Aboriginal Society: A Selection of Documents from Dutch Archival Sources*, Vol. I, 1623-1635.
（Taipei: Shung Ye Museum of Aborigines, 1999）.

第③章　華夷變態下的美麗島
——《中國新圖》、
《中國圖誌》、
《荷使初訪中國記》

《中國新圖》 *Nouvs Atlas Sinensis*
《中國圖誌》 *Tooneel van China*
《荷使初訪中國記》 *Beschrijving van 't Gesandschap der Nederlandsche Oost-Indische Compagine aen Den Grooten Tartarischen Cham nu Keijser van China*

ROBERTUS IUNIUS. ROTEROD. BAT. VOCATUS IN INDIAM AN. XXVIII.
PASTOR IN FORMOSA XIV. DELPHIS VIII NUNC AMSTELODAMO ÆTAT XLVIII.

●台夫特人尤紐士牧師於一六五四
年時的肖像，已是白髮蒼蒼，仍不
改倔強神色。他人生二、三十歲時
的黃金時光，都在台灣服務。

　　上一章我們提到十七世紀前期以來，歐洲大陸上逐漸擴大的宗教戰爭，以及康第丟斯牧師的《福爾摩沙簡報》如何成為他個人心靈寄託的反映。康第丟斯牧師於一六三一年離開台灣，但一六三三年又再度返台，一六三七年返荷五年後，想再度回台灣，卻於一六四七年在巴達維亞過世。在他與尤紐士牧師（Robertus Juinus）①的鼓吹之下，新教改革宗（the Reformed Church）在福爾摩沙傳揚的事蹟，傳遍了西歐。②可是，關於荷蘭東印度公司在東亞經營情形的消息，卻隨著東印度公司勢力的擴張，逐漸地受到控制。

　　東印度公司並不希望他們在東亞獲利的商業機密四處流通，故對於其在福爾摩沙島以及中國貿易的情況如何，都不欲外人一窺究竟。就這樣，公司手中所掌握東亞各國的資訊，隨著歐洲大眾好奇心的升高，也成為極為炙手可熱的商品。③而荷蘭共和國在一六四八年與各國簽訂西發理亞條約之後，已然脫離西班牙，成為與西歐各國並立的主權國家。阿姆斯特丹掌握了南北歐的物資交換，也是荷蘭東印度公司、西印度公司的母港所在，當然，也是流通各國的資訊最容易轉換為商品之處。

在西歐興起的地圖革命

　　在這種背景之下，整理歐洲人對世界各地的資訊，並且藉由市場自由流通來獲利的各種文化出版事業，也匯集到阿姆斯

①尤紐士牧師，一六二九至一六四一年間於台灣服務。
②其中當然以將他的後繼者尤紐士牧師的事蹟，以英文在倫敦發表的《五千九百福爾摩沙人歸信基督》最為著名。參見：Sibelius, Caspar. ; Jessey, Henry.; Shepard, Thomas,; Wilson, John,; Winslow , Edward., eds/trans., *Of the conversion of five thousand and nine hundred East-Indians, in the isle Formosa, neere China to the profession of the true God, in Jesus Christ: by*

特丹。其中最具代表性的，便是世界地圖集或是地理誌書的出版活動。在十七世紀，地圖或地理誌書的出版與改版，大約就如同當代微軟視窗軟體的出版與改版一樣，涉及基本規格的改變、也涉及錯綜複雜的利益。

　　當時沒有空中照相，更沒有衛星，一切均仰賴實地的測量，再依照數學公式與估算技巧把片段零散的地理知識，彙整為整體的圖像。要繪製出可信的地圖，主要依靠蒐集地理情報的功夫。有用的地理情報，又須仰賴能實地探訪，並且具備一些基本實測能力的旅行者，這些人多半就是浪跡天涯的傳教士和航海家。每一部新地圖集的出版，就代表再度檢驗了過去一切彙整的地理知識。而只有處於世界知識交流中心的出版商，才有辦法不斷蒐集並比對相關資料，將世界各地湧入的片段知識，轉換成明確的整體世界圖像。在對新地圖新穎性與明確性要求不斷提升之下，其他資訊落後的地圖，地位很快就會被新版的革命性地圖所取代。

　　出版地圖者，必須具備當時尚稱「高科技」的天文、物理知識，又得是個數學家。此外，亦必須熟知雕版、翻印、套色的訣竅與技巧，是個藝術家與繪圖家。然後，他必須別人先一步取得可信又新穎的地理資料，必須是個政商關係良好、眼線遍佈的人。對於印刷的紙張、顏料、油墨這些稀有物資的進口，他要有穩定的管道；而快速分銷各國的水陸管道、周轉資金等商業行為，又要求他的資金周轉靈活、鋪貨管道通暢，所以必須是個嫺熟的商人。在作坊中，要知道那些得親自監督、校訂，那些只需外包，那些人可信賴，可保商業機密，那些人

●出版地圖者必須具備天文、物理的知識，也必須熟知印刷的技巧。上圖為十六世紀時的測量術，測量師用四分儀來測量距離及高度；下圖是印刷工人的圖繪。兩圖均出自十六世紀捷克教育家夸美紐斯（J. A. Comenius）的《世界圖解》。

meanes of M. Ro, Junius, a minster lately in Delph in Holland, (London: Iohn Hammond, 1650).
③例如台灣長官François Caron寫的《強大王國日本誌》。參見：Caron, François., Beschrijvinghe van het machtigh conincrijcke Japan, （t' Amsterdam: voor Joost Hartgers, 1648）.

只能暫時雇用，不能倚賴，又需要管理的長才。因此，這一門
地圖出版業，頗不同於當代的書商，而比較類似於走在時尚潮
流尖端的名牌服飾、珠寶設計業等品牌創造者。既要有精準的
鑑賞力，又要有實際行銷的彈性才能，而且還要口風很緊，有
點搞神祕才行。

十七世紀荷蘭共和國興起後，政治與宗教氣氛開放、世
界商品交會的吞吐港阿姆斯特丹，孕育出西歐首屈一指的地
圖出版者：布勞（Blaeu）家族。布勞家族的創始人威廉·布
勞（Willam Janszoon Blaeu），在《東印度水路誌》出版前

後，於阿姆斯特丹落腳，白手起家，開始翻印市面上
流通的地圖販售。他小有所成，便將長子約翰（Joan
Blaeu），送進萊登大學攻讀法律。一六三〇年代起，
威廉逐漸有足夠的資本來研發新地圖集，搶占地圖業
的龍頭地位。一六三五年起，威廉開始彙整他的傳世
之作《新大地圖集或世界舞台》，但是，只出版了頭兩
冊，便與世長辭。約翰率領兩個幼弟，克紹箕裘，勉力
完成父親以半生之力籌辦的出版計畫，一六四〇年出版
義大利地圖分冊、一六四五年出版不列顛地圖分冊，而
使布勞家族的地位逐漸上升，成為歐洲地圖出版界的龍
頭。

耶穌會士衛匡國與《中國新圖》

一六五五年，一位長駐大明國的義大利耶穌會士衛匡國
（Maritino Martini，衛匡國為其漢名），出現在約翰的店

●衛匡國神父編譯，由出版家布勞
發行的《中國新圖》一書。

●衛匡國神父編譯，阿姆斯
特丹出版家布勞發行的《中
國新圖》一書標題頁。

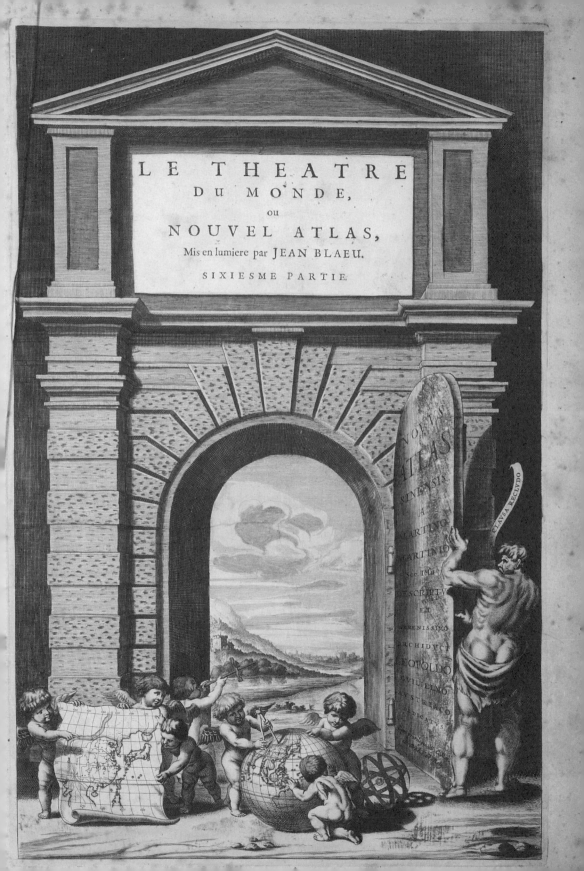

LE THEATRE
DU MONDE,
ou
NOUVEL ATLAS,
Mis en lumiere par JEAN BLAEU.

SIXIESME PARTIE.

NOVVS ATLAS SINENSIS A MARTINO MARTINIO Soc IESV DESCRIPTVS ET SERENISSIMO ARCHIDVCI LEOPOLDO GVILIELMO AVSTRIACO DICATVS

CLAVSA RECLVDO

裡，抱著他多年來在大明國境內，參酌《廣輿圖》所校訂的中國分省與全省地圖資料、清晰完整的地理誌和編年史等等。布勞家傳的好眼力，馬上看出這就是市場上期望已久，卻無力自東印度公司取得的正確東亞資料。他如獲至寶，迅速開始刻版翻印的工作。隨後以《新大地圖集》的第六分冊，出版了歐洲前無古人的最新資料《中國新圖》拉丁文版，一六五六年，法文版與荷蘭文版也上市，一六五八年再出版西班牙文版。而在此前後，也出版了衛匡國自著的德文版。④現在國立台灣歷史博物館所藏的，便是一六五五年所出版的法文版。⑤布勞家族出版的這套《新大地圖集》，因為別名《世界舞台》，因此在本系列前五輯各國地圖集的封面上，都呼應這個標題，把主題地區的人物、風俗、服飾、徽誌，都繪在以羅馬劇院風格所建立的華麗舞台之上。

然而，《中國新圖》的封面，卻沒有那充滿戲劇性人物群像、與富含象徵意義的家徽圖案。在那石造的劇院大門口，有個大力士用盡力氣推開了厚重的大門。他的全身肌肉因此弓起，彷彿害怕那門隨時會關上一樣。門外的小天使，張著那單薄的地圖，把平面上經緯度的位置，利用天球儀等種種天文儀器，跟地球儀上各點相對應，蘊含此圖保證了大明國確切的位置之意。他們振翅欲飛，等待引領所有觀眾，拿著這地圖走進中國大觀園去一探究竟。大明國劇院內的風光如何明媚，眾人風俗習性如何、生活富裕或清苦，其王公貴族如何痛苦與榮耀，都有待讀者自己發現。對於當時的歐洲人來說，跟其他的地圖集封面相比，再也沒有比這張「沒有主角」的封面，更自成一格，充滿神祕趣味的了！這套《中國新圖》裡，也包含了

日本與韓國的地圖，當然也不會遺漏琉球、台灣、舟山與海南島。衛匡國，這位隱身在地圖後的神父，又是怎樣獲得這些資料的？

從十六世紀晚期葡萄牙人逐漸在澳門落腳起，天主教的神父就夢想能在中國推廣天主的救贖。早期的天主教神父自稱是西方來的傳道者，因此被官方歸類為「番僧」、「西洋僧」，也就是和尚。和尚的生活當然是率性求道，而不是淑世救世。一直到十七世紀初期，耶穌會士利瑪竇覺得跟中國和尚搶些婚喪喜慶的場子，完全無助於天主救贖之道的推廣，因此轉而向大明書生士子傳教。利瑪竇脫掉僧服，以儒士自居，又有一目十行的絕技，加上具備先進的數理知識，在書生圈中人氣逐漸暢旺起來。此後，耶穌會士便加入了大明國的文人圈，常以詩歌酬答，談論宇宙人生大道。到了十七世紀中期，江南各地紛紛起造教堂，在杭州、福州、廣州等地，都有天主教的教堂，並受到相當的禮遇。

衛匡國神父於一六一四年出生於義大利北部城市他倫特（Trente）。當時此地隸屬於奧地利貴族的管轄之下，到現在還是一個德語、義語兼通的雙語區。一六三一年，他加入奧地利耶穌會，跟隨一位因為「三十年戰爭」⑥被迫他遷的德裔老師基爾歇（Athanasius Kircher）學習數學。基爾歇是個博學而有強烈求知慾的學者，特別想前往中國去傳教。受到老師的激勵，衛匡國在一六四〇年啟程前往中國，在一六四三年抵達澳門。一踏入大明國，他隨即換上儒服，取了漢名和字號，前往杭州傳教。然而，就在他準備開始傳教事業的時候，清兵已

④Verhaeren, H., *A German edition of fr. Martini's Novus Atlas Sinensis. in: Roman Malek / Arnold Zingerle, Martino Martini S.J. (1614-1661) und die Chinamission im 17. Jahrhundert,* （Nettetal: Steyler Verl., 2000），pp. 241-245.
⑤一六五五年的拉丁文版則存於國家圖書館。
⑥一六一八至一六四八年間起因於宗教爭端而引起整個歐洲捲入的一次長期戰爭。

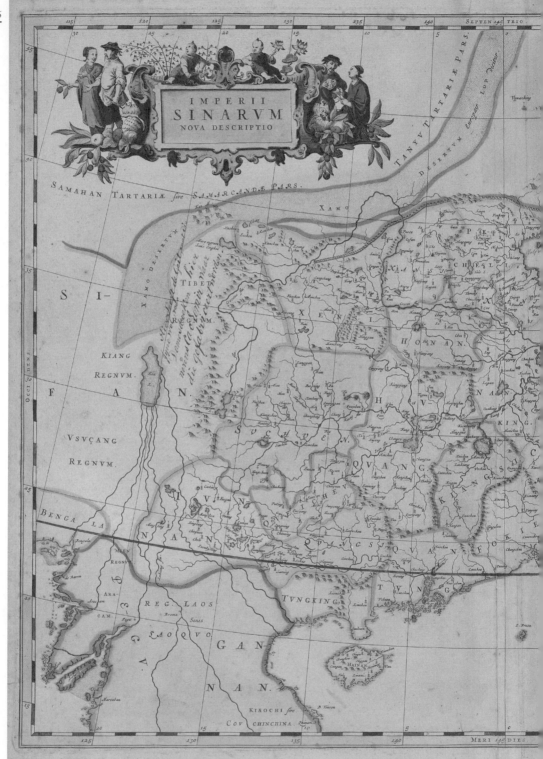

IMPERII
SINARVM
NOVA DESCRIPTIO

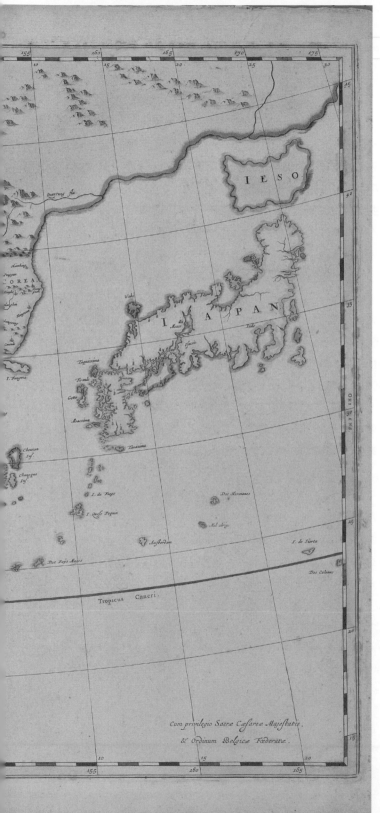

● 《中國新圖》一書中，所刊載的〈中華帝國新圖〉。此地圖集中包括大明國各分省地圖及日本國、朝鮮國等，共有十七張地圖。並包含各省、各府、各縣的地誌，是衛匡國於南京欽天監服務時，以大明朝《廣輿圖》為底本，配合實測經緯度編校後的科學成果。

經入關。當此其時,他目擊了南明唐王和魯王的朝廷盛衰,並且和服侍福州隆武朝廷的耶穌會士畢芳濟有所往來。在南北各地戰爭紛起的時候,他仍到北京去協助幾位專事曆算的神父,如奧地利人湯若望(當時被清人留用)。因此,他非但遊走於南明與清廷之間,實地收集了不少地理資料,同時,也因為與各方多有往來,獲得某些不欲人知的人事「內情」。

　　一六五〇年,耶穌會士在中國以儒服傳教,並且容許教徒祭祖的方針,被西班牙道明會和方濟各會的神父以為不妥,向羅馬教宗告發,為天主教內著名的「禮儀之爭」揭開了序幕。衛匡國因為跑遍大江南北,年紀較輕,語言能力也強,被耶穌會推舉為向教宗傳達該會立場的使者。他因此從福建啟程,經澳門跳上葡萄牙交通船,準備前往羅馬。但就在他取道菲律賓,途經香料群島錫江,準備穿越巽他海峽的時候,船隻被荷蘭東印度公司的戰艦截住,送往巴達維亞。一六五二年,在巴達維亞當局寫給台灣長官的信中提到:

　　從一艘想穿越巽他海峽的葡籍中國帆船上,逮捕了一名耶穌會神父。他在中國待了十年,走遍大江南北…。他還說[韃靼]他們會跟澳門方面建交,並由船上澳門長官的函件[內容]所印證。甚至[韃靼]他們也會跟葡萄牙人以外的外國建交,會賜予他們隨心所欲的進出許可。所以神父說,無疑地公司只要到廣東(他以為此處為佳)向藩王請求許可,他們[韃靼]的大使就會支持許可之,並授與其自由無慮在中國貿易的特權。⑦

　　沒人知道衛匡國是自願還是被迫被荷蘭人截住。可是，經過他的解說，荷蘭東印度公司巴達維亞總部的官員，都深刻體認到他所透露情報的重大意義：中國正在改朝換代，可能再度開放貿易大門。因此，他們也行文到台灣，要求台灣長官費爾堡（Nicolaas Verburg）主動派人與廣東的小藩王靖南王尚可喜會面。此舉最後並促成巴達維亞方面於一六五六年派遣德高爾（Peter de Goyer）和德凱薩（Jacob de Keyzer）兩位使者正式出訪北京的活動。這次出訪活動的始末，則記載在另一本《荷使初訪中國記》之中。

　　既然衛匡國提供了這樣寶貴的資料，巴達維亞方面也就給他相當豐厚的酬賞。

●附錄於《中國新圖》一書的〈韃靼戰紀〉標題頁。此一以外國視野所寫就的中國史作品，第一批讀者卻是荷蘭東印度公司駐於巴達維亞（今雅加達）官員。

不但讓他隨一六五三年初的歸國艦隊一起返航，還給他一筆一百個大銀元的賞金。一六五三年，他抵達挪威的卑爾根（Bergen），然後取道漢堡，至一六五五年抵達阿姆斯特丹，出現在布勞家族的門前。因為有了東印度公司艦隊的照顧，在漫長的旅程中，他才能將所收集的資料，整理成可供出版的稿件。而他所出版的《中國新圖》，之所以能夠風靡全歐洲，除了悉數收錄按照他的專長，苦心繪成的十七張地圖與一百六十多頁珍貴的地誌資料以外，主要是他把中國內部改朝換代的真實故事，當成《中國新圖》的附錄一起出版，這個部份也就是無人不知，無人不曉，著名的《韃靼戰紀》。⑧

⑦Hamel,Hendrik , B. Hoetink uitgegeven, *Verhaal van het vergaan van het jacht de Sperwer en van het wedervaren der schipbreukelingen op het eiland Quelpaert en het vasteland van Korea（1653-1666）met eene beschrijving van dat rijk*,（s'-Gravenhage: Martinus Nijhoff, 1920），p.130. Missive Register Batavia naar Taijoan 25 Juli 1652. 文中所稱的韃靼當然指的是滿州人。
⑧杜文凱編，《清代西人見聞錄》，（北京：中國人民大學，1985），pp. 1-68.

《韃靼戰紀》記錄下的明清交替

　　衛匡國向巴達維亞當局報告的故事梗概，大約也就是《韃靼戰紀》的內容。韃靼戰紀從朱元璋驅逐蒙元建立大明帝國說起，接續提到從十六世紀晚期以來，明帝國逐漸走向覆滅的三個原因。第一個是東北女真族的壯大。十七世紀早期，明軍與朝鮮的聯軍不但沒能消滅女真人，反而使其在一六三六年以後，獲得龐大的財富，因而穩占東北亞。第二個因素是流寇，明帝國境內流寇李自成、張獻忠等，藉飢荒興起，官軍討伐不力，使其在一六四〇年代，進一步占領了沒有飢荒的地方，勢力鞏固。第三個因素則是宦官黨爭，也就是從魏忠賢起首的閹黨之害。因為黨爭，北京城裡的官員無力阻擋流寇入城，皇帝只有自殺殉國。而流寇屠城，使得邊防守將吳三桂引清兵入關平亂，明祚也因此而亡。這些我們耳熟能詳的故事，是衛匡國抵達大明國前不久，所發生的事情。這些雖都不是他親眼目睹，但卻也是就近耳聞。但就在他抵達杭州後一年內，他真正目睹了南明弘光朝的成立，他說：

　　…

　　[一六四四年]崇禎皇帝處於危險的消息傳到南方，各地官員聚集的強大的軍隊向北京進發。…他們在行進中接到皇帝死去和北京城陷落的消息，就迅速撤回了軍隊和每年都往北京運送糧食的船隻。不久，他們又聽說了韃靼占領中國自稱皇帝的消息。當時，我正在南京，看到了混亂和一片驚慌，後來官員們決定擁立明朝弘光皇帝。…⑨

可是在一六四五年，他又立即見證了弘光朝廷沒有戰意，內鬥後覆滅的慘狀。同樣也在這一年，他親眼目擊了杭州的居民，因為不願薙髮而發動大規模反抗的活動：

　　…韃靼人沒有碰到抵抗就占領了這座城市，他們可以同樣輕易地占領浙江南部的所有其他城鎮。但是，當他們宣佈了薙髮令之後，士兵和老百姓都拿起了武器，為保衛他們的頭髮拼死鬥爭，比為皇帝和國家戰鬥得更英勇…韃靼遠征軍就這樣被阻擋了一年。⑩

　　杭州被奪下後，清軍繼續向南方侵攻，衛匡國再度目睹了浙江魯王與福建唐王兩者內鬥不休、不能合作的情況，還有魯王據守舟山島的情形：

　　…由於〔唐王、魯王〕兩個皇族互不相讓，所以不能聯合起來對抗韃靼…〔浙江〕當地居民發現有二十騎韃靼兵渡過了江，立即報告了明朝軍隊，這些軍隊立刻逃散。魯王也逃出了紹興城，不敢留在大陸上，坐船逃到寧波對面的舟山島。直到今天，他在島上還完全保持著王位。這個島以前只是漁民和當地鄉民出沒的地方，現在變成了一個強大的國家。很多中國人跑到魯王的島上，把那裡當作保存頭髮的避難所。他們在島上建成三座堡壘和十座城鎮，並有一支強大的軍隊。直到現在〔一六五一年〕，他們還看不起韃靼的力量，等待著光復中國的機會。⑪

　　一六四六年，唐王在清軍入閩的情況下被擒斬。對於唐王

---

⑨杜文凱編，*op. cit.* p. 32.
⑩杜文凱編，*op. cit.*, p. 36.
⑪杜文凱編，*op. cit.*, pp. 37-8.

之所以會在福建這個易守難攻的地區被擒，衛匡國認為有其他的內情：

　　…福建省和廣東、江西、和浙江省相鄰接壤，它們之間被一連串山脈分開，越過這些大山需要三天時間，山中都是崎嶇的峭壁和陰暗的峽谷，道路險峻，就算在白天也是一片昏暗。毫不誇張地說，他可以同希臘的的德摩波利峽谷和亞洲狹隘崎嶇的托魯斯山道相比。…

　　…一些明智的人認為：韃靼在難以攻破的福建省幸運地取得成功是有某種深遠而隱密的原因的。我同意這個看法。對此想簡單地描述一下。當時，有一個出生於福建省的著名海盜鄭芝龍，起初為澳門的葡萄牙人服務，後來又在福爾摩沙島為荷蘭人辦事。在那裡他使用「一官」這個人所共知的名字。後來，他變成了海盜，憑著機智和敏捷從低微的出身得到極高的地位和權力，可以比擬、甚至超過中國皇帝。他掌握著印度的貿易，⑫在澳門同葡萄牙人，在福爾摩沙和新熱蘭⑬同荷蘭人作交易，又同日本和所有東方的君主用各種方式交換珍貴的商品。除了自己人，他不允許任何人運送中國貨品，他帶回印度和歐洲的許多金銀。迫使中國皇帝聽任他的走私掠奪，勢力變得非常雄厚，成為不少於三千艘船隻的主人。他並不滿足這些，私下還打算當皇帝。但他知道[只要]明朝皇室還存在，大臣和百姓就不會擁護自己。他希望讓韃靼人全部消滅明朝皇室，然後自己豎起忠於明朝驅逐韃靼人的旗幟，人們無疑地會追隨他、支持他，甚至推崇他為救主。…這

樣，韃靼人能夠輕易地進入福建，也就不足為奇了。韃靼人立刻封鄭芝龍為平南王…，還給他加封許多別的頭銜和重要官職來矇騙、誘惑他。…因此，他離開了福州港口的水軍，排場顯赫地跟著韃靼貴族上路了。…他就這樣巧妙地被逮捕了，如果憑武力，這是不可能做到的。現在，他在北京被監禁著。他的兄弟聽說他被捕，立刻跑到兵船上，這支艦隊經常騷擾中國…⑭

　　說穿了，他聽說唐王的覆滅，是因為鄭芝龍自己想當皇帝的關係。可是老謀深算的鄭芝龍，仍然中了韃靼人的詭計，以致身陷囹圄。《韃靼戰紀》以永曆帝於廣東的反抗作結。並指出，在廣州、肇慶陷落之後，情況尚未明朗：

　　…寫到這兒，我已經把韃靼戰爭簡單敘述到一六五一年，到這裡是告了一段落，但這並不是結尾。我這一年被上級派到了歐洲。在這段敘述中，也許沒有什麼值得讚美的東西，但當你想到，韃靼人在七年的時間裡，征服了如此遼闊的地域，比一支軍隊七年內所能走的路程還要多，這是值得欽佩的。他們征服了中國的十二個廣大省區，還

● 《中國新圖》一書中〈福建省分圖〉中附帶提到的福爾摩沙島地誌。在大明國《廣輿圖》中，從來沒有納入台灣，反而是在衛匡國的《中國新圖》裡，台灣被當成附屬福建的地區，主因是台灣當時並非如日本、朝鮮一樣的獨立國家。

⑫此印度指的是東亞與東南亞。
⑬此處新熱蘭指的是熱蘭遮城。
⑭杜文凱編，*op. cit.*, pp. 39-40.

有廣闊的遼東和朝鮮。至於後來的事態變化，我不甚明
瞭，但是，如果上帝讓我有幸能回到那可愛的中國，或者
從朋友們的來信中得到它的消息，我將使整個歐洲知道這
場驚人巨變的結局。

《中國新圖》中的福爾摩沙地理誌

這是衛匡國公布給歐洲大眾的消息，可是，他所知道的並
不僅於此。他祕密警告了巴達維亞當局，鄭成功有攻取台灣的
計畫：

根據隨海船而至的耶穌會士講，一官的兒子國姓爺和
他的部下在戰爭中為韃靼人所迫，甚至韃靼人已兵臨城
下，可能因此決定撤離中國。據大明人謠傳，他很有可能
率其艦隊前往福爾摩沙。⑮

可見衛匡國本身雖然沒有到過台灣，但是他在華南一帶
活動，卻不時聽到有關台灣的消息。當他身處於巴達維亞陣
營，提供建議的時候，也不可能不參考台灣的資料。所以，在
《中國新圖》的圖版上，福建省的分省地圖，也包括了部份的
台灣。如果考慮到大明國地圖《廣輿圖》當中並沒有台灣的存
在，那衛匡國神父特別幫福爾摩沙寫了個地理誌，也相當地自
然。地理誌如下：⑯

福爾摩沙島

也可稱之為美麗島

　　此一大島近幾年來，眾所周知的，[地理上]也附屬於此[福建]省，但是尚未為大明人所領有，而居住在那裡的人過著自由自主的生活。大明人稱之為大琉球（Ta lieu kieu），意即大的琉球，以此跟小琉球區別。葡萄牙人，把真正的發音稍微扭曲了一些，稱為Lequio。我認為是西班牙人在此島北方岬角的雞籠建造城堡的時候，將之命名為福爾摩沙。荷蘭人還在一個跟主島距離不遠的小島上，蓋了一個叫做新熱蘭的城堡⑰。此一城堡為方形，具備四個砲台，而且用荷蘭的工法築造起來。大船很難在此下錨，因為此地很難保持船隻穩當。至於西班牙人，他們要不是自願棄守了雞籠城堡，就是荷蘭人迫使他們離開此地。無論如何，目前[雞籠]當地的所有城牆與屋舍已全部拆毀。稱為大員的小沙洲距離台灣本島約一德哩⑱，並與大陸距離四十德哩。福爾摩沙這個小島，大約位於北半球二十一到二十五度之間，向北延伸。儘管如此，此一地點仍設在中國的沿海地區。島上一度有漢人居住，但居民，已忘記[漢人]風俗習慣甚久。可是他們的輪廓、特徵和[漢人]都很接近。這些人很粗壯，體型強健，可是非常懶惰，不適於任何勞動營生。因此這一非常適合耕種的島嶼，仍然草萊未闢並不令人訝異。他們幾乎從來不耕種超過必須的、或者其他用途的土地。為了彌補所缺乏的糧食，他們獵取四處遊走的豐富鹿隻。他們沒有君王，沒有領袖，每個人都自由而各有主張。這並不表示他們彼此和平相處，或者他們對鄰居有充份的理解。因為每個村落會襲擊其他

⑮程紹剛（譯註），《荷蘭人在福爾摩沙》，（台北：聯經，2000），p. 360.
⑯由於筆者不闇法文，此一段落仰賴學者韓家寶（Pol Heyns）先生的英譯，特此致謝。
⑰此處新熱蘭也可翻譯為「紐西蘭」，所指的乃是熱蘭遮城（今安平古堡）。
⑱德哩為德國的里程計算方式，十七世紀時一德哩約等於7.407公里。

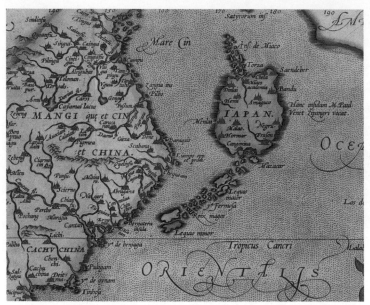

●奧特琉斯（Abraham Ortelius）於一六〇一刊行〈東印度與鄰近諸島圖〉的局部。當時西葡人對東亞全貌所知仍極為有限，中國寧波（Liampiopp）、日本京都（Miaco）以北都出於想像，呂宋島則尚未「發現」。比較起來，《中國新圖》掀起了歐洲人關於東亞知識的革命。

村落，並且攻擊其鄰居。某方面來說，他們也是文明有禮貌的，對於外人沒有敵意，除非他們被人欺負。他們能機敏地使用弓箭，並且阻止敵人入侵土地，甚至將敵人擊退。有些西班牙神職人員，嘗試在不同的場合找出能輕易引其入教的辦法。可是因為這些人本身的野性和閉塞，他們的嘗試並不太成功。倘若有某些人加入我們的宗教，主要則都是那些從中國大陸到此地來經商的人。如果他們發現喜愛之物，他們會毫不羞恥地乞求，如同孩童般輕率。如果有人送他們一點東西，他們會立刻感到滿足。夏天時他們全裸，冬天時也幾乎毫不穿戴。女性矮小，若男人注視或者靠近時，會轉身而逃。這些人大部份住在高山上，不讓任何人接近，只有處理事情時才下山。

　　此島上遍佈著鹿、野豬、野兔、鴿、牛和其他家畜或野獸。據說最美味而高價的是牛肉，但是少見的山豬肉更為人所稱道。有許多薑、香鷹木（bois de senteur d'aigle）、印度椰子、稱為Musa的水果等等。全島土地

極為肥沃，倘若以漢人的技術耕作，可以大豐收。在前面
各島邊緣，有大小樹木緻密地生長，此類地區不宜種植穀
物。雖然人們所知甚少，但山中無疑有金礦存在。然而直
至今日，仍無人有膽探入此處。河流從山巔奔流而下，灌
溉島嶼，使其肥沃。居民從事鹿皮交易，而前述動物的肉
乾則用以與漢人交換毛毯與絲綢。後者積極收購鹿肉，因
為人們將之當作美味佳餚來妝點餐桌。如果將鹿肉先泡過
水，然後烹煮的話，味道真的很好。漢人相信此食物可以
延年益壽，這是因為鹿本身也長壽的關係。這也是他們常
常把長生不死用下面的方式表現出來的原因。你會看見一
個粗壯肥胖的小個子，挺著大肚子，並盤腿而坐。他的右
側是一隻鹿，表示長壽，被圖示成溫馴地看著主人的樣
子，表示有正面的影響。他的左側會畫上一頭鶴，傾身向
前並面向主人磨著口喙。他的主人則雙手在袖子裡交叉，
有很長的鬍鬚，半掩著肚皮，穿著雍容華貴。這些異教徒
們，把此圖繪當成偶像，並相信這代表了快樂與幸運。⑲

●《中國圖誌》扉頁中，作者基爾
歇神父之肖像。基爾歇雖然從不曾
出遠門，卻有一顆包含全世界知識
的豐富心靈。

　　儒服傳教的衛匡國，並沒有因此認為應該要支持漢人政
權，相反地，反而對韃靼（滿）人有好感。由於衛匡國在華
南一帶活動的關係，耳濡目染之下，他對台灣的見解應該與華
南的知識圈，頗為相近。在十七世紀中期，華南的漢人對荷蘭
人治理下台灣的情況，就已經有相當的掌握。從台灣大量銷往
華南的鹿肉，原來是作為應景的食品。由於「鹿」與「祿」的
讀音相同，享用台灣鹿肉，遂被附會成得「祿」的象徵。而鄭
成功將要攻台、漢人必會大量開墾原住民土地的推測，在當時
也完全不是什麼新聞，早在一六五一年，就已經有風聲。雖然

●《中國圖誌》一書標題頁。

⑲其實這是以諧音象徵福（鶴）祿（鹿）壽（南極仙翁）的圖案。

● 《中國圖誌》一書的扉頁版畫。太陽中的「IHS」既指耶穌基督,也是耶穌會本身的徽誌。

對於一般歐洲讀者而言，最為震撼的消息，還是大明帝國的傾覆。但是，這樣的變局，究竟會開啟怎樣的機會或厄運？其結果，竟然是由荷蘭東印度公司來承擔。

在歐洲舞台上演的「中國戲劇」

衛匡國神父到羅馬完成他的答辯任務以後，就再度踏上旅程，回到華南繼續他的傳教事業。他跟其他耶穌會士一起，把明清之際的種種消息傳達到歐洲。特別是給他敬愛的老師基爾歇（Athanasius Kircher）。基爾歇出生於一六〇一年，足足比衛匡國大十三歲。他在南德內陸中央的小鎮出生，一六一八年加入耶穌會並前往科隆（Köln）修習哲學，當時「三十年戰爭」剛爆發不久，而在他求學的過程中戰禍日益蔓延。他後來的研究興趣，漸漸轉到科學實驗和數學上面。但畢業後，他卻被大學指定教授希伯萊文與敘利亞文。一六三一年，迫於蔓延的戰禍，他轉往法國。一六三三年，神聖羅馬帝國皇帝請他到維也納去接替天文學家喀卜勒（Johannes Kepler）的位置。[20]可是，他的朋友說服教宗，把他直接調到羅馬去工作。衛匡國就是在羅馬當了他的學生。自從利瑪竇之後，耶穌會就利用數學與曆算知識，在中國皇宮中取得一席之地。衛匡國對於數學與地理測量的知識，多來自於基爾歇。

●《幾何原本》中利瑪竇與徐光啟的圖像。

一六六七年基爾歇把耶穌會在中國傳教時所獲得的見聞，匯集成冊，即所謂的《中國圖誌》，圖誌的原文中有著戲劇的

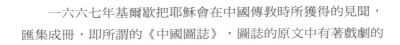

[20]喀卜勒，十七世紀天文學家，發現行星運動三定律，即所謂「喀卜勒定律」。

意思。如果《中國新圖》的封面象徵著小天使藉著地理測量，將中國劇院的大門打開，邀請人們入場的話，《中國圖誌》則無異展現了耶穌會士前仆後繼，從海路、從陸路、從明廷從清廷，把中國內部的種種事物，公布給歐洲大眾知道的情形。㉑

　　《中國圖誌》的封面，顯示耶穌會神父們進入這座大觀園，以權威的角度為大眾揭示中國。在這劇場中央，升起的是照耀大地的太陽耶穌基督，光芒萬丈，直透雲層，掃除陰霾。在雲層上是兩位前往中國傳教，卻客死於中國大門外的天主教神父。左方是留著落腮鬍，滿臉于思的聖方濟各會神父沙勿略（Francis Xavier）。他從海路繞過中南半島輾轉來到澳門外的上川島，卻始終沒有獲得進入中國的許可，病死於該地。右側是從印度陸路北上，經過帕米爾高原，進入新疆，最後終於抵達甘肅的耶穌會士鄂本篤（Benito de Goes）。他跟著伊斯蘭的商隊一路千辛萬苦地跋涉到中國，最後卻因過度勞累，死於甘肅，未及真正開始其傳教事業。然而藉由他的勞蹟，大明國就是馬可波羅傳說的契丹國，已無異議。底下兩位腳踏實地，真真切切踏入中國的，是在朝為官的兩位神父。一位即是在萬曆皇帝朝中服務，著名的利瑪竇（Matteo Ricci），開啟了儒服傳教的紀元；另一位則是深深為康熙皇帝賞識的「瑪法」湯若望（Johann Adam Schall von Bell）。這兩位神父身穿明清兩代官服，將中華帝國的地圖卷展開，這地圖正是單行本《韃靼戰紀》的附圖，更表示了其時代性。

　　本書全名為《中國圖誌，包括聖界和俗界的碑記，許多自然與人為的景物，許多值得注意的事件。由耶穌會神父

基爾歇所編纂勘誤》。㉒全書分為六部，第一部份，大秦景教流行中國碑的研究；第二部，過去前往中國遊記的集成；第三部，從波斯經印度流傳到韃靼、中國、日本的偶像宗教；第四部，人造與自然的中國境內種種事物；第五部，中國的建築與數學技術；第六部則為中國象形文字與文學。這部書的範圍顯然是包羅萬象。然而基爾歇，綜合彙編這些種種中國流傳而來的資料，目的仍在探討如何向中國人傳教。在這樣的編排過程當中，隱然形成一種把中國文明跟歐洲文明相對照的觀點。基爾歇把湯若望交給他的宮廷婢女衣著等種種小物件，按照神父們的描述在歐洲重新組裝起來，希望能「再現」中國宮廷內的現狀。就這樣，基爾歇描繪了中國婦女的樣子，儘管，他從來沒見過任何一位中國婦女：

　　大明人特別珍愛體型嬌小的女性，也特別珍愛小腳的女性；此事，對我們看來是扭曲、醜陋跟怪異的，他們卻覺得是美事一樁。因此，對女性而言，她們的腳乃是第一美德。從出生開始，一生都要用裹腳布緊纏起來。她呢，忍受這種痛苦以後，幾乎不能行走，即使走路也疼痛難當。要是你問男人們是何緣故，他們沒有別的答案，都回答說這是已流傳兩千八百年的習慣，仿照妲己（Tachia）的例子，也就是紂（Chei）王的嬪妃，她在二十八歲就統治了整個王國。這個女性，因為她異於常人不可思議的美，而受人崇拜，被奉祀為神明。因此，她們習慣尊稱她為大明人的維納斯。他們幻想她的美來自於她的一雙小腳，因為這是那麼地小巧。可是，其他人說，這種強制與壓迫是出於清楚的原則，藉此讓女性不會四處[行走]，特

㉑「圖誌」（Toneel）的原意就是上演的戲劇。
㉒台史博館藏為一六六八荷蘭文譯本：《中國圖誌》，（台史博館藏：2003.15.173）。

●《中國圖誌》一書裡，基爾歇神父收集從明清皇宮寄來的宮女服飾、藝品，「復原」了中國宮廷裡的仕女。

● 《中國圖誌》一書插圖，是基爾歇神父以西方女子穿著東方服飾所「復原」的。牆面上鑲著邊框的「窈窕」兩字，把中國字畫當成歐洲藝術品來展示。

別是在公開的場合走動,而留在家中。這不是出於自願,多少是因為雙腿不便的關係。

她們的衣著相當合身,顯得高貴大方,[讓]人們不會看到她們,裸露出除了臉以外,身體的其他地方。的確,我希望歐洲各地的婦女也加以仿效,或至少讓我們,能見到她們在其他方面的貞潔有所增進吧。她們,特別是住在宮廷裡的貴妃還有婢女,用各種各樣的帶子纏頭,用昂貴的寶石妝扮,這使她們裝飾得楚楚動人。她們的衣著,裝飾著花樣、交織著重複的裝飾,一直覆蓋到腳上。對此處,他們最在意、最美的部份,卻沒有遮蓋。(按:即小腳)為了消磨時間,她們時而帶著小狗,時而[拎著]小鳥去拜訪做為消遣。為了讓好奇的讀者對這些友善的婦人們有真確的印象,所以我體貼地在[本頁]旁邊,把宮廷侍女的服飾,(也就是跟我們同事們從大明國帶回來交給我的一樣),在這裡呈現[給大家]。

這兩幅中國婦女圖的模特兒,也許是身材嬌小的義大利婦人吧?如果真是如此,《中國圖誌》所呈現的,還真的是不折不扣的「中國戲劇」了。

尼霍夫與《荷使初訪中國記》

走進衛匡國《中國新圖》封面那個舞台大門的,不僅是上述諸位在朝為官的耶穌會士,還有前述,根據衛匡國情報,由巴達維亞的東印度公司派遣的德高爾(Peter de Goyer)和

Ao. Vormorgen   P. 147

HET
GEZANDTSCHAP
Der Neêrlandtsche Ooft-Indi-
sche Compagnie,

AAN DEN

GROOTEN
TARTARISCHEN CHAM,

Den tegenwoordigen

KEIZER van CHINA:

Waar in

DE GEDENKWAERDIGSTE GESCHIEDENISSEN,

die onder het reizen door de Sineesche Landtschappen, Quantung, Kiangsi,
Nanking, Xantung en Peking, en aan het Keizerlyke Hof te Peking, zedert den
jaare 1655. tot 1657. zyn voorgevallen, op het bondigste verhandelt worden.

BENEFFENS

Een naauwkeurige Beschryvinge der Sineesche Steden, Dorpen,
Regeering, Weetenschappen, Handwerken, Zeden, Godsdiensten, Gebouwen, Drach-
ten, Scheepen, Bergen, Gewassen, Dieren, &c. en oorlogen tegen de Tarters.

Verçiert met over de 150 Afbeeldtsels, na 't leven in Sina
getekent, en beschreeven

DOOR

JOAN NIEUHOF,

Toen eerste Hofmeester des Gezandtschaps, tegenwoordigh
Opperhooft in COYLAN.

Tot AMSTERDAM,

By WOLFGANG, WAASBERGE, BOOM, van SOMEREN,
en GOETHALS. 1693.

●一六九三年版《荷使初訪中國記》的標題頁。荷蘭東印度公司巴達維亞總督積極派遣使節與清廷聯繫，正是由
於耶穌會衛匡國神父獻策的結果。

● 《荷使初訪中國記》的扉頁。圖中順治帝膝前的地球儀，正是荷使藉以指出荷蘭所在的工具。

德凱薩（Jacob de Keyzer）兩位使者。這兩位使者正式出訪北京的始末，記載在另一本《荷使初訪中國記》之中。㉓這本書比《中國圖誌》還早兩年（1665）出版法文版。如果我們說《中國圖誌》抽象地「再現」了中國的文物制度，則《荷使初訪中國記》就「再現」了當時沿著大運河，往北京貢道沿路的地理風光。

　　《中國圖誌》將中國宮廷風貌帶入了歐洲人的眼界，《荷使初訪中國記》卻把中國各地的景象寫實地表達出來。這本書的全名是《荷蘭東印度公司向韃靼大汗，當今中國皇帝出使的活動。包括從一六五五年到一六五七年間，沿途中國各省：廣東、江西、南京、山東、北京，直到北京皇城的紀聞。此外尚有對中國城鎮、村莊、政治體制、科學、手工藝、風俗、宗教、建築、服裝、船隻、山丘、作物、動物等以及反清戰爭的細緻描述。以一百五十幅插圖增益。是現任科蘭長官：尼霍夫身為使團首席隨行官，親身於中國境內記載》根據台灣史學者包樂史（Leonard Blussé）先生的考證，這些插圖雖然按照首席隨行官尼霍夫（Joan Nieuhof）的水彩原稿所翻製，但是出版商為了增加銷路，刻意做了美化，而有些失真。㉔特別是封面，顯然是出版商請人根據內文描述，重新「復原」的圖形。

● 《荷使初訪中國記》作者尼霍夫的肖像。他剃鬚、自然披垂的髮型、白色蕾絲大翻領是當時荷蘭正式的穿著打扮，與早先林斯豪頓短髮、穿著圓盤大翻領的葡萄牙式服裝已經大為不同。

　　這張圖描寫荷蘭使節在紫禁城泰和殿面對的韃靼大汗（大清皇帝）形象。身著刺繡龍袍，穩坐在龍椅之上，兩旁滿朝文武簇擁。身後畫的像向日葵一樣的東西，乃是儀杖隊中的華蓋（因為描寫說是像太陽形，所以畫成這樣）。皇帝神氣自若，高傲自滿。台階下的乃是各地被征服的漢人（因為荷蘭人上京沿路看到戰後漢人城鎮被毀的慘狀）。畫面中心的韃靼皇帝

㉓《荷使初訪中國記》，（台史博館藏：2003.15.174）。
㉔約翰‧尼霍夫原著／包樂史，莊國土者，《荷使初訪中國記》研究，（福建：廈門大學出版社，1989），p. 23.

（當時是順治帝）膝前的地球儀，展示出此次出使的最大成就
——終於有機會向中國皇帝介紹荷蘭在哪裡，是個怎樣的國
家。因為從約五十年前荷蘭人希望跟大明朝廷正式談判時起，
他們就不斷被仇視新教的天主教神父們醜化為流氓與騙子。這
次出訪在甚至在最後的關頭，還幾乎就要毀於耶穌會神父之
手。尼霍夫記載：

　　使臣閣下日夜思索如何恰當完成業已開始的談判。但
是，在北京的這些傳教士是上帝的信徒中的渣滓和全世
界的敗類，他們在這裡造謠醜化我們，使得兩位使臣閣
下，必須時時刻刻應付所有好奇地問東問西，隨後就走掉
的官員。他們問及兩位使臣閣下在巴達維亞的官階職稱
時，我們就告訴了他們，並且用書面寫下，交給他們。
即使如此，他們後來還就回程的問題問了九次。他們還
要看一張印有荷蘭的地圖，所以使臣閣下就把一張世界地
圖打開來給他們看，但是他們說看不懂這張地圖（事實正
是如此）。於是使臣閣下就命令我繪製一張使他們滿意的
地圖，並叫通事們把各國名稱用韃靼文字標示上去。由於
對我們太缺乏瞭解，使臣閣下就叫他們去問莫斯科來的使
臣，中國人稱做俄羅斯的，瞭解我們是怎樣的人。莫斯科
使臣坦率地告訴了他們，使他們對我們有了好感，不再相
信耶穌會士對我們的造謠。他們也詢問了他們稱為吐魯番
的使臣，吐魯番的使臣回答說，我們是堂堂正正的人，有
很多國土與財富。…而且皇帝自己也有興趣想看看荷蘭人
是怎樣的一種人。這些事情鼓舞了兩位使臣，他們希望荷
蘭的敵人，即那些葡萄牙神父，不久就因為他們的造謠和

貧窮而完全失去信用。雖然那些神父們有證據讓朝廷的人相信，我們以前曾在台灣和泉州攻擊過中國人，並造成重大損失，但那是情有可原的。㉕

如此，因為這張尼霍夫修改過的地圖，讓荷蘭人洗雪了五十多年來被當成海盜的冤情。從而，延宕五十年之久與中華帝國（這次是清廷）的貿易談判，或許有重開的可能。這一點將會影響鄭氏王朝、福建當局、還有東印度公司三者間的微妙關係。因為清朝官員至少比明朝官員開通，承認荷蘭人的地位，此舉為日後的清荷聯軍鋪平了道路。關於此事，我們留待介紹另一本《荷使第二及第三次出訪（大清）中國記》的時候，再繼續說明。

這最後兩本書之間，還有一點額外的聯繫。由於荷蘭使節到達北京求見清帝時，從中作梗的不是別人，正是當時任欽天監的湯若望神父。基爾歇所獲得的宮女服飾，就是湯若望送到義大利梵諦岡去的。順治帝宮廷裡的情景，經過這些不同的脈絡，分別由荷蘭人和天主教會於不同的歐洲出版品中「再現」出來。日後荷蘭人再度出使北京時，衛匡國神父剛過世不久，使節團們也曾到他墳前致意。東印度公司使節與耶穌會神父間交織穿梭，想要把中國大觀園介紹給歐洲的種種活動，也是在歐洲宗教戰爭方息，中國戰亂方起，明清鼎革，即日人林或所謂「華夷變態」的情況下，這個複雜萬端、瞬息多變世界裡的一個巧妙縮影。㉖

㉕約翰‧尼霍夫原著，*op. cit,* pp. 85-87.
㉖華夷變態乃是日本人在中華帝國明清王朝更迭時，所收受「唐船」（即漢人商船）的報告書合輯。由於大明國以華夏代表自居，蔑稱清政府為「夷」，因此日本人便以「華夷」間變化的情況「變態」來為此書命名。參見：林春勝／林信篤（編），《華夷變態》，（東京：東方書店，1981）。

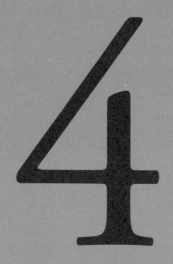

第④章　德國士兵的證言 ──

《東西印度驚奇旅行記》、

《東印度旅行短記》

《東西印度驚奇旅行記》Die wundersamen Reisen des Caspar Schmalkalden nach West- und Ostindien, 1642-1652
《東印度旅行短記》Eine kurze Ost-Indianische Rei β-Beschreibung

　　一六四三年，出身義大利北部的衛匡國神父抵達了澳門。在杭州到北京的旅途中，親眼見到了明廷、清廷、流賊間戰爭的情況。並且透過跟南明的關係，於一六五五年在他的《中國新圖》當中順便發表了福建、浙江方面文人對於台灣這塊「美麗島」的看法。雖然透過《中國新圖》，台灣的地位與情況逐漸為全歐週知，而透過其附錄《韃靼戰紀》，福建隆武帝（唐王）和鄭芝龍的傳奇性故事也被宣告。但是，書中對我們所遙望的福爾摩沙的描述畢竟仍然稀疏朦朧。

　　但就在衛匡國輾轉於杭州、北京間中國大陸的廣大平原、運河間遊歷時，一個為東印度公司所僱用的德國士兵，卻在一六四八年抵達於台灣，至一六五〇年方離去。這位士兵不像衛匡國，屬於地位顯赫的耶穌會，因此能得到許多助益，取得中國大陸地圖的機密資料，又受到大出版商布勞的青睞，繼之揚名全歐。他只是一名具備繪畫技巧的士兵，有時也兼作地圖測繪師。但是，他利用勤務餘暇寫生，把自身所經歷世界各地的風土民情，配上圖說，收藏在自家的圖紙上。

德國士兵司馬爾卡頓的《東西印度驚奇旅行記》

　　這位士兵名為司馬爾卡頓（Carspar Schmalkaden）。他出生於南德內陸的哥達（Gotha）市附近，佛利得里其羅達（Fridrichroda）的小城鎮上。他年輕時曾在圖林根（Thüringen）地域活動，也就是文化名城威瑪（Weimar）、耶拿（Jena）所在之處。圖林根地區在十六世紀馬丁路德掀起宗教改革大潮時，就是此一運動重要的活動範圍，因此，很早

就接受基督新教。但在神聖羅馬帝國勢力籠罩下，到了十七世紀初期，此地沒有領地勢力較大的封建王侯，到處都是零散分裂的領地。「三十年戰爭」發生時，此地捲入戰爭風暴中，由於地理位置的關係，成為各方勢力爭逐的戰場。

　　司馬爾卡頓的父親為小鎮市議員，有一定的經濟能力與聲望，而他也受到良好的教育。但是，「三十年戰爭」帶來的經濟破壞，使許多這樣有教養的德國青年，不得不出走到富裕的荷蘭謀生，接受士兵這種社會底層的職業，跳上東印度公司的船艦。一六四二年他受僱於西印度公司，於蘇利南、巴西、還有智利等地服役。在一六四六年回國之後，隨即轉入東印度公司。在一六四八至一六五二年間，也被調動到東亞各處的駐防地。當他安返歐洲時，三十年戰爭也告一個段落，他則將此手稿匯集，並且下了一個標題《東西印度驚奇旅行記》。或許是地位低微，或許是德國中部小城與阿姆斯特丹無法相比，此一手稿始終未曾出版。圖林根地區於十八世紀漸漸被整合到恩斯特伯爵（Herzog Ernst II von Sachsen-Gotha und Altenburg）手中，他是個啟蒙派的開明君主，在他獎掖科學與文化的政策下，此一手稿被收入其私人書庫。這份手稿原先靜靜地存留在伯爵的圖書室中，爾後被轉入現在的哥達大學研究圖書館，於一九七〇年後才逐漸為人所知。哥達自然博物館一位研究員尤斯特（Wolfgang Joost），從事湖泊學研究，與哥達大學圖書館多所交流。當他開始研究十九世紀初期一個德國自然博物學者在巴西的調查隊時，對這份手稿發生興趣。便加以抄錄、註釋，由萊比錫的人文出版社，在一九八三年出版。①

①Hoffmann, Mathias., Wir trauern um Dr. Wolfgang Joost, in Mathias Hoffman ed. *Rundbrief,* Nr. 11,（Leipzig: Phylloclrom, 2004），p. 15.

　　這份十七世紀的手稿因此要到二十世紀末期，才真正出版。這些資料，都不是當時的歐洲人所知道的，而足足隱藏在圖書館裡有兩百餘年之久。我們很幸運，當時司馬爾卡頓真的來過台灣，而且，也真正地在台灣寫生，留下了不可多得的圖像史料。當時的歐洲人沒有現代的我們幸運，可以用低廉的成本複製出版這樣高品質的彩圖。他們也沒有注意到，一個德國士兵忠實的記載可能具備的啟發性。

●尤斯特整理出版的《東西印度驚奇旅行記》，此書於二〇〇五年又有新的版本推出。

〈一六四八年由巴達維亞市到福爾摩沙島大員市的旅程〉

　　四月二十八日　我已搭上快船「堅忍號」，隨之往大員出發。

　　二十八日　　我們隨兩艘船，即除「堅忍號」外，又有「領導號」和「公牛號」揚帆啟程。

　　五月十四日　傍晚時尾隨的「公牛號」漸行漸遠，所以卸下船上的小艇（Boot）和小舟（Prauw）［去尋找］，亦無所獲。

　　十五日　我們停泊於勞拉島（Laura），並由陸地上取回新鮮淡水和薪材。

　　十九日　再度揚帆。

　　五月二十六日　接近傍晚時，在西北方向見到崑崙島。

　　二十八日　中午一點時，我們抵達南海長沙（Trogtel Pracel）。船長立即放下測深錘，發現水僅四又二分之一噚深。②我們很快地掉頭迴轉，靠上帝的庇護，才能逃過一劫［免於擱淺］。我們整天都可見到交趾支那的陸地。

●《東西印度驚奇旅行記》書中的「西印度」地區圖。將此書整理出版的湖泊學研究者尤斯特，正是對十七世紀巴西生態的第一手記載感興趣才發掘此書。

　　六月五日　水的配給量被減少，每人每日不得用超過一又二分之一坎。③

　　六日　傍晚，我們見到海南島。

　　六月十五日　早晨，我們見到福爾摩沙島，所以每人獲得一杯燒酒（Brandewein）。

　　十九日　我們抵達陸地。

　　七月二十七日　我把我的槍枝遞交武器庫房，並[轉任]成一土地測量員。

　　八月二十二日　大約晚上七點時。大員發生如此強烈的地震，以致於不只整個外城的牆壁劇烈搖動，甚至連停在港口船隻中的舵手也不能不感受到。

②[尤斯特註]Klaft: 舊制約為1.9米。
③[尤斯特註]Kanne: 坎，約1.2升。

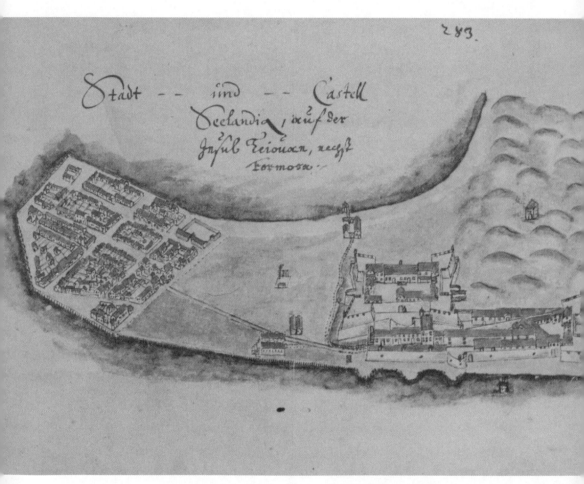

● 《東西印度驚奇旅行記》書中所刊出，司馬爾卡頓親自繪製的熱蘭遮城與大員市鎮。他本人應該經常在這些巷弄、樓閣間穿梭，諸如去鎮上買些日用品或幫人送信之類。

地圖師眼中的荷蘭人活動與建設

關於福爾摩沙島

福爾摩沙島，當地人叫北港（Pecan），漢人稱為大琉球（Twa Lienkien），位於北回歸線下，距對岸的中國福建地方四十德哩之遙。④緯度由北緯二十一度起延伸到北緯二十五度。其長度則...（原文缺漏）

越來越多的人住在這個島嶼上。島的西邊，有城堡（Castell）和熱蘭遮市鎮，是一片平坦的地方。若干哩外，是漢人建屋居住的地方。在東邊和北邊，以及在蛤仔難（Cabelang）山谷，住著純潔善良的福爾摩沙人。⑤當地最重要的地方是城堡和熱蘭遮市鎮，位於西邊的小島上，被稱為大員，距本島約有一德哩半。城堡立在一個小丘上，略高於長方形的外城。它[城堡]有四個稜角[砲台]，即[稱為]阿姆斯特丹[砲台]、佛列辛根[砲台]、Conveer[砲台]和密德堡[砲台]。各個稜角共備十二門砲。

[城堡]下面是四個半月堡（Roundelle），每個都設有三門鐵製砲。朝下沿著海邊，就是四方外城，它有兩個稜角砲台（Bollwerk）（荷蘭迪雅[砲台]和黑爾得蘭[砲台]）並共置了六門砲。在更遠處的[海船]水道口和主要崗哨旁，還有五到六門砲。城堡外南面另有一座配置十二門砲的角面堡（Redoute）。

---

④一德哩約合7.44公里。
⑤蛤仔難即噶瑪蘭，今蘭陽平原。

　　　以前我到的時候，島上的長官是歐伯瓦特（Antonius
Owertwanter）先生，後來則是費爾堡（Nicolaus
Vorburgk）先生、評議會議員揆一（Friedrich Cojett）
先生、祕書官施和德（Friedrich Schedel），英格蘭人培
德（Thomas Padell）上尉，彼得森（Johann Pieters）少
尉。

　　　長官、東印度評議會議員、祕書官和商務助理們住在
和教堂齊高的[城堡最上層]平台上。上尉與掌旗官隨時在
城堡中指揮同一支部隊。彼得
森少尉指揮在長方型外城中的
部隊，在角面堡則由一位士官
或伍長[指揮]。

　　　普羅民遮市，當地人與漢
人稱為赤崁（Saccan），設於
大員本身正對面的本島上，有
三或四排全為漢人居住的房
舍，但沒有防禦工事。

　　　在本市旁有公司的馬廄，裡面
飼養著公司的馬，旁邊是一個美
麗大花園，種植著各色各樣的水
果、亞洲植物，並有一間房舍。

　　　馬廄裡有一位日耳曼人馬廄總

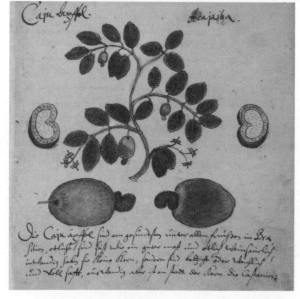

● 《東西印度驚奇旅行記》書中所記載的亞洲食用植物
如辣椒（左上）、香蕉（右上）、腰果（下）。

管、若干日耳曼僕役，和一些奴隸，而花園是由一位日耳
曼園丁與一些奴隸[負責]料理園務。

麻豆（Mattau），蕭壠（Soulang），魍港
（Wangkan），諸羅山（Toelesang），[下]淡水
（Tamsui）是南方的大村落。

北方的雞籠（Quilang）曾有一座西班牙的防禦堡壘，
不久之前被荷蘭人拆毀，但是現在由於熱蘭遮城走下坡而
重建，並派一隊威武的駐軍戍守。

在西部[平原]有一大片平坦田園，使本島因而被稱為
美麗島，這是片非常肥沃的土地，並有宜人的水和空氣。
那裡居住了超過一千個以上的漢人，就是說，每個人都在
自己的土地上，辛勤耕種，大部份種植稻米和甘蔗。

內陸為高聳的危岩和巨大的山脈，其中最主要的是桌
山和打狗（Tanckey）山。⑥這些山脈與山谷中，有各式各
樣的野生動物，特別是大量的鹿。[這裡的鹿體型]雖然比
我們[西歐]本地的要小，但其肥碩並不下於我們這裡[西
歐]的鹿；而且常常[可看見]五十或六十頭鹿成群而行。

前幾年可敬的公司在島上放牧一些馬，牠們自行繁衍
了不少。我曾經在田野中看到過一群不包括幼駒的馬，[數
目]共約三十頭。不過，若未得公司的命令，任何人均不得
捕捉。

⑥可能是指岡山與壽山。

　　一條條河流與溪水，由山巔中流瀉而下。有些寬度會約有一手槍射程，雨季到臨時，[水深足足]有七到九呎深，旱季則有三到五呎深。⑦特別是在東部，有條河流以水流湍急而聞名，雖然就橫渡來說[這條河]既不深也不寬，但是其水流強勁，且河床石礫非常滑溜，所以任誰想過這樣一條河，都必須十分小心提防。這條河匯集了大約二十條溪流，並且穿過三處小口（Ostia）奔流入海。

　　在島上的森林及田野中，還可遇見許多野生動物，同樣的，在水中，魚類也是不缺的，因此整年都可捕得豐富的河魚和海魚。而每年時節一到，就可以一口氣用網捕獲上千隻鯔魚（Haders）和馬鮫魚（Konigsfische）。所以，每個人只要花極少量的錢，就有魚可以吃。

　　現在該島由整個東南亞地區中，最好的衛戍部隊在維持，且是最宜人居的地點。雖然如此，南部[地區]之北[緣]的幾個村社，尤其是虎尾壟（Verberon）地方，空氣惡毒。以至於，當人們走到那一帶，就可以聞到這種惡臭。假若一個[大員]當地的荷蘭人去的話，不出幾天，一定會罹患嚴重的皮膚病。若有人終於克服了這裡的水土，[雖說]這應是很罕見的事，但以後他就可以在同地區好好繼續撐下去。⑧

鮮活的福爾摩沙居民采風

　　福爾摩沙人或福爾摩沙島上的居民方面，儘管居住在

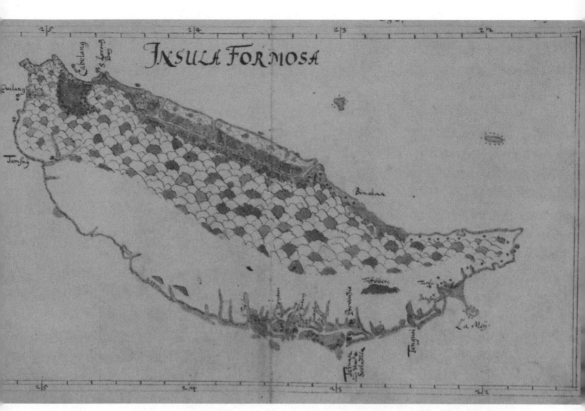

● 《東西印度驚奇旅行記》書中刊出的福爾摩沙全圖。身為地圖測量師，此圖當有所本。圖上的紅點是由下淡水（屏東萬丹）繞過恆春，到卑南覓（台東卑南）的路線。在花東縱谷北方又用紅點標示蛤仔難（蘭陽平原），標示疑似金礦產地之處。

如此豐沃的土地上，並且幾乎天天與其他國家人民交往，[就算] 甚至 [有些居民] 想要皈依成基督徒，[他們卻仍是] 邋遢、單純、懶惰的人們：男人們肉體強壯而身型中等，女人則身材矮小。他們的膚色是棕色的，有烏黑但是完全邋遢的頭髮。男人們把他們的頭髮剪得稍短，女人們則將頭髮留得很長。如果她願意的話，可以將之挽髻於腦後，或覆上一塊布巾。當天氣熱的時候，她們會戴上綠葉編成的頭環。那些仍然是處女的，並不會將她們的頭髮繫起，

⑦[尤斯特註]Schuh：英呎；舊制長度度量；12吋；0.325米。
⑧此處應指當時常見的瘟疫。

而是讓頭髮垂放在背上，當天氣變冷時，也會在上面覆上一塊布巾，但當天氣變暖，就戴上由花做成、或綠葉編成的厚環。

　　他們的穿著也十分邋遢：男人們只用一小塊棉布或是一片破布，綁在臀部的地方。有些只以一塊破布或一塊獸皮當作短圍裙擋在前方，後面就甚麼也沒有。但有些人為了要體面一點，穿著亞麻布褲子和短上衣，有些有褲無衣，有些則是有衣無褲，仍然圍著短圍裙。

　　女人身上也是披著一塊布巾，可是比男人的還長，但也只像是穿著一件上衣，而且，就這樣四處招搖。天氣變冷時，他們就把麻布換成獸皮。

　　他們在村中的房舍是按他們[傳統的]的想法蓋起來的。一般的人字形牆，對著

● 《東西印度驚奇旅行記》書中刊出，正在賽跑的福爾摩沙人。圖上文字為：「吾儕鎮日奔走；鏗鏘敲打雙手；吾儕狩獵為生，所獵遍及眾生；吾儕乘間休息，獵犬輪番上陣。」

巷道，並以船型建造。或者更像是按著一艘倒立的船型蓋起來的。[房舍]漆上各式各樣斑斕的顏色，並懸掛許多河海貝蛤之類的裝飾。

　　除了箭和弓、鐮刀、若干睡蓆、烹煮和盛水的壺罐和一些籃子，以及放有一些曬乾獸肉的籮筐以外，其中幾乎沒有家具，這是因為他們完全懶得去做[其他的]工作。他們種稻米通常不會超過他們所需的量，寧願向漢人換得稻米。且他們寧可去打獵，或者更喜歡多跑幾個鐘頭去競逐鹿皮。

　　狩獵之外他們最大的樂趣在於賽跑，那是在村落中固定的地方舉行的。為此，他們的年輕人和同儕在他們的慶典中相互競走。首先，他們在雙臂上以鐵環替代手鐲，同時在每隻手掌上，都要有一個比前述臂上鐵環稍大的環。為了製造清脆的響聲，[鐵環]有一半是空心的，這和牧人用來激勵馬匹的馬刺[作用]差可比擬。這些奔跑中所造成的手環撞擊聲，若其高舉[雙手]，讓手環從一手撞在另一手上，就會發出清脆的一響，甚至在四分之一哩外的人，都能聽到。他們奔跑時，便手上這樣弄著，讓這些環相互撞出清脆聲響，使他們在跑步時能聽著來協調步調，輕快小跑。

　　另一方面，為了維持村民的秩序與紀律，可敬的公司從各村社村民中，任命一定的人當首長（Capitain），其他鄰人得向他臣服。同時，這些首長不得濫用他們的職

權。這些人［全部］每年都要在普羅民遮地方那裡，出席定期舉辦的地方會議（Landtag），在這個集會上，所有村社的首長和長老，還有其他想要申訴些什麼，或者要帶來甚麼的人，也都應當出席。

長官、評議會議員和祕書官坐在花園裡、遊藝用的小亭子裡，在長官身邊圍站著持槍的衛兵。［地方會議］其間，首長一個接一個地被傳喚到那裡面與盤問，那些在年中盡到職務者，將得到一些獎賞，並繼續擔負治理之責。相反地，那些沒有盡到職責者，或被轄下的屬民控告者，將會就被控事項遭到嚴詞訓斥，並且得讓出手中的統治權杖（一支頂端鑲有公司標記銀徽的藤杖），交給另一人。

地方會議閉幕後，這些首長、長老全被請到花園中的長餐桌（在此之前，為了這些人將在此用餐，桌上已擺置了許多飲食用的刀叉）用餐。

在食物方面，燻烤、烹煮的野獸和魚，就像甜酒一樣，被端上桌面待客，不虞匱乏。在那裡他們非常地快活，卻毫不客氣，無分前後，只知趕緊席捲盤中食物。並且，有什麼他們吃不下的，就塞進他們的籃子和葫蘆裡，拿著這些，沿路行進回去。

最後談到有關他們的宗教和偶像崇拜。［據我］所知在荷蘭人未抵達島上之前，［他們］曾進行漢人的邪神、魔鬼獻祭。不過，自從荷蘭人來統治之後，他們大部份（特別

是居住在西部的）接受了基督教信仰。因為荷蘭人來後，任命荷蘭人的學校老師，以及若干監督學校老師的牧師，到各村莊去教他們歸信基督教，教他們讀、寫。所以，像一六五○年賀拉維（Johann Gratius）先生在蕭壟擔任牧師、韓布洛克（Johann Hambroeck）先生在麻豆，以及Adolarius先生在虎尾壟，即尤紐士（Junius）牧師先前駐留之地。⑨這些學校老師過去每天教小孩數小時並每週教成人數次，而且應該沒有一個居民甘冒被罰一張鹿皮之

●《東西印度驚奇旅行記》書中刊出作者目睹台灣原住民長老參與地方會議之後，享受歐式餐宴的實況。

⑨賀拉維牧師的名字記載有誤，應為Daniël Gravius。他在一六四七至一六五一年間於台灣服務。韓布洛克於一六四八年抵達台灣，一六六一年死於鄭軍之手。Adolarius或許是指一六五五年來台的文斯漢（Arnold van Winshem）牧師。

險，缺席一個鐘頭。

牧師們得按職責輪流在熱蘭遮城內禮拜講道，然後每個月他要到所牧養的村落探訪，視察學校，在那裡考驗成人[的基督教智識]，如有嬰孩誕生，[亦需]為他們洗禮。

為增進教學並讓[更多]人接受基督教，上述的尤紐士牧師，將最重要的教義問答條目和若干基督教聖歌（Christlichen Liedern），翻譯成福爾摩沙語。並且讓「我們在天上的的父」（按：主禱文），用他們的語言，如此吟唱出來：Diameta Katu vullum, lulugniang ta nanang oho mabatongal ta tao tu goumoho, mamtalto Ki Kamoienhu tu nay mama tu vullum:pecame Ka cagniang Wagi Katta; Hamiecame Ki varauiang mamemiang mamia ta varaú Ki tao Ka maouro Ki riich emittang Inecame poudanga danach ,Sozaiamecame Ki litto,Ka imhouato ta gumaguma Kallipuchang,Kasasa mangang,mi Kagua, Amen.（按：應為羅馬拼音新港語）

司馬爾卡頓待在台灣的時候，荷蘭東印度公司早已把北部雞籠的西班牙人打敗，開通了西部陸路，荷蘭人也到過花東縱谷，在全島各處行走。當時中國大陸的明清交戰情況日益危急，而台灣的漢人移民居地卻日漸擴展。赤崁漸漸形成漢人的街市，不斷有漢人移民湧入台灣，開墾土地種植甘蔗與稻米。司馬爾卡頓在一六五二年郭懷一事件爆發之前就離開了台灣，正巧經歷了台灣島上各族群互相扶持的黃金時期。[10]若他離開

得稍晚，不止會遭遇暴亂，還會遇到風災、水災、蝗災，以及
鄭成功對台灣方面施加越來越大的壓力了。

帶著書本與畫冊歷險的士兵

　　晚司馬爾卡頓一些來台的另一位德國士兵，則遠比他
著名，還比他受過更好的教育，且經歷更驚險。按照當代的
區分方式，他應該算是瑞士人，來自現在瑞士的首都伯恩
（Bern），他就是赫伯特（Albrecht Herport）。赫伯特於
一六四一年出生於伯恩，父親是當地的地方官（Langvogt），
並兼任皇家獵場總管（Hofmeister）。他們家在伯恩當地可算
是望族，赫伯特會出海旅行，並不是因為家鄉在戰爭下殘破，
而是出於自身向外界探訪的願望。他早年在伯恩向當地著名的
畫師學習風景畫，十八歲的時候（1658）隻身前往荷蘭深造，
眼界大開，遂決定親自出國探險。回國後，他自敘說：

　　在祖國跟著其他熟手已有一段時間，更精進地學習繪
畫的手藝之後，我前往歐洲的市場荷蘭去修練。在那裡，
諸如此類[想認識外界]的原因使我覺醒，並[在心中]時時
懸念著這個目標。雖然我非常渴望那令人瞠目結舌的種種
人、物圖像，[卻不止於此]我還有人人稱許的好奇心，想
要親眼目睹之。因而動身前往遙遠的[東]印度地區，去親
身檢驗那泛著金砂的溪流、金山，和珍稀果物鳥類之地；
粗笨可笑的人種，產珍珠的海洋，遍佈寶石的沙灘，凡此
種種和其餘的盛景。這幾千次在水上陸上遭到生命危險的
種種恐怖，還有見到幾千種奇蹟般的事物、人種、動物、

⑩郭懷一事件，發生於一六五二年的漢人農業移民與荷蘭官方的衝突事件。

植物、王國與寶藏等[的經歷]，在我心中激烈衝擊，若我可以將之講出、描述的話，將使我心中塊壘獲得抒發。⑪

　　這是他在一六六九年所出版小冊子《東印度旅行短記》的序言裡面所提到的。該書的全名為《東印度旅行短記：包括東印度許多島嶼跟各地采風，居民風俗與宗教；各種水果與野生動物的特性；跟一些荷蘭東印度與其他東印度君主、還有葡萄牙軍人間發生的一些值得記載的戰役與圍城戰；特別記載了大明人包圍並征服福爾摩沙島的情況，並附銅版畫解說。由伯恩市民與業餘畫家赫伯特描述其九年間的旅行而成》。

●赫伯特《東印度旅行短記》一書的扉頁與標題頁，呈現荷蘭東印度公司的回頭船，在經歷狂風暴雨後，即將撥雲見日的一刻。

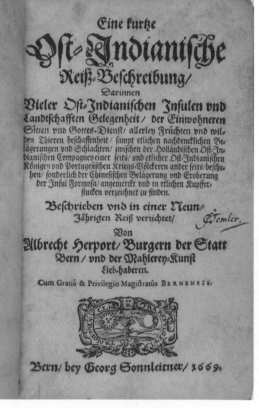

　　正如標題所言，本書最精彩的部份，也就是他所親身體驗鄭成功攻台戰役的敘述。赫伯特於一六六○年跟范德朗（Jan van der Laan）所率領的艦隊來台。當時鄭成功攻台的傳聞甚囂塵上，荷蘭台灣長官獲得的情報指出，鄭軍會於一六六○年三月底登陸，遂派船向巴達維亞求援。范德朗的艦隊即是來台鎮守的增援軍。范德朗當年七月左右到達台灣海峽，在澎湖、大員一帶梭巡。直到十月，身為增援軍的赫伯特才由接駁船接引上岸，抵達熱蘭遮城。

　　他對台灣的一般印象如下：

福爾摩沙島與大員[沙洲]的概況

　　福爾摩沙島在北緯二十三度，跟大員[沙洲]相同。大員的位置跟[福爾摩沙]本島距離約與大砲射程相當。其距離中國大陸二十四德哩，離澎湖群島十二德哩。大員長約兩小時路程，寬十五分鐘路程，向東延伸。若退潮時可由此走到福爾摩沙島上。[大員]土地貧瘠，荷蘭人的主堡蓋在上面，稱為熱蘭遮，為長官的居所。這裡[熱蘭遮城]除了其他幾座房舍外，也有倉庫，荷蘭人把珍貴貨物存放於倉庫。在城堡之外，距離約手槍射程之處，有個城下的市鎮（vorstatt）[即熱蘭遮市]，大部份漢人的房舍都在那裡。漢人從中國載運各種高價貨物來此與荷蘭人交易。

　　福爾摩沙島南北二百德哩，東西約五十德哩。島上有許多無名的高山，大部份尚且未知，土地肥沃。在[台江]

⑪《東印度旅行短記》，（台史博館藏：2003.31.9）〈序言〉；復刊本《爪哇、福爾摩沙、印度和錫蘭旅行記》，（台史博館藏：2002.6.49）。

附近的平地上，除原住民外，也有幾千個漢人居住。漢人時時和韃靼人交戰的結果，是被韃靼人驅逐，到福爾摩沙島來避難，[因此]不得不向東印度公司繳納高額稅款。他們相當勤勞，長於耕種。⑫

　　本島的居民，稱為福爾摩沙人（Formosanen）

　　平地上的居民，都受荷蘭人管轄，與荷蘭人和平相處。荷蘭人在那裡設立許多學校和教堂，使他們相信基督。博學的牧師韓布洛克（Hambroek）用他們前所未有的拉丁字母拼寫其語言（按：即指羅馬字母），並以其語言翻譯聖經，迅速地使許多人歸信喀爾文教，給兒童施洗，教他們讀書識字，受學校教育。這些人相當和善純樸，住[大員]南方、還有大肚地方（Mittag）的[居民]膚色較深，[大員]北方[的居民]膚色則較淡。他們能快速奔跑，即使是飛奔的鹿，也追得上。從小熟習使用弓箭和矛槍的技術。每日定時習射，非中的不得食。他們要一直習射到成婚。之後則耕種維持一家[生計]。但他們並不種比

●司馬爾卡頓《東西印度驚奇旅行記》一書中所記載的大明海商與婦女，兩者都是體面而具親和力。

所需更多的量。房舍簡陋。他們所穿的衣物是自己製作，取自某種，摸起來如同絲綢一樣柔軟的樹木纖維（Rinden gewüsser Bäumen），將之整理紡織以後，可製衣物。他們的衣著如長衫，覆蓋到腿。[大員]北方稍冷，以鹿皮精製為長袍。

[漢人的]服裝與儀表

他們穿著過膝的長袍，裡面是白棉布或pelang所做的寬大長褲，腰上則有一條串錢的長帶。⑬大部份人頭上不戴帽子。只有少數人，特別是有錢人，從額頭後半以上，戴著烏紗小帽（een scheartze von Seyden gestickte Hauben）。男女都留長髮，盤起髻放在背後。拔去鬍鬚，只留下稀少可數的幾根。指甲很長，超出半個指頭之多。

[漢人的]食物

漢人愛吃肥肉、各種蔬菜，不吃麵包而吃米，也吃種種魚類、水產。吃飯時，每個人面前有盛在小磁碗裡的一份，常常包括五、六種菜色。他們不用湯匙，而用兩枝箸，用手指撐著，夾起剁碎的食物，比如說豬肉，然後把碗往嘴邊一靠，用箸把其他食物扒下。他們吃飯時，配著一種氣味很重，叫做醬菜（Gucij）的東西，要趁熱配食才行。他們也整天喝茶。…⑭

安安穩穩地在大員度過冬季以後，赫伯特在一六六一年二

---

⑫周學普（譯），〈台灣旅行記〉，台銀經濟研究室（編），《台灣經濟史三集》，（台北：台灣銀行，1956），p.114. 譯文按復刊本略做更動。復刊本《爪哇、福爾摩沙、印度和錫蘭旅行記》，（館藏：2002.6.49），p.39.
⑬Pelang，北越或東南亞所產的絲料，或許是「白綾」？
⑭復刊本更名《爪哇、福爾摩沙、印度和錫蘭旅行記》，（台史博館藏：2002.6.49），pp.85-86.

●赫伯特《東印度旅行短記》一書附載的插圖，他在此一張圖面各處分別敘述鄭荷間長達九個月的交戰過程。

月參加攻打屏東排灣部落的遠征隊，深入高山。三月，范德朗
因為久候不耐，又不能攻擊澳門，負氣返回巴達維亞。他走
後，一六六一年四月三十日，鄭成功大軍卻悄悄登陸了。此
後，赫伯特就在熱蘭遮城中守禦，目擊整個圍城戰的經過。由
於赤崁街市被拿下，荷蘭人從六月開始已經困守孤城，一直到
十月救援艦隊出現以前，都沒有良好的補給。這四個月間，幾
乎每天都有人因缺乏清水食物而病死，赫伯特常被命令抬屍體
到城外掩埋。但十月抵達的這支救援艦隊，不久卻因為大員港
停靠條件不佳，而被颱風吹散。守軍與鄭軍數度交鋒，對峙到
十二月後，救援艦隊的殘餘船隻也以向北京清廷求援為藉口，
逃回巴達維亞，而熱蘭遮城再度面臨沒有新鮮糧食、飲水給養
的問題。赫伯特奉派隨隊前往小琉球，把一百名傷病者護送到
那裡休養。雖然他也曾經在那裡遇上鄭軍的襲擊，但是他們仍
然完成收集糧食、飲水、柴薪的任務，回返大員的熱蘭遮城。
當他回到大員不久後，鄭軍業已奪下制高點[角面堡]，迫近熱
蘭遮城，荷蘭人也因而決定投降。所以他在一六六二年二月十
日登船，隨著東印度公司的船隊，前往巴達維亞城。

　　直到一六六八年，赫伯特才回到瑞士。當時在西歐，台灣
被國姓爺鄭成功打下的故事，已經眾所周知。雖然由於荷蘭東
印度公司一向不希望讓外界知曉其在遠東的經營情況，然而台
灣當時確實是東印度公司數一數二的基地，所以當「福爾摩沙
陷落」的消息傳到歐洲後，曾引起高度的關注。⑮隨著相關人
員返回歐洲，這一事件所引起的漣漪，才逐漸擴大，成為一再
傳述的傳奇故事。

⑮參見第五章。

《東印度旅行短記》對歐洲人的呼籲

　　一六五五年衛匡國把中國內部明清發生鉅變的情況傳回歐洲，[16]而一六六五、一六六七年《荷使初訪中國記》、《中國圖誌》，都讓歐洲人對中國內亂、鄭芝龍、鄭成功的事蹟好奇不已。赫伯特雖然只是個士兵，但卻有足夠的教養，能夠把整件事情的來龍去脈，清楚地用可信的方式呈現出來。在當時荷蘭東印度公司不願洩漏情報，一般士兵又多不識字的情況下，赫伯特把他所遭遇的故事回憶出版，實屬難能可貴。於是赫伯特這本《東印度旅行短記》，獲得伯恩市議會頒發的特許，具有專屬版權，成為一本半官方發行的小冊子。為了要把這本小冊子和那些道聽途說，不負責任的故事集區分開來，赫伯特也引經據典地說明他的這本小冊子，並非沽名釣譽、譁眾取寵的濫發之作。他引用了古希臘學者、羅馬學者、拉丁詩人還有當時大學者的看法，說明歐洲人，是如何有必要去增長見識，攻錯他山之石：

　　致敬愛仁慈的尊長們：

　　與今日一樣，任何人種民族都會從各種角度來推想他們比其他民族或人種優越的原因為何。過去異教的人們、希臘人，還有其中特別是雅典人，驕傲自大，自認最為優越，稱自己為Αυτοχθουνες。亦即，完全世居雅典的人，一次也沒有離開他們的祖居地。理智清明的安提斯尼嘲笑他們說，[17]他們的優越感，跟烏龜讚美龜殼，蝸牛讚美蝸牛殼沒有什麼不同，因為這些動物總是帶著

他們的房子，從沒有離開過。他這麼說的意思是，保有這種優越感，[實在]是羞辱自己。說自己沒有離開出生地一步，不值得自豪。

我很清楚，自從[古希臘]斯巴達人起，就不鼓勵把小孩送出祖國，這是為了避免他們把瘟疫帶回家門。加圖等羅馬貴族也主張不許年輕貴族離開義大利出遊，[認為]公開鼓吹外國手藝、語言，會腐化羅馬美德；讓希臘等外地風俗在羅馬滋長，導致女性化、過度酒色；而外國服裝、孌童、疾病，都是可恥的惡習。不幸的是，我得說，如同一句老話：凡帶得出海的便帶得回家。賀拉斯說的再也有理不過：⑱

　　只要東西好，就都裝上船
　　換個地方後，原貌更不改？

一旦橘越淮為枳，當然要加以糾正。世間值得稱讚的事物莫過如此。有時並非平順的旅行，[可是]特別[就是]要描寫這些在旅行途中[遭逢的]各種橫逆。有人問蘇格拉底說：一趟沒有獲利的航行如何？他的回答是：「既然[頭腦]這麼狹窄，也難怪會覺得沒有從中獲益。」雖然有時無法理性地解讀神意，[可是]我不認為心靈寧靜必然出自平順的旅程。人們可就事實找出箇中原因。

他又指出一般人民倘若對於外界事務不瞭解的話，會造成國家政治上的失策，從而造成嚴重的後果。閉關自守，誤判情

⑯參見第三章。
⑰安提斯尼為古希臘劇作家。
⑱賀拉斯為古羅馬詩人。

勢，很可能完全會遺誤自己的命運：

　　如同埃及人把沒有經驗的人以驢頭人身來表現一樣，
一般人通常都是暫時缺乏經驗。不過，一旦一個國家的官
員沒有經驗，就會發生各種弊病：就如同敘利亞國王安條
克向他沒有經驗的大臣米利諾道謝一樣。他因此葬送了大
片國土和其上人民的自由。因為米利諾不熟悉外交事務，
不熟悉其他會挺身抵抗羅馬暴政的君王虛實，而走向血腥
不利的戰爭。

　　假如能把對外國事務不熟悉的人可笑的說法，僅當成
笑話聽聽就好，則所謂缺乏經驗也不會招致禍害。如同羅
馬派出的使節蘇爾皮西烏斯，就曾禮貌地對這位大王的代
言人[米利諾]回答說：「因為任何人自己最清楚自己的事
情，安條克既然要讓另一個人來代表自己發言，已經把他
是怎樣的人表示得很清楚。」直到現在，研習希臘Epho,j銘
文的學者，還笑銘文內容把西班牙這個國土廣整之地當成
一個小省分。更不用說，我們的一些法國鄰居，據大學者
菲利普・卡美洛（Philippus　Camerarius）作證，又如何
聽說過，德國省區大小範圍如何。雖然他們看過精巧的手
藝、商品，但是，除非親自去過此地，親身經歷，同心生
活，使用一種語言，否則很難想像，這些[廣大的日耳曼地
區]相互之間會屬於一個國家。⑲

　　　・・・

　　但現在我已將那些辛勤記載的沈鬱思索，整理謄錄到
紙上。也把各類異教人種、亞洲果物、動物、城池、船

隻等，寫實地以我的繪畫手藝畫出，這些都是我後來對此
悲喜事件的回憶，雖然，我一開始並不想把此旅行手記公
開。看看那些同類出版品，這些罕見的事物，都被沒[異
國]經驗的人稱為謊言，即使在這樣種種誤解的情況下，我
還是聽從好友與外國事物的同好們[的意見]，大膽下筆而
努力完成。而此書，確為我親身經歷，不是從其他書本或
報導取得的。

司馬爾卡頓的手稿，當初一開始之所以沒有向大眾刊佈，
多少也是因為能欣賞的讀者不多，當時這類圖書被歸為小說者
流，不受到文壇肯定的關係。可是赫伯特出身望族，以個人所
受經典教育，為其小冊子背書，如此小冊子才得以被市議會當
成嚴肅正當的作品出版。兩位親身來訪台灣的德國人，雖然不
像耶穌會神父那樣既熟知漢語，又精通神學經典。可是，他們
熟悉測量、繪圖技巧，又親身經歷行伍，貼近一般人民生活。
經過他們忠實的記載，福爾摩沙島上人民的生活，確實鮮活而
耀目。

必須謹記在心的是，這些事情，都是在台灣陷落的消息傳
回歐洲之後，才引起歐洲人的強烈興趣。很難說，若不是台灣
陷落當時，歐洲一般的出版界已經頗具規模，有相當流通的銷
售傳播管道的話，這個事件又會有多少人知曉？接下來，我們
可以透過幾份當時的報刊，來看看這個事件究竟是怎樣扣緊了
整個歐洲商界的心弦，使之大為震撼。

⑲《東印度旅行短記》，（台史博館藏：2003.31.9），vorred.

第⑤章　台灣失陷，歐洲震動 ——

《荷蘭信使》、

《歐洲每日大事記》、

《被遺誤的福爾摩沙》

ORJJ EUROPÆJ
N,IN: VII_VIII.

'7

Z 101
(4.

《荷蘭信使》 *Hollandtsche Mercurius*
《歐洲每日大事記》 *Diarii Eurpæi*
《被遺誤的福爾摩沙》 *'t Verwaerloosde Formosa*

赫伯特的《東印度旅行短記》中特別強調了他親身經歷鄭
成功攻台的過程,而此事,直到赫伯特回國的時候,仍然是眾
人口中最感興趣的話題之一。但在當時,台灣失陷的消息,究
竟是怎麼橫越九千五百公里,從台灣流傳到荷蘭,再輾轉傳播
到歐洲各國?而當時的歐洲人,究竟為何如此關心遙遠台灣的
消息,又是如何評估此事對於他們的影響?

首先向全歐報導福爾摩沙戰事的《荷蘭信使》

我們知道一六六一年四月底,鄭成功靜悄悄地偷偷登陸
了台灣,展開圍城戰。對此,巴達維亞方面並不知情。鄭成功
自信滿滿地認為,在季風轉向後,台灣的荷蘭當局即使受到攻
擊,也不及向巴達維亞求取援軍。但是他登陸當天,就有一艘
荷蘭小艇「瑪麗亞號」,當機立斷,逆風南向巴達維亞航行,
歷經一個半月,在六月二十三日抵達巴城。於是鄭氏攻台的消
息隨即在當地傳開。可是,由於風期限制,必須要等到十二月
底到翌年二月間,北方各地貨船逐步卸貨後,荷蘭歸國艦隊
才能裝運這些地方的物產,駛向印度洋,於五、六月繞過好望
角,利用南風,於七月底逐艘駛回到荷蘭。所以台灣受到襲擊
的消息,首度傳到荷蘭,是在一六六二年的七月底。

我們在《荷蘭信使》中發現如下的記載:

現在帶回本季根據荷蘭東印度公司所宣稱,[那些]
被期待著,比各地感興趣的,更加有價值的高價貨物。
儘管,[遭遇了]上帝的播弄,或者人為的錯誤,但好運

的是，今年的貨物[價值]將不會少於以下所告知的： …
（按：省略約半頁貨物清單與數量表）

　　首先已經抵達的九艘回頭船（Retour-schepen）如
下：

　　阿姆斯特丹[分]公司：「荷蘭紋章號」、「安恆
號」、「戰神七號」、「安捷利爾號」還有「奧立佛號」
　　熱蘭[分]公司：「威廉王子號」、「皇家王子號」
　　台夫特[分]公司：「鳳凰號」
　　恩克豪森[分]公司：「王冠獅子號」

　　荷蘭東印度公司已經奇蹟般幸運地存在三十年，人們
很少聽說有顯著的衰退，而其股票已經漲到原價的四點
五倍。…[這些船在]一六六一年十二月二十五日至
一六六二年一月三十日之間，[陸續]從巴
達維亞出航，在七月底抵達祖國。其載
運有…（略）…這九艘船本還應加上四
艘，[一共]為十三艘船的艦隊。當他們
於一六六二年二月十一日抵達東經九十
度的時候，遇上東南方向襲來的颱風。
因此，這四艘船包括搭載指揮官奧斯霍
恩（Outshoorn）、副指揮官的旗艦，還
有其他兩艘船，[都]飄離了他們，人們
認為他們往茅里裘斯島或馬達加斯加島去
了，都是載著公司所交運非常貴重貨物的
船隻。

●《荷蘭信使》一六五八至
一六六四各年分冊合訂本外觀。

因為前述指揮官奧斯霍恩飄離[航道]，所以這九艘船改由一位范德朗（Van der Laen）（曾任波斯商館長）率領。「安捷利爾號」接收了「小溪號」船難[後遺留]的貨物，當時，此船被暴風刮走了錨，衝上礁岩，在那裡把貨物搬出，可是船體[已]碎裂了。

[九艘船]帶來了消息，漢人海賊攻打福爾摩沙島，熱蘭遮城或普羅民遮城已經被奪走。荷蘭守軍舉措失當，讓牧師離開妻子等人，子女被羞辱，被迫光著身子走、被殺害。為嘲弄我們而也將有些被割掉耳鼻[的人]，送到熱蘭遮城。雖然並非船期，巴達維亞總督一聽聞此事，立即派遣五艘船去援救台灣，並指示他們[守軍]要保持忠誠，直到更多船隻前來解圍。可是漢人相當狡詐，已經著手執行了他們的策略，把面對城堡所有的房舍都迅速地架上了武器。①有人估計過，大砲對準台灣城，直指著這麼高的[熱蘭遮]砲台，會造成的損害[不怎麼大]。有人說，斯洪費爾德（Schonffelt）牧師展現極大的熱忱，以守禦台灣城，而且，庫存中尚有一百萬公司的現金，此外，有四十具強力大砲，以及充足的補給。②

《荷蘭信使》乃是每年出版的大事記，記錄這件事的是一六六三年出版的《荷蘭信使》，其標題是《荷蘭信使：一六六二年歐洲與全世界昭著顯明的事蹟》，封面是荷蘭邦與所屬各市的市徽，中央是代表奧倫治王室的持劍之獅，手提的是荷蘭邦的邦徽。環繞著由左至右分別是霍恩（獨角獸的角，號角）、阿姆斯特丹（三個聖安德魯十字架）、萊登（聖

彼得的鑰匙）、台夫特（大水渠）、哈倫（十字、四星、劍，
表示城主威廉伯爵曾在夜晚被授劍加入十字軍）、多特勒克

（紅盾上的銀條）、頓堡（城樓）的
市徽。這本大事記乃是由荷蘭著名的
報人（bekannten Courantier）卡斯泰
蘭（Pieter Casteleijn）所出版。卡斯
泰蘭於一六五六年遷入哈倫市，同時
發行了《歐洲週報》（Weeckelijcke
Courante van Europa），後來更
名為《哈倫市真實報》（Opregte
Haerlaemsche Courant），為至今仍
然營運著的《哈倫日報》（Haarlems
Dagblad）之前身。

●《荷蘭信使》合訂本第十三冊封面。

　　早在活字印刷術推廣以前，約
一五六六年，義大利威尼斯就有人出版
手寫的週報，十六世紀印刷術與紙張逐
漸普及，至十七世紀初歐洲才開始有活
字印刷的週報發行。這些新聞性的刊物
如週報、新聞小冊在十七世紀前半突然
蓬勃發展，從義大利、荷蘭，一路推廣
到英國、德國與法國。而當重要事件
如戰爭、媾和的消息傳到時，也會發行如同快報一樣的散頁型
刊物。當時由於訊息傳達的速度較慢，且速度不一，所刊行的
消息也無法像今日可在發稿前盡量查證，只能等日後各種消息
傳來以後，再加以比對並彙整。因此，下一期發行的週報，通

①即熱蘭遮市鎮的房舍。
②《荷蘭信使》第十三冊，（台史博館藏：2003.15.170），p 111。此處斯洪費爾德牧師身份恃考。

常也會糾正或再重新報導先前的消息。而由週報彙整而成的年刊，即是把已經塵埃落定的消息，做出總整理。

　　《荷蘭信使》就是在週報基礎上所發行的年刊。這本年刊，在一六六三年出版，將一六六二年中已經確認的消息，加以整理確認。其標題《荷蘭信使》（Mercurius）也可以漢譯成《荷蘭墨丘利》，墨丘利（Mercurius）就是希臘神話裡的信使神赫密斯。他腳穿有翅膀的皮靴，四處飛奔，為希臘諸神傳遞信息。因為他有「搶先一步」、「來無影去無蹤」的特色，所以同時也是商業、竊盜與醫學的守護神。該刊採取了這樣的標題，正是取其傳達商業信息之比喻。

　　雖然印刷術使大眾能夠接觸報刊，但真能負擔得起這種「情報」消費的，主要仍是剛剛興起的市民階級商人。為了賺錢，這些商人，願意支付金錢來購買商業情報。當時歐洲並沒有今日的出版自由權，可是荷蘭的政治氣氛相對開放，使得各地商人願意付錢，來購買這些最新的消息。卡斯泰蘭出版的週報，在歐洲各大城市如倫敦、巴黎、柏林、莫斯科都廣受歡迎，甚至有一頁價格漲到半里爾的情況。據說他的消息比所有荷蘭政府的間諜都靈通，曾經有個英國將軍說，「所有的戰略都要盡量保持祕密，不得洩漏給荷蘭人，不然一星期以後國王就會照著哈倫週報來檢查。」而從《荷蘭信使》前面的引文我們看得出來，週報關心的主要是東印度公司貨物的消息，因為各種各地進口昂貴貨物的價格水準，皆會因此一消息而確定。然而，對鄭成功攻台事件，東印度公司散發給整個歐洲的消息卻像是「別慌，雖然有事發生，可是荷蘭人應付得了。」

《歐洲每日大事記》的二手傳播

　　與歐洲其他各地同步，鄭軍攻台的消息不久之後，也傳達到了德國南部緬茵河畔的法蘭克福。在法蘭克福出版的同類新聞刊物《歐洲每日大事記》（第八冊）的記載顯示，一六六二年七月，也有這樣的消息傳到那裡：

　　　有艘稱為「城堡號」的船，從東印度地區萬丹（Bantam，雅加達周邊）前來，已抵達了。載來一百一十至一百二十拉斯特（last）煙草，四百三十罐薑。③此船帶來未經證實的快報（zeitung），聲稱漢人以四百艘中國帆船，以及兩萬人進攻了大員，與福爾摩沙島。城堡或大員堡壘，也就是荷蘭公司駐在之處，已被包圍，不許任何人出城或者出海。

　　　[快報]也說明了圍城的因由。一個名叫一官（按：即鄭芝龍別名），曾經在大員擔任公司裁縫的人，在海上從事強盜、偷竊的勾當。因為大明人的姑息，大為幸運地，在短時間內控制了四百艘船的艦隊，勢力龐大到可以決定要保護或仇視任何進出的船隻，並征服了二百艘船。韃靼人入侵中國後，把大明皇帝逼到角落，向海盜乞求協助，而他[一官]也出於良知回應，不只對這任，還對後兩任皇帝，總共資助了九噸的黃金。但後來他不再好運，不只輸掉了皇帝，甚至連同自

●《歐洲每日大事記》第八、九冊合訂本外觀。

③拉斯特（last）為重量單位，約1250公斤，故為137.5~150公噸。

己，[也就是這]海盜本身都落到韃靼手裡，成了韃靼人的奴隸。此後他的兒子繼續此一大業，發揚光大，變成聲勢浩大的王侯。

●此圖流傳已久，傳說是鄭成功的肖像。

在這[反抗韃靼的]過程中，小一官（按：指鄭成功）對荷蘭居民相當友善，數次分頭向荷蘭在巴達維亞的總督請求，要跟他締結防禦同盟，對抗共同敵人。可是荷蘭人，從來不想捲入這種[漢人]反抗外夷的戰爭，所以拒絕了他。

因為這個原因，[小]一官現在決定展開入侵這個島嶼的行動，並且劫掠可憐的平地島民。④島民本來平安無事，是東印度地區最儉樸又虔誠的人，許多人因新教改革宗的牧師接引而信仰了基督，因此，荷蘭人認為，他們可免於任何不幸的事件。

城堡位置險要，位於一個沙洲上，以內海跟陸地相隔，並有四十五具大砲，由一千兩百名荷蘭士兵駐守。縱然[對防守已經]綽綽有餘，還加上勇敢的[佛德列克·]揆一領導，[他]也是代表瑞典王室出使荷蘭聯邦會議的使臣彼得·揆一（Peter Cojets）的兄弟，[所以應]會把漢人打倒。在這裡，荷蘭人還有一個城堡，叫做雞籠，比上述城堡更強大。因此雖然這[小]一官已發動攻擊，生活在荷蘭的人希望，他們還沒有任何斬獲。在人們獲知此事後，一待風信許可，巴達維亞總督便會派遣十艘船送二千人去

增援該島。⑤

　　這艘稱為「城堡號」的船，似乎並非荷蘭東印度公司的船隻（因未見於正式記載當中），也許只是把貨物從荷蘭轉運到德國的船。跟荷蘭人一樣，法蘭克福方面剛接到這樣的消息時，大部份的人都認為東印度公司只是遇到小麻煩而已。值得注意的是，法蘭克福這裡的消息比荷蘭的消息更偏重故事性，不那麼傾向商業實利。同時，法蘭克福在三十年戰爭時，曾被信仰新教的瑞典王室治理，享受過短暫的和平，對同屬瑞典王室廷臣家族的台灣長官揆一，較荷蘭人多了一份同情。

一張描繪荷軍退守孤城慘狀的銅版畫

　　其實，根據日後《歐洲每日大事記》第九冊的回顧補充說明，在荷蘭船路經英國時，這一份快報的內容就已經洩露出去，其後又輾轉傳到法蘭克福，而被翻譯成德文。這份快報其實是跟著口傳的消息一起傳到荷蘭的。前面已經提過，一六六一年六月二十三日「瑪麗亞號」把台灣受到偷襲的消息傳到巴達維亞，而總督也調集人手，於七月五日派出增援艦隊，增援艦隊於八月中旬抵達熱蘭遮城畔。而十一月中旬，台灣當局認為戰況膠著，決定將城中婦孺先行送回巴達維亞。這艘婦孺船，在一六六二年一月二日抵達巴達維亞，圍城後的消息隨著一月三十日啟程的回國艦隊傳回荷蘭。⑥到此時災民的慘狀，才讓巴達維亞城中一般居民大為驚怖，其後，首度有人將事情的來龍去脈，編寫成文情並茂的〈快報〉。很可能，這份〈快報〉就是從英國輾轉傳入德國的那份，其內容是：

④島民即指平埔族原住民。
⑤《歐洲每日大事記》（第八冊）（台史博館藏：2002.06.45），pp. 7-9.
⑥程紹剛，《荷蘭人在福爾摩沙》，（台北：聯經，2000）p. 544.

簡短報告：[自]一六六一年七月五號[巴達維亞方面得知台灣遇襲後]，荷蘭員工在他們所駐守的福爾摩沙大島和一旁的小島大員，因漢人入侵所遭受的殘酷情況。

DIARIUM

1662.
Junius.
***

Kurtze Erzehlung deß erbärmlichen Zustands/welchen die Niderländer sampt den ihrigen in Ost-Indien auf der grossen und schönen Insul Formosa/wie auch auf der nächst darbey gelegenen kleinen Insul Tyawan den 5. Julij 1661. außstehen/als sie von den Chinesen überfallen worden.

Als der mächtige Tartar sich deß berühmten Reichs China/durch Gewalt der Waffen/bemächtiget/und/wie er meinte/die rebellische Chinesen bey nahe gantz zerstreuet/und auß den Gräntzen seines Reichs vertrieben hatte/so machte er/als überwindender Monarch/den Thron seiner Gewalt und Herrlichkeit vest und unwanckelbar. Gleichwol waren noch einige Chinesen überblieben/welche ihren Nacken unter das Joch seiner siegreichen Waffen durchauß nicht biegen wollen. Diese nun hatten sich auff unterschiedliche kleine Insulen oder Eyländer geflüchtet/dahin ihnen nicht konte nachgesetzt werden/weil es an Fahr-Zeug mangelte. Und weil auch sie zu Land nichts konten verrichten/so streifften sie zu Wasser herumb/und raubten weg was sie fanden/nicht allein aber beraubte sie ihre offenbahre Feinde/sondern auch ihre bekaute Freunde : Und solches alles thäten sie unter Anführung deß beruffenen See-Raubers Iquo oder Equan/welcher vor der Zeit ein Schneider auff (L) Tyawan gewesen/und sich mit diesen vertriebenen Chinesen so berühmt und mächtig gemacht hatte/daß er von männiglich angesehen und geförchtet ward/als Meiste zur See. Als er aber durch den Todt weggerückt wurde/so nahmen sie seinen Sohn Coxcinia an seine statt an.

Dieweil aber diese vertriebene Chinesen auch in solchen ihren Schlupfflöchern für dem unersätlichen Magen der Tartarn nicht wol sicher bleibn konten/trachteten sie mit langsamer Hand dahin/wie sie sich der fruchtbaren Insul Formosa wider bemächtigen/darinnen nisteln/und in Sicherheit leben möchten/sintemahlen sie

● 《歐洲每日大事記》第九冊增補一六六二年資料時所收錄的快報第一頁。

強大的韃靼以武器強制征服了知名的中華帝國，而且，幾乎把他們所謂叛亂的漢人剿清，逼到國境的邊緣。推翻了皇室，奪取了王位，聲威浩大勢不可擋。仍然有一些漢人，不願意屈服在他們勝利的武器下，在脖子上套上牛軛。這些人現在逃到各個小島上，以此逃避追擊，因為他們[韃靼]缺乏船隻。而他們[流亡漢人]也拿大陸沒辦法，所以，他們在水上梭巡，在水路上攔截一切。他們不止劫掠檯面上的敵人，連認識的朋友也不放過，這就是他們在頗富才幹的海盜一官手下的事蹟。一官本是大員（圖L）的裁縫，因為這些流亡漢人而聲名鵲起並掌握實力，廣受崇奉追隨，成為海上霸主。他慘遭橫死後，他們讓其子國姓爺接替他的地位。⑦

　　然而，就算這些流亡漢人避難於此處，也不能倖免於
韃靼貪婪的胃口，他們[流亡漢人]緩緩地伸出手來，要進
一步征服肥沃的福爾摩沙島，在此築巢，按照他們的意
志，安穩地生活。荷蘭東印度公司總督擁有的堡壘與城
池，還不夠強大到反抗他們[流亡漢人]和他們飢餓的胃。
有些人認為國姓爺會指示[荷蘭城堡]附近的居民，來征服
福爾摩沙島。為了這突然接到的情報，[台灣]長官因此，
通知這些[治理]整個東印度的官員，也就是巴達維亞的高
級評議會[評議員們]，請他們迅速協助。而他們也盡最大
努力，派遣了援軍。那時，國姓爺並未根據他的計畫執
行。可是[後來]，以超過六百艘中國帆船、裝備完善的士
兵與火砲，在三月時入侵了前述福爾摩沙島（圖Ⅰ），⑧而
且馬上攻下一座稱為赤崁的堅固城堡。那位阿姆斯特丹籍
的地方長官，因為沒有足夠的力量抵抗，只得棄城投降。
接著他們[漢人]把其他的防禦工事，以及黑奴都征服了。
接下來是最強硬的熱蘭遮城，[由於]無法馬上攻下，國姓
爺讓韓布洛克博士，一個信仰虔誠的人，還有其他神職人
員前來，派他們向揆一先生，也就是熱蘭遮城城主，傳達
他的話，要他自願開城投降，這樣，所有的荷蘭人可以自
由無礙地帶走此島剩下的貨物。若他們[荷蘭人]拒絕，他
[國姓爺]誓言，不會饒恕婦女兒童，甚至任何有生命的東
西，都要不顧一切全部以刀劍毀滅根除。

　　韓布洛克忠實地執行了命令。當他抵達城堡，便以令
人動容的謙和態度向揆一先生說明此事，就如同打上字母
（A）的銅版畫一樣。可是，揆一長官放棄回應，他不採

⑦此處記載有誤，鄭芝龍是被擄北上而非慘死。
⑧此處可能指的是農曆三月。

● 《歐洲每日大事記》第九冊增補一六六二年資料時所收錄的快報插圖，表現一六六一年九月十六日荷蘭援軍反擊的景象。

行此約，而等待巴達維亞方面的援助。他們只能忍受這可怕的情況。可敬的博士跟同伴從那裡回去，痛苦地流淚，一面唸著[下面]這些話一面退回：「喔，傷心啊！我哀嘆我的生命，竟然必須為這樣子的異教徒，作這殘酷暴虐的事。現在回來告知國姓爺跟他的黨羽後，這暴君會立刻下令，不管多可憐地求饒，也不會饒恕任何人。他們會不人道地違反上帝造物之仁愛而肆行暴虐，甚至天真小兒也不放過。」[那裡]沒有一枝筆不是寫著血淚，如此陰森冷酷，而基督徒的血，將如水漫流，可在其他圖像裡面生動地看出來。

這暴君壓迫此城堡時，有九艘滿載人員，足以援助大員的船艦抵達（圖E）。這些船駛近城堡，嘗試一同下手，對敵方反攻。[荷軍]列隊於[漢人]設在[大員沙洲]對面北線尾的一個半損毀的碉堡或城牆

之前，因為漢人要把它[北線尾城牆]重修起來，然後據此
對熱蘭遮城發動砲擊，就如同字母（F）[的圖]所指出的。
可是他們[荷軍]靠近的時候，受到[漢人]猛烈的反擊，在
損失四百人之後，被迫調轉回頭。由將領所率領的漢人有
六千人以上，從頭到腳全副武裝，換言之，覆蓋衣甲。白
得閃閃發亮的盔甲，看來像一座錫山一樣。雖然前來的[荷
蘭]船艦，原本該[放士兵]登陸並摧毀中國帆船，卻全都
錯失良機。雖然他們派遣了這麼大量的荷蘭船艦，最後卻
錯失了幾乎能達成的一切[目標]。當時漢人的中國帆船朝
[熱蘭遮]城下的淺灘或乾地前進（圖B），之後，荷蘭船
「赫克托號」自行引燃火繩爆炸，而另一艘船則擱淺（圖
D），儘管揆一長官已經盡全力阻止，漢人仍以四百人和

●〈快報〉另一個德文版本的插
圖。位於前景北線尾城牆的，即是
鄭成功的兩隻部隊正在夾擊登陸後
挺進的荷蘭救援軍。

兩尊火砲，將之奪走。爾後，有一艘船在勞倫斯（Jacob
Lauwens）的率領下，載著二百個婦女兒童難民回航，幸運
地在四星期又六天內，抵達了巴達維亞。若非全能上帝幫
助，讓他們迅速抵達，他們必定因為缺乏食物與飲水受苦
煎熬。⑨此後［巴達維亞當局］也立即作了以下安排，關於
熱蘭遮城，要盡可能守護並解圍。派四艘船前往鞑
靼處，請求戰鬥人員前來，把在福爾摩沙的漢人逐
出。同時也請公司派遣適度的軍力，阻止暴君遂行
他的計畫。⑩

●埃利希《歐洲年度大事記》拉丁
文第八，德文第九冊標題頁。收
錄一六六二年七月到一六六三年年
初間的歐洲要聞。其附錄刊載〈快
報〉，也 就是〈簡短報告...〉全
文與版畫。

　　法蘭克福從宗教改革以來，就以書市著名。由於有
市場支撐，《歐洲年度大事記》這樣的新聞年鑑才能繼
續出版下去。上面所敘述的雖然是同一個故事，但德國
人與荷蘭人著重的要點卻不一樣。由此可以窺知，《歐
洲年度大事記》與《荷蘭信使》所設定的讀者群，存在
些微的差異。《歐洲年度大事記》第八冊的標題全文是
《埃利希歐洲日記第七續冊，公開出版，包括下述各處的
真實事件：日耳曼、高盧、英格蘭、西班牙、瑞典、匈牙
利、匈牙利、低地國、土耳其；或稱每日實錄第八集，包
括所有在神聖羅馬帝國還有周邊及遠地王國所發生的一切
事件，特別是在西班牙與葡萄牙低地國、荷蘭七城、土爾
其人交戰各方攻守城池者，以及法國、英國、波蘭、匈牙
利、低地國、比利時之間締和結盟的情況，還有帝國與地
方會議舉行締結安排和平的情況，從一六六二年初起到七
月所發生的，都整齊有序地寫在裡面》其前面一半是拉丁文
標題，從「或者」之後，則是德文標題。

---

⑨勞倫斯應為卡烏（Jacob Cauwe）之誤。
⑩《歐洲每日大事記》第九冊，（台史博館藏：2002.06.45），pp. 94-97.

埃利希（Philemeri Irenici Elisii）是彙編者梅耶（Martin Meyer）所用的筆名。梅耶先生大約在一六三○年代出生，一六六○年代左右遷到法蘭克福，之後馬上以「哲學與歷史研究者」的身份，出版了兩冊《歐洲每日大事記》。在自序中，他常常提到，希望運用這種出版物，來提升與教育大眾，以一種歐洲整體觀點，來掌握歐洲內部與周遭的事務。因此他不但將所收到的消息確實按發生時序編年排列，在擇取消息的時候會以夾敘夾議的方式，挑選、節錄、討論時事。為了同樣的目的，他也會把相關的文件，如快報、條約、宣言等等，翻譯出來並且將多語對照的版本，放在書後的附錄中排印。上面的〈快報〉就是在第九冊重新敘述此一消息的時候，附加在書裡面的。如果跟《荷蘭信使》相比，我們可以發現他們更注意整件事情的來龍去脈，而非僅關心這些消息對經濟景氣所產生的影響。《歐洲每日大事記》主要是想要讓一般民眾可以藉這個事件，去思索世界的變化，特別是運用當時還不太普遍的，一種「歐洲人」的整體觀點，去思考歐洲與世界的關連性。就這樣，事情戲劇性的張力特別被強調，而韓布洛克牧師則被突顯出來當成此一悲劇事件中的英雄。同樣地，荷蘭人與韃靼人（清廷）的關係，也日漸引發歐洲人對於後續發展的期待。

●〈快報〉當中強調韓布洛克牧師擔任鄭軍招降使節的情節，後來在十九世紀荷蘭民族文學興起時，再度被發掘為愛國主義的故事。本圖為約一八五○年時出版《韓布洛克牧師犧牲成仁》一書的插圖，表達韓布洛克受到撲一拒絕，必須回到赤崁，女兒哀痛昏厥的情況。

熱蘭遮城的結局

熱蘭遮城的結局到底如何？這個疑問在一六六二年七月後逐漸傳遍整個

歐洲。或寥寥數語，或誇張戲劇化，消息從一個城市傳到一個城市，再從一個國家傳到一個國家。然而在地球的另一頭，這結局其實在該城告急的消息傳到歐洲的五個月之前，就已經底定。在救援艦隊不戰而退的情況下，台灣當局逐漸陷入慘狀。人員的身體狀況迅速惡化，最後於一六六二年二月，跟鄭成功簽訂條約，棄城投降。這些荷蘭人在二月十日左右啟程離開台灣，而整個撤退艦隊約在四月底的時候，才蹣跚地進入巴達維亞港。巴達維亞方面驚覺茲事體大，不顧風期，立刻派出快艇專程傳遞消息。在《荷蘭信使》後續報導中，繼續敘述了這則消息傳到荷蘭的經過：

　　然而，辜負了所有人的期望，一六六二年四月二十二日從巴達維亞出發的貨船「椋鳥號」，於十一月二十五日抵達瓦賽，傳達台灣已經投降移交給漢人[的消息]。這使公司方面心膽俱裂，並且損害了才剛開始從中國方面得手的交易，因為他們[漢人]以中國帆船持續擾亂荷蘭人在日本和其他地方的生意。長官揆一已經被遞解到巴達維亞，以為此投降負責。

　　…省略「椋鳥號」貨單…

　　因為人們說，除了那裡的牧師韓布洛克（Anthonij Hantbrouck）、文斯漢（Arent Vincenius）、勘奮（Leendert Campen）、穆斯（Pieter Mus）等人，[11]還有許多人從平原裡被送來。早先他們和家人還有歸信基督的亞洲人，受到野蠻殘忍的對待，說來非常悽慘，就跟西班

---

⑪Arent Vincenius應為文斯漢（Arnold van Winshem）牧師的訛音、Leendert Campen可能為 Johannes Kampen之誤，其於一六五五起於台灣任職，尚待進一步研究。穆斯（Pieter Mus）牧師亦同。

牙人在西印度群島犯下的惡行沒什麼差別。我們可以相當確定，大明大官或一官之子，就是在著名的《韃靼戰紀》裡讀到的，鐵面無情的海盜。[此篇韃靼戰紀]，也就是在[阿姆斯特丹市政]承審官布勞，於其[中國新]地圖曾有部份提及的。從卓越的耶穌會士衛匡國所寫可知，他[國姓爺]乃是普特曼斯長官的裁縫，[並]警覺到，荷蘭人那一方並不願意捲入對抗韃靼人[的戰爭]，同時，他和全部[那些]漢人幾乎都被從祖國中趕出來。所以，這些娘娘腔漢人便使盡吃奶力氣，打擊這福爾摩沙的小海角。這些盜賊如同出閘般撲向本島，而此地人尚不知騷亂，居民生活有序，不知有暴政劫奪，其勢如猛虎。荷蘭人的雞籠城也因為沒有武裝，當一千個盜賊迫近，不得不付之一炬。這還不要緊，因為巴達維亞總督接到脫逃者的消息，為此立即派出五艘船前去，還為了這樣子的理由：要揆一繼續擔任長官的職務。⑫牧師講道激勵將士，士兵忠於誓約奮鬥。但德國佬士官尤利安等人，是台灣落入漢人之手之因。他們[雖]是荷蘭基督徒屬民，卻投奔那無信仰的一方，背叛我們，並且口頭（所以人們說另一方有給他們承諾）告知如何攻下（這個百密一疏的）城堡。這些漢人並非娘娘腔到不敢像個男人一樣的，所以他們不惜人命，按這個情報攻下了角面堡。此地是城堡[防禦形勢]所倚賴[的要地]，[因為]受到一千七百發砲彈亂七八糟的轟擊，被荷蘭人放棄，被像螞蟻一樣[多的]漢人占住了。可是荷蘭人在火藥庫裡設了大量的火繩[機關]，漢人一進去，就把一百人[炸死]送上天去。但是他們卻不感痛癢，在被打下的角面堡頂上迅速蓋起了砲台，就如同投奔他們的背叛者教他們的一

樣。因此，他們可以朝腳下前述的[熱蘭遮]城堡射擊。

在這個情況下，漢人向大員招降，向長官揆一派出韓布洛克牧師為使節。倘若長官拒絕[投降]，他們就要殺光所有的基督徒。[揆一]拒絕交城後，漢人用各種恐怖痛苦的手法虐殺了先前在雞籠落入敵手的荷蘭人，說什麼：這是他們應得的，因為他們[荷蘭人]也這樣對待原住民，而且更加過份，把原住民載上船出海，讓他們為奴。此時來解救的五艘船抵達大員，嘗試迫近被漢人奪走的北線尾城，[卻因]偏離航線而損失約三百八十人。漢人攻上一艘荷蘭船艦後，他們引爆了「赫克托號」，另一艘船「伯爵領地號」載著難民，並護送到巴達維亞去。⑬這些海盜在這裡駐有六百艘中國帆船，其中有四十艘船，在這水域裡，足以睥睨歐洲戰艦。從各方面看起來，這五艘前來解救熱蘭遮城的戰艦，都不足以讓漢人放棄圍城，所以揆一長官決定跟他們簽訂條約，內容是：

所有公司員工可以全副武裝出城，但公司貨物要全數上封條保留，在出城時，移交給漢人。這點完全照辦。雙方釋放戰俘。漢人讓所有的荷蘭人登上前述五艘船，他們拿著紅旗子，表情哀淒，因為他們不得不這麼做。從城堡取出…[原文未刊]…噸黃金，而武器留給漢人，云云。

台灣城的描述

A. 北線尾沙洲，位於中國大陸與福爾摩沙之間。

⑫救援艦隊出發前，巴達維亞總督在不知情的情況下曾派人解除揆　職務。
⑬此處敘述順序有誤，應發生在鄭軍攻打角面堡前。

B．中國帆船的外形。[全部船隻]可載重八百拉斯特，附加四十管火砲，還有機警的水手。⑭

C．荷蘭船艦，位於通常泊碇之處，水最深的地方。

D．叛離的漢人中國船，藉著[過去]讓他們每天來[此

● 《荷蘭信使》報中的插圖，為一六六一年九月十六日救援艦隊正準備發動反攻前一刻的景象。其中小型船隻五艘駛入台江牽制鄭軍船隻（遠景），大型船隻兩艘（中景）準備以艦砲掩護乘小艇登陸北線尾的荷軍士兵（近景）。此一攻勢因天候因素而以慘敗收場。

地]交易的權利，來叛離荷蘭人。

　　E.　這就是漢人奸賊蓋起砲台的地方，[即]最先開始射擊荷蘭人城堡之處。他們用牛皮覆蓋大員漢人交易商的民宅。

　　F.　沙洲的終點，這個沙礁從福爾摩沙延伸到大員來。

　　G.　海上來航船隻的入口，此[大員]島的碼頭。

　　H.　[航線向]東北延伸[可]到日本的公海。

　　I.　這是荷蘭人的居所，他們跟漢人分開，受到自己城堡的保護。

　　K.刑場一般都在兩者之間。

　　對此事，人們知道，滿人皇帝已經向巴達維亞的評議會派遣使節，以締結貿易聯盟，並將漢人海盜趕出福爾摩沙島。如

⑭800拉斯特約1000公噸。

果開始提供中國各省自由貿易，將會有很多工作要作。

「椋鳥號」以最快的速度，歷經五個月的時間，將熱蘭遮城陷落的消息帶到荷蘭。於是，在台灣陷入圍城的消息於歐洲大陸傳佈整整四個月之後，戰爭結局的謎底，突然揭曉了。出乎所有人的意料之外，本來以為不太困難就能解決的問題，這時看來卻是一場大災難。原先以為只是一場虛驚，可輕易解開的圍城，結局卻完全陷入了悲劇。等到悲劇發生，荷蘭人才開始關心這個事件的來龍去脈。

卡斯泰蘭的寫法，雖然沒有顯露悲憤，卻是相當氣惱，先是把漢人比成和西班牙人一樣的暴虐，又罵他們娘娘腔，最後又說這是個悲劇是德國佬害的。然後他才發現，這件事情的前因早在衛匡國數年前所出版的《中國新圖》裡即可望見端倪，這不是荷蘭人遇到的商業競爭小麻煩，而是一個東亞世界數百年難得一見的鉅變之後果。確實，雖然閱讀《荷蘭信使》的人比較有錢，但他們卻不像閱讀《歐洲每日大事記》的人對於外界不同文化、不同脈絡歷史的變化，擁有那麼高的興趣。而由於事件發生的時空，距離歐洲實在太遙遠，所以，新聞的敘述，多少變得比較戲劇化了。比如說，當台灣長官揆一在一六六二年二月棄城的時候，傳遞「被圍」消息的歸國船隊在印度洋上正遭遇颱風，而他們七月抵達荷蘭的時候，傳遞「陷落」消息的「椋鳥號」，才剛接近好望角。所以，由於信息傳遞的時間差，雖然在一六六二年七月，圍城消息傳到歐洲的時候，台灣已經陷落多時，但歐洲人還不知情，繼續猶疑緊張了三個多月之後，才獲知最後的結局。而這樣的結局，又一下子

轟動了歐洲。

揆一的答辯書──《被遺誤的福爾摩沙》

　　雖然這些外傳的消息，提到台灣長官揆一，都持正面的評價。可是事實上，在東印度公司的內部見解方面，卻一致把矛頭指向揆一，說他是真正要負責的人。而且說，因為他本身出生於外國家庭（瑞典斯德哥爾摩），本來不應該讓他在東印度公司位居要津。「椋鳥號」帶來巴達維亞總督寫給東印度公司十七人董事會的報告中這樣說：

　　　　我們對揆一先生本沒有好的看法，在讀過他的幾封信

●《被遺誤的福爾摩沙》一書中描寫荷方代表向鄭成功投降的插畫，大體上是想像圖。大明文官武將的造型受到早先出版的《荷使第二及第三次出訪（大清）中國記》所影響。

之後，發現他實際心在瑞典王國。因而，對公司來說，讓
這樣一位外族人參與公司事務，擔任如此要職，是一件極
為值得慎思的事。他被任命為東印度評議會駐外評議員之
後，⑮傲氣沖天，把我們的命令當成耳邊風，完全按他的
意思治理大員和福爾摩沙。而今那一地區，在可疑的揆一
治理之下完全前功盡棄。每當想到這些，我們無不為之痛
心。⑯

　　揆一帶著一千多名的荷蘭人與其眷屬，陸續回到巴達維
亞。之後，隨即去職，遭到起訴，並且在九月底和其他三個台
灣評議員一起被判處死刑，財產充公。雖然總督同意此一判
決，但是東印度評議會對於將他處死的時刻遲疑不決，一直拖
到一六六六年，才又決定把他放逐到班達群島中的艾島（Ay）
去。到了一六七五年，他的家族用盡手段，藉由荷蘭親王威廉
三世的特赦，才讓他最後得以歸國。東印度公司提出的交換條
件是，揆一不得再過問任何與東印度公司相關的事務。在他被
放逐的這段時間內，《荷使初訪中國記》（1665）、《中國圖
誌》（1667）、《東印度旅行短記》（1669）紛紛出版，而
親身經歷此事的人員也陸續歸國。如同之前赫伯特所說，由於
消息不一致，歸國人員間對此事各自有不同的說法，再加上各
種傳抄、變造與加油添醋，可以想見，整個台灣淪陷事件會變
成怎樣的一起羅生門。揆一於一六七五年底搭上船隻回國，可
是當年度（在揆一真正抵達荷蘭以前），在阿姆斯特丹，卻出
版了一本作者署名為「C. E. S.」的匿名小冊子《被遺誤的福
爾摩沙》（'t Verwaerloosde Formosa）。該書雖然到目前為
止，作者為誰仍未有確實證據，但一般咸認，這就是揆一及其

隨員（Coyett en Socii）所寫。本書趕在特赦令發佈之後，揆一於荷蘭登岸之前出版，巧妙規避了揆一不得過問東印度事務的特赦條件，在出書當時，必然讓不少東印度公司官員為之跳腳。這本書以台灣陷落為主題，詳述了整個事件的來龍去脈。其完整標題為：

《被遺誤的福爾摩沙，或福爾摩沙島如何因為東印度地區荷蘭人的疏忽，而被大明大官、海盜國姓爺所偷襲，並且被占領而掠奪的真實報告。包括兩部份：一、論此島的風土氣習，還有居民的生活方式。大明人為了攻下此島福爾摩沙所做的嘗試與其戰備活動，還有荷蘭人大意輕忽而幾乎沒有考慮提防他們。二、從大明人來犯福爾摩沙島起；他們對於熱蘭遮城之圍攻；還有在這圍城攻防戰中，雙方所採取的戰術與行動。此處並附錄有，一些值得注意的事項：關於大明人對那裡的荷蘭人、牧師和學校教師，痛加暴虐殘害的確實原因。附加上有真實的證據[文獻]。全部都是由C.E.S.這一群人忠實[地保留]，並附上精美插圖裝飾》

這本書的封面清楚標示了一張由兩個哀嚎的小天使拉抬地毯，上面繪有福爾摩沙島的地圖。該地圖跟《歐洲每日大事記》所刊載的一樣，都是上下左右相反的。這是出於刻版錯誤，還是出於故意，已不可考。而封面底部所繪製的熱蘭遮

● 《被遺誤的福爾摩沙》一書內容充實，但篇幅並不大，此為其外觀。

⑮被任命為東印度評議會駐外評議員即指擔任台灣長官。
⑯程紹剛，*op. cit.*, p. 554.

●《被遺誤的福爾摩沙》一書扉頁版畫，畫面中央的鄭成功形象是仿自鄂圖曼土耳其君主。

城、熱蘭遮市兩者，分別以鹿頭與豬頭裝飾，與正文中對原
住民風俗的敘述相符。畫面中央則是騎著駿馬，頭戴華麗纏頭
布，腳跨波斯地毯，率領載運補給駱駝商隊的東方大君主。按
照標題來說，這當然是指大明招討大將軍國姓爺。但誠如前面
已經說過，這類圖書的插圖，主要是用以裝飾內文、增加銷
路，多不是作者親歷其地所作。這一圖像，去掉海上的帆船、
隨從武夫頭上的斗笠之後，不像大明水師，倒像是從中亞進
軍東歐的土耳其人。事實上，如同《歐洲每日大事記》的標題
所說，如果以神聖羅馬帝國為基督教世界的中心，不管是土耳
其人還是中國人，都被西方世界看做同類的東方威脅。而鄭芝
龍、鄭成功父子興起，乃至於包圍熱蘭遮城的故事，也無獨有
偶，跟鄂圖曼土耳其帝國的克魯魯父子（Koprulu Mehmed,
Koprulu Ahmed）興起，並於一六六三年拔取斯洛伐克的紐
浩澤城堡（Neuhausel）時代相當。一六四八年，鄂圖曼土耳
其帝國蘇丹以七歲稚齡即位，不足以壓服眾人，引起帝國內的
內亂鬥爭。一六五六年，蘇丹任命出身低微的克魯魯‧瑪穆
擔任大總管，享有一人之下、萬人之上的獨裁之權。他的政治
手腕高超，三年後即將分崩的帝國，再度團結起來，但他卻在
一六六一年驟逝。他的兒子，克魯魯‧阿穆當時年僅二十六
歲，便接手他的位置，於一六六三年攻下當時歐洲東面的門
戶，維也納的外圍關卡鈕浩澤城，一舉立威。鈕浩澤城跟熱蘭
遮城一樣，都是以當時最先進的設計來建築的城堡，土耳其人
過去曾六度猛攻不果，很難想像，竟然會在青年統帥的圍攻下
失守。當時日耳曼地區的人民都害怕土耳其人順勢奪下維也納
城，然後大舉進攻歐洲，使之重歸黑暗時代。如果福爾摩沙失
陷的消息，使歐洲人再度感到基督徒蒙難的震撼，那阿穆攻下

鈕浩澤的事件，或許才是讓歐洲人產生真正大難臨頭的恐懼。當時鄂圖曼土耳其帝國的領地範圍，幾乎與整個西歐不相上下，更不用說其昌盛的國力與分裂交戰的歐洲相比如何。如果這一六七五年出版的小書，是藉用阿穆的形象來描繪國姓爺的話，從當時的情形來說，是讓國姓爺沾了點土耳其伊斯蘭教徒的光吧。

　　這本書的標題清楚指出，福爾摩沙的陷落，是「東印度地區的荷蘭人」決策失誤所致。換言之，這本書的主要目的，是要將台灣陷落的罪責，歸諸於巴達維亞當局。整本書對於台灣的敘述，也是把台灣當成荷鄭之戰的背景來談。而主要內容仍取自康第丟斯牧師所寫的《福爾摩沙簡報》，並添加一些新資料而成。其中最為著名的是對原住民女祭司舉行祭典的敘述：

●《被遺誤的福爾摩沙》一書插畫，是根據文中對原住民公廨的描述構想出來的。本圖符合原住民房舍山牆朝向街道、以鹿頭骨、豬頭骨裝飾、尪姨在屋頂祭祀、祭壇上無偶像的特徵。但因為書中將公廨稱之為「廟宇」，故參拜者形象又是根據漢人信徒來繪製。

他們的宗教儀式分為兩個部份：即獻祭和請神降臨，都是在廟裡由女人舉行的。其他亞洲各國，都用男人為僧侶跟宗教導師，據我所知，只有台灣人用女人教導民眾及舉行宗教的儀式。這些女祭司，舉行儀式的程序如下：首先向神獻祭，祭品是民眾宰殺的幾隻豬、煮熟的米飯跟大量的酒、水果等。他們把這些東西供在廟裡掛著的鹿、豬頭骨前。獻祭完以後，其中一兩個女祭司會站出來，冗長地向諸神禱告。在請神時，他們的眼睛轉來轉去，跳到地上，發出恐怖的叫聲。然後聲稱神明降臨，倒臥如同死人，即便有四五個大漢也抬不起身。許久，轉而甦醒，因疲乏不安，全身顫抖，與民眾共同哭嚎大喊。之後女祭司登上廟頂、各據一角，向眾神作冗長的演說。最後脫去一切衣著，在民眾前裸體，向眾神展示陰部，以兩手拍打之。然後她們取水，而民眾則大吃大喝，直到〔太疲勞〕而支撐不住為止。⑰

　　書中的插圖當然是根據書中的內容，然後加以重繪。可注意的是本書的內容並不像康第丟斯牧師那樣，完全站在傳教的立場來說明原住民的宗教生活，也不像《歐洲年度大事記》裡面刊載的消息一樣，把台灣的陷落當成基督教徒的蒙難日。這本書說：

　　…在巴達維亞和歐洲都傳言說，在福爾摩沙的大明人因為基督教徒守護信仰而壓迫、虐待、殺害基督徒；而不放棄信仰的學校教師也為宗教殉身，應該在歷史上大書特書云云。我們雖然並不嫉妒此一榮譽，但為了真實起見，

⑰C.E.S.著，周憲文（譯），〈被遺誤的台灣〉，於：台灣銀行經濟研究室編，《台灣經濟史（三集）》，（台北，1956）p. 43.

不得不反駁這個傳言。實際上國姓爺不是為了宗教理由迫害荷蘭人，而是為了政治理由，為了實現他的籌畫才殺害他們。我們覺得應該把以上情況說清楚。因為假如想要評斷那些在遙遠的國度，特別在中國而殉教的人的話，這可以當成一個例子來看。耶穌會的神父們報導了許多殉教者在中國的壯烈事蹟，我也相信他們確實被滿人、漢人所殘殺。可是我不能完全相信他們只是為了信仰，而不是因為政治理由而受到磨難。因為，用大部頭書本來列出種種情願焚身殉教典範的這種風氣，現在[十七世紀晚期]已經不流行了。我覺得，看看當代的王公貴族、市井小民，就會知道，不管新舊教徒，只要有利可圖，他們就會毫不猶豫地改宗。我不相信，這些人會專門為了信仰，就算被拷問而焚身也不後悔。回過頭說說福爾摩沙的荷蘭牧師跟學校教師好了。這些人也是血肉之軀，也貪愛美食好酒、受人敬重[的高位]。他們著書大吵說[自己]不受重視，所以高級官員為了安撫他們，就說牧師因為在赤崁，所以就附和赤崁那裡[教會]的主張吧，因為在大員，所以就附和[那裡]政府官員一般的主張吧。⑱還沒有書告訴我說，真正基督殉教者會像這樣鄉愿扯爛污。那些殉教者在福爾摩沙的確很熱心、勤勉地感化人心，可是他們主要的目標是要收購鹿皮，整船載到日本去出售。這當然也對我們有利。我認識幾個殉道者，他們從事這種生意賺了兩噸黃金。…⑲

　　以上這種嬉笑怒罵的口氣，部份出於對荷蘭東印度公司的埋怨心態。由於荷蘭東印度公司不願將其內部的檢討公諸世人，經過歐洲報刊雜誌的渲染，台灣當局的悲慘命運，主要被

當成一個浪漫的殉教故事來述說。對於揆一與那群無奈棄城的官員而言，當然不甘被描繪成在牧師的聖潔光環映照下，軟弱無能的罪魁禍首、唯利是圖的奸狡壞蛋。我們不知道揆一想要自我平反的企圖有沒有成功，可是這本書披露的許多東印度公司內部的第一手文獻，甚至到今天，還相當具有史料的價值。

其實從某個角度來看，福爾摩沙既然已經陷落，而且從來沒有再回到歐洲人手中，那麼，福爾摩沙的歐洲人故事，也就會永遠停格在一六六一至六二年的那一段圍城史上，讓歐洲大眾不斷懷想、遙望。使得無數「多可惜」的嘆息，不斷在虛空中迴盪。諷刺的是，若非福爾摩沙戲劇性地陷落，台灣不會是東印度公司轄區裡面，不斷引人爭議的島嶼；也不會有大批的內部資料，因為有關人員要自我平反而被洩漏出來。也不會讓歐洲地區的一般平民百姓，當成一個新時代的殉教典範來傳述。

在一六六二年底的三個月內，歐洲的目光一下子移到這個之前並不算太特殊的小島上。雖然在那時，他們眼中的台灣形像已與現實所發生的事件間，有了時空的落差。台灣的形象，自此開始，同時向著想像與現實的方向分裂移動。「被遺誤的福爾摩沙」所暗示的那個「不該被遺誤的福爾摩沙」，不時挑起歐洲人的想像。就像這本刊載了最真實的文獻，跟最具想像力插圖的小書一樣，《被遺誤的福爾摩沙》成為同時具備了「歷史事件」與「歷史故事」性質的綜合體，保證了環繞福爾摩沙周邊的神奇、戲劇性的迷霧，永遠不會散去。

⑱一六五三年台灣教會當局與行政當局發生極大衝突，此段可能是講述那段發生的事情。
⑲C.E.S.著，周憲文（譯），*op. cit.*, p. 86.

第⑥章　荷蘭、大清、台灣鄭氏
間的「三國志」——
《荷使第二及第三次出訪（大清）中國記》
、《水陸旅行全史或遊記大全》

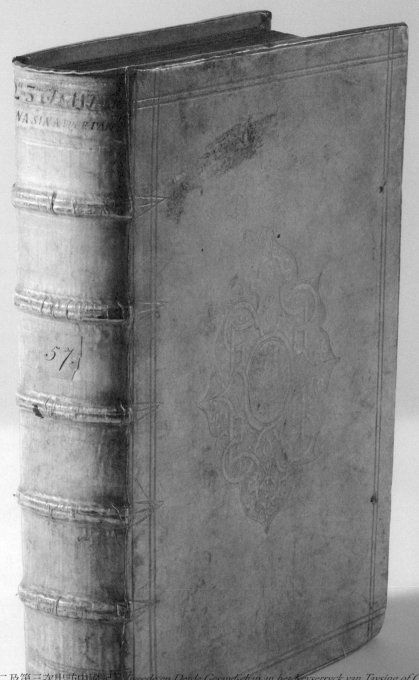

《荷使第二及第三次出訪中國記》Tweede en Derde Gesandschap an het Keyserryck van Taysing of China
《水陸旅行全史或遊記大全》Allgemeine Historie der Reisen zu Wasser und Lande oder Sammlung aller
Reisebeschreibungen

　　從一六六三年七月到十一月之間，整個西歐因為台灣被圍攻的消息而緊張，後來又因為「椋鳥號」抵達，突然獲知台灣被攻下的悲劇。因為這個驚人的事件，引發大部份歐洲人對於福爾摩沙的關注。

　　首先提起鄭成功攻台事件的，是衛匡國一六五五年刊印的《中國新圖》中的《韃靼戰紀》，一六六三年《荷蘭信使》裡則詳細描述了台灣淪陷的經過，赫伯特則在一六六九年出版的《東印度旅行短記》中，讓鄭氏父子與滿清抗衡的事蹟日漸清晰，引起廣泛的注目。

　　對鄭成功攻佔台灣的事件，歐洲人對此事的記述和看法始終混雜了自己的立場與目的，在一六六三年的《荷蘭信使》裡描述台灣淪陷事件的結語裡，把「開放中國貿易、光復台灣」兩件事當成了同一件事來看待：「對此事，人們知道，滿人皇帝已經向巴達維亞的評議會送出使節，以締結貿易聯盟，並將漢人海盜趕出福爾摩沙島。開始提供中國各省自由貿易的話，將會有很多工作要作。」

　　換言之，在一六六三年，礙於形勢，除了仍想收復台灣，荷蘭東印度公司也透露了他們已經跟清帝國開始交涉的事實，一方面希望得清帝國助力光復台灣，一方面還是希望打開中國的市場。而一六六五年《荷使初訪中國記》事實的出版，也就將一六五五至一六五七年間，巴達維亞方面派遣過德高爾（Peter de Goyer）和德凱薩（Jacob de Keyzer）兩位到北京出使的情況，宣告週知。①

　　緊跟著一六六九赫伯特的《東印度旅行短記》全盤托出熱蘭遮城圍城戰的始末，阿姆斯特丹的出版商范穆斯（Jacob van Meurs）又於一六七〇年出版了《荷使第二及第三次出訪（大清）中國記》。②至此，歐洲人對這個遙遠的東方發生的變故，才算有了完整的輪廓。

《荷使第二及第三次出訪（大清）中國記》中記載的兩項任務

　　《荷使第二及第三次出訪（大清）中國記》一方面延續了《荷使初訪中國記》的內容，另一方面也呼應了《東印度旅行短記》、《荷蘭信使》中所提出荷軍光復台灣的行動。這本書主要是要交代一六六三年到

●《荷使第二及第三次出訪（大清）中國記》的標題頁。

一六六八年間荷蘭東印度公司打開中國貿易市場大門與收復台灣兩項目標的努力情況。故包含兩部份，主標題（也可視為全書書名）《荷蘭東印度公司在大清帝國沿岸殊堪表彰的作為》，清楚地表達即將介紹的見聞為何。儘管東印度兩次所派使節都是一時之選，最後卻仍是無功而返，所以才說是「殊堪表彰的作為」。本書第一編的標題為《一六六三、一六六四年在博特（Balthasar Bort）領導下，於中國沿岸金門與廈門、還有台灣或福爾摩沙之間，派遣范坎朋（Jan van Kampen）和諾貝爾（Konstantijn Nobel）第二次出使會見靖南藩王（耿繼茂）和大清總督李部院（率泰）之見聞》。

　　第一編說明兩位使節在福州等待大清皇帝回覆期間，博特率領的荷蘭艦隊，在三個島嶼（金門、廈門、台灣）和福建各城鎮間往返遊蕩的來龍去脈。而第二編的標題則是《由可敬的范霍恩（Pieter van Hoorn）先生承辦，向關內外地區的滿人皇帝康熙第三次出使的記聞》。第二編中同時附上了「全中國的描述」以為補充，內容包括了衛匡國所出版《中國新圖》一書刊載的圖誌，還有其《韃靼戰紀》。

　　《荷使第二及第三次出訪（大清）中國記》以船隊的航海日誌、使節團的每日記聞、荷蘭官員與各方往來的書信為主要內容，相關的地圖、風俗圖，最後配上編者達波（Olfert Dapper）對漢藥的研究等，構成了一本堂皇精美的大書。

　　現在所襲用的《荷使第二及第三次出訪（大清）中國記》

●《荷使第二及第三次出訪（大清）中國記》的扉頁版畫。

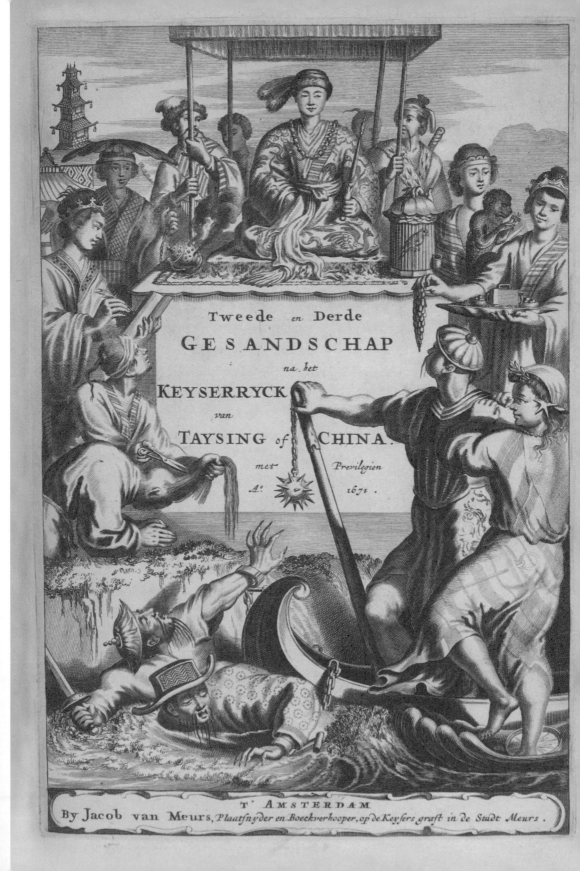

Tweede en Derde

GESANDSCHAP

na het

KEYSERRYCK

van

TAYSING of CHINA.

met   Previlegien

A: 1671.

T' AMSTERDAM

By Jacob van Meurs, Plaatſnyder en Boeckverkooper, op de Keyſers graft in de Stadt Meurs.

這個書名，其實是書本內頁版畫上的簡稱（刻在小王爺寶座上的字樣）。這幅版畫背景是福州城的高塔，而正中央，頭戴著皮裘帽，臉上無毛，容光煥發的小王爺耿繼茂，在侍從的簇擁下，端坐在眾人撐起的天棚裡，指揮若定且神態從容。寶座跟前是伏跪在地上即將遭利剪剃髮的漢人，說明當時中國朝代更迭的服裝髮型變化。畫面更前方則是踩在大船上的大清海軍（紮著辮子），成為站在舢舨船上漁民的依靠，做出同心協力貌。而兩個分別著明代角巾與頭盔的明鄭文武官員，不但被清軍鍊在船上，而且還被拋到海裡掙扎受苦。荷蘭人沒有出現在畫面上。可是，藉由此圖，他們的心願表達得很清楚，也就是：不管在陸上實行薙髮也好，在海上展開鎮壓也好，都仰賴靖南王趕快把鄭軍除掉，到時荷蘭人就可以好好跟他們來做生意。然而事與願違，荷蘭人望穿秋水，始終沒有獲得滿人皇帝對自由貿易的允諾，也沒能藉清軍之力反攻台灣。

偉大的地理學者——達波

　　《荷使第二及第三次出訪（大清）中國記》編者是阿姆斯特丹市著名的學者達波。達波生存的那個年代，正好是荷蘭東印度公司由草創發達興旺，逐步臻至頂峰的時期。一六六〇年後，荷蘭的國內經濟繁榮，豐衣足食，市民遂有餘裕關懷歐洲以外的世界。過去各國因為相互競爭而視之為祕密的見聞知識，現在則逐步流通，一般上流知識份子競相吸收討論蔚為時尚。荷蘭境內百貨流通，各種新知識、技術、見聞，通過從世界各地返國歸港的船員而帶到城市的酒吧、餐廳，乃至於大學的講堂中。身處於大航海時代世界見聞流通的知識中心——阿

姆斯特丹，達波掌握機會，以其特有的人脈資源，蒐集資訊，
開始其編纂世界各地遊記見聞的寫作生涯。

　　他以邏輯的方式裁汰誇大不實的流言，審慎拼湊寰宇全
貌，先後出版許多名噪一時的作品。達波原先關懷的是荷蘭本
身的歷史，一六六三年，出版了著名的《阿姆斯特丹誌》，
一六六五年，又從希臘文翻譯了希羅多德的《歷史九書》。後
來受到當時出版風潮的刺激，他也開始編纂關於世界各地的歷
史、地理誌等等書籍。利用他熟知「東方」事務的聲譽（當時
的希臘即可算是東方），他在一六七〇年推出了這本《荷使第
二及第三次出訪（大清）中國記》，本書的出版，被認為是達
波作為地理學者生涯的起點。

　　之後他陸續出版了非洲、敘利亞、巴勒斯坦、小亞細亞、
地中海諸島、阿拉伯各地、愛琴海拜占庭地區的地理誌。然
而，使其聲名卓著的，乃是他對於非洲各地的描述，特別是對
南非原住民的介紹。他的地理誌書中，包含了旅遊記聞、各地
歷史及物產等等包羅萬象的事物，使其更被讚譽為作家、藥學
者和歷史學家。雖然他終生都未曾到過這些地方，但他開放的
態度和詳實的編纂技巧，使其作品在出版後不久，就成為廣
受歐洲各界重視的標準讀物。時至今日，不但阿姆斯特丹有
以其名來稱號的街道「達波街」（Dapperstraat），一九八六
年，巴黎甚至成立了一座以達波為名的非洲文物館（Musée
Dapper）。

　　《荷使第二及第三次出訪（大清）中國記》的第一編與台

灣的歷史特別相關，可看做是一六六二年鄭荷兩軍在台灣交鋒之後的後續報導。達波以說故事的手法，描述了一六五三年巴達維亞方面如何透過為南明各王國工作的衛匡國神父，獲知中國朝代變遷的動態，一心想與新朝廷接觸，以達成自由貿易協定。可是，一六五六年的出使，最後只爭取到八年一貢的待遇。③

　　在台灣被鄭成功攻下之後，荷蘭人與大清國間有了共同的敵人，巴達維亞的官員們便想藉由與清軍合作，來消滅鄭軍，一石二鳥地達到反攻台灣和打開與中國自由貿易之門的目的。因此，在達波的故事裡，台灣的介紹被放在一個「前情提要」的地位，當成第一編的背景說明，而有了台灣完整的地理、歷史、物產與風土民情的記載。可以說，達波對於台灣的介紹，主要目的是向歐洲人解說明鄭時代的台灣實況。

　　達波將台灣居民區分為台灣人（Formosan，也就是原住民）和漢人，並分頭敘述其居住狀況、風俗與宗教。現在我們知道達波彙編書籍，主要是整理當時已被確認為真的記載，所以書中的記載，絕大部份參考當時已出版的資料。

　　作為一個稱職的編者，達波不但將手上的資料做出有系統的整理，而且，還請人配上相關的插畫。所以對於讀者而言，閱讀達波的著作，特別感到賞心悅目。在一六七五年揆一《被遺誤的福爾摩沙》出版之前，他所整理出版的台灣資料，可說是當時全歐最為翔實完整的作品。

達波筆下的福爾摩沙與媽祖

福爾摩沙島

我們一般稱為大島嶼福爾摩沙（就是美麗之島），[這]是跟著先前西班牙人的叫法。因為，根據耶穌會士衛匡國的證言，他們在此島北端濱海角落建造雞籠城堡，稱呼其地為Isla Hermosa，亦即美麗之島。[這是]由於他們從海上見到美麗的景象，或者因為見到美好的田園（landbouwen）的關係。此島以大琉球（Talikieu）之名為大明人所知，即大的琉球島。因為「Ta」即是漢語「大」的意思，以和另一個小的區別，葡萄牙人將之轉音後稱為Lequio。福爾摩沙人或居民自己則叫此地北港（Pekan），或者不同拼法的Pakkang 或Pakkande。本島位於北回歸線下，位於北緯二十三度半之處；自南到北跨度起自二十一度，終於二十五度半，長度約六十八[荷]哩半。海岸線大約是一百三十[荷]哩。福爾摩沙幾乎僅僅沿著東北方伸展，如同中國的海岸一樣。其南角與福建距約十四德哩，其北角則距約十六德哩。在福爾摩沙北角有個極佳的海灣，稱為聖勞倫斯灣④。靠近福爾摩沙有強烈的海流，吹北風時向南，吹南風時則向北。福爾摩沙島之前被大明人視為歸屬福建的地方。可是今日⑤大清人或韃靼並沒有讓這塊平地歸附。而是讓其上的居民，自己自由地生活。然而[現今]有許多的荷蘭人，一部份因為強制，一部份出於自由意願，歸附此地，就如同福爾摩沙人⑥[一樣]，今日被世藩（Sepoan）即國姓之子及其佔領平地的黨

③參見第三章。
④即今之蘇澳。
⑤大約為一六七○年代。
⑥福爾摩沙人，這裡指的是原住民。

羽們所統治。但是不包括山上那些居民。

古時，此地[福爾摩沙]根據耶穌會士衛匡國所言，是漢人居住；但同樣的居民今日已經與漢人完全不同了。⑦

早先曾將福爾摩沙的詳情帶給世人的，特別是來自一位蘇格蘭人，萊特（David Wricht）。他在出航之前，曾在[島上]短暫停留，對此地的情況，居民的風俗、裝扮、宗教，以及其他，都有精詳的記載。[他]並附上其他不同的、對於中國的記載。對於[本島]更早的情況，則要根據康第丟斯牧師[的記載]，他本身為了傳入新教改革宗，於一六二八年細察了本島的風俗與宗教。⑧

顯然，達波參酌了康第丟斯與萊特的著作中，描述整理的台灣原住民情況，關於這部份，已經在第二章指出過。在這裡，摘出萊特記錄裡面一些對民間信仰神祇的記載，其中，有兩位相當被強調的海神即：

…娘媽（Nio-ma），或據其他人稱為媽祖（Mat-zou）。

她出生於稱為潮州（Kot-zo）的城市，位於福建（Hou-kong）省。她的父親則是一位藩王（Onder-koning）。這位娘媽終身守貞為處女，並移居到皮斯卡多（Piskadores）島或[稱]漁夫島上去；其他人稱此島為澎湖（Pehoe），位在Linie島北方二十三哩，並距福爾摩

沙島十二哩之處。她在此以極神聖而悲慘的方式結束了一生。她的肖像被置於一座寺廟中，生動地描寫她的一生。她帶著兩位女僕，一位站右側，一位站左側，兩人都手執大扇，照拂著娘媽的頭頂，並有神聖的光環（geleeft）。此外，她也有兩個神靈供差遣。

她被漢人認定是很強大的女神，在超出［國境］皇帝無法管轄的地方，［漢人相信］必須要崇敬此一娘媽且完全平伏跪拜之。

為了榮耀娘媽而籌辦的最盛大的節慶，［是］在三月二十三日。道士們（Priesters）自境內各地出發前往此地，她的所在。［一般］認為她具備知識和學問，例如：何時有外國人前來，而他們［外國人］又將前往何島。還有他們［外國人］的意圖是善是惡。假如他們沒有先求娘媽指示，將沒人會採取任何動作。她的地位和崇拜的情況提升［的原因］，在中國史籍裡是這麼說的：

●台史博館藏當中的媽祖神像。

一位將領，稱為三寶（Kompo）的，在一艘裝備完善的戰船上，正啟航攻打某些外夷；不過［船］在澎湖遭遇逆風，必需在此下錨。待風向再轉時，將軍下令再度揚帆起錨。可是即使用了全船的人手也無法將錨從海底拉起。他［將軍］因此光火，走向船尾，以向船員施壓。中途，他看見娘媽坐在錨上。所以，他盡可能地走近，並且請求，既然她是一個如此神聖的女神，［請］告訴他應該如何做，［她］才願離開。對此，她回答他說，如果他要得勝的話，

⑦即原住民為避難遷居漢人的後裔的傳言。
⑧《荷使第二及第三次出訪（大清）中國記》，（台史博館藏：2003.15.175），荷蘭文版，p. 10.

● 《荷使第二及第三次出訪
　（大清）中國記》中描寫媽
　祖廟的版畫。空間比例雖然
　比較類似於荷蘭市鎮中的大
　教堂，但千里眼、順風眼、
　媽祖神像本身的描寫，都還
　頗為傳神。

就讓她登船協助。因為，若船員裡加上了她，將是主將偉大的保護者、驅魔者和法師。可以透過她顯現的法力，掃除海上的浮油，以免後來整艘船被焚燬。主將因此帶她上船。抵達彼地之後，正如所料，外夷採取了娘媽所說的行動：而娘媽也掃除了海上的浮油：[漢人這方]發出比沒有帶著她的對方，更大的力量和效應。因[海上浮油被掃除][所以]夷王必須親自跟漢人交戰，而他們[漢人]因為娘媽的幫助，使其[夷王]投降。主將感念他所獲得、所期望的娘媽的幫助，故向她請求，在離別時，給一個奇蹟式的證明，在回家的路上向皇帝展示。⑨

每艘船的後艙都有娘媽的肖像，水手們每天親自[向她]獻祭。⑩

關公、哪吒與孫悟空

還有關聖帝君：

崇奉[的程度]，比其他任何一位在中國所奉的神明都要高。在勇猛和理性智慧方面，全中國無人可及，…關帝公（Quan-te-cong），門多薩⑪（Johanes Gonzales）和其他人稱他為玉帝（Vi-tie）。身為武人，他的身軀和性格都很堅強。他的劍有九十二磅重，可單手使用。[身]高有十尺（Sinese maten），每尺是十四指：就是十二吋又八指長：雙肩展開有六尺：可是門多薩說其高有九尺，雙肩展開七尺長。在他剛開始治軍的時候，他只治理一個

---

⑨參見：台灣銀行經濟研究室編，《天妃顯聖錄》，（台北：台灣銀行，1960）〈禱神起椗〉、〈火燒陳長五〉。以上內容均見諸門多薩所著的《中華大帝國史》，並且在門多薩編著時，就混淆了上述兩個故事。

⑩《荷使第二及第三次出訪（大清）中國記》，（台史博館藏：2003.15.175），荷蘭文版，p. 44--5.

⑪門多薩，《中華大帝國史》一書作者，參見第一章。

Quantekong.

●《荷使第二及第三次出訪（大清）中國記》中的關帝公圖像，或許源自於當時即很盛行的宗教版畫（如關聖帝君聖像）。

省：可是用武力贏得了周邊地方的許多土地，進而征服了整個中國十五個省分。他對其屬民制訂了各種各樣的法律與命令，其中之一規定，無論男女都不得閒散（ledig gaen），每個人都要勞動。

●台灣歷史博物館藏中的關公神像，及周倉（右）、關平（左）。

他被認為是漢人今日所穿中國服飾的發明者。因為，在古早之前，他們，特別是中國南方人，跟東南亞的人〔一樣〕赤身露體地過活：他是第一個發明把布料染成各色的人；最先發明船隻、鋸木場，製帆作坊（zijmakerij），火藥、火砲、還有建築工藝；根據他們的回憶，直到今日中國境內還有一些偉大建築，是由他所建造。他〔還〕發佈了第一個命令：祖父必須將〔自己〕以下的家族子孫分為十族，然後去學手藝；而且是永久的（voor eeuwig）。在中國，每條街道上都有特別的手藝。如此，作別的手藝的人，〔便〕無法在那〔裡〕居住，不然，就要〔使自己〕自己成為〔該種〕手藝人。他區分了村、鎮、和地段（vlekken）。同樣，人們要根據此〔一劃分〕來居住。根據編年史家記載，關帝公一個人在戰爭中，可抵三到四千人。他手下有個黑人幫他提武器，勇猛也不遜於其主，並全心全意追隨他。這個黑人被稱為周倉（Tzieut-zong）。（然而威尼斯人馬可波羅稱他為Lincheou（林沖），而門多薩稱他為Linchicon（林沖），在戰陣中功績彪炳，打下許多土地和人民。除他之外，關帝公還另有一名僕從，是個白人，稱為關平（Quan-pieng）。可是他並非戰將（Krijgsknecht）。關帝公被

漢人崇奉到如此的地位，所以，家家戶戶都有他的肖像，
更不用說是漁夫和海員。他們也每週親自獻祭：並每夜在
他的圖像前點上甜油（zoete olie）燈。旁邊有六枝細如
鐵絲的小枝條，這些都在傍晚時插上，繼續燃燒，直到燒
盡。其火光有一種奇妙的、舒服的甜味，因為整支都是麝
香（muskes）做的（按：此即指六枝香）。祭品放在兩
個大盤子上，一個半盤子是豬肉，四分之三盤是鹿肉、
[還有]熟雞，九個麵粉製的花點心。一定有一個半品脫的
Aoytziu酒：一杯Lotchin酒，一杯Sonchin酒，一杯三燒
（Samsoe）酒。⑫而最後，則是兩杯米。[祭品]全部都列
在關帝公肖像之前，放置三個小時，之後撤除。[祭祀]前
後都極為恭敬，並且從頭到身體鞠躬作揖（按：即叩頭、
祝禱）。之後祭品則由獻祭者享用。

　　為了榮耀關帝公，每個城鎮都建了廟宇，在那裡，根
據他生時的樣子，放著完整大小的雕像。在一旁，離關
帝公兩呎之處，立著替他提刀的周倉。在這一側是黑人在
手上握著彎刀（如同一把割草刀、鐮刀或大鐮刀）（按：
此即指關刀）。[站在]離他四呎之處，在另外一側，則是
僕從關平。當然他[關帝公]不只是在自己國中受人崇敬。
[連]中國附近的曾跟他作戰的北越人（按：Tungkinders，
東京人。東京為河內古名）[也一樣]。所以，要是有敵人
入侵，他們[漢人]就在他們[漢人]的寺廟駐守，以防任何
人因此受害。據他們說，若有任何人在他的廟宇惹起麻煩
或損害，那麼關帝公那時就會讓他們大受損失，吞滅他們
全部的軍隊（Krijghs-heir）。當然，關帝公就會騎著他

---

⑫這些酒僅依照發音無法確認是何種類。或許是荔枝、龍眼與蔘茸酒。

那匹被稱為紅馬（Angbea）的赤兔馬，（只有他在生前用過紅馬，因為整個中國都沒有這種紅馬）前來，殲滅所有敵人，來報復破壞廟宇者造成的損失。⑬

除了這兩組神明外，還介紹了另一組相當具有台灣特色的神明：

第五十七個神明被稱為地牛（Te-goe），換言之，即所謂的地之牛。

第五十八個是齊天，是個大騙子或飛賊（raven of kieken-dief）。對這兩個神明，漢人有種荒唐而奇妙的迷信：因為[漢人相信]地牛把大地背在肩上，但齊天從天上下來，戳刺地牛的身體。所以地牛發現，必需要將齊天從它[地牛]身上甩下來。如此一來，地面也跟著被甩動，這就是漢人對於地震所能給的解釋。所以，一旦地震發生，他們便忍著笑說，現在地牛被齊天刺了。

第六十六位神明稱為哪吒（Naon）。這位，是地牛神的伙伴。據說地牛要背負世界，他[哪吒]則被做成腳邊有一顆球的樣子，可以踢穿球的中心。當地牛，因為馱著過重的世界而感到疲倦，哪吒就把世界接到腳上來。⑭因此，這哪吒[雖]位列仙班，可是並不是被任命的。雖然如此，人們還是祭拜他：希望他不要發怒，讓世界從腳上掉下來。⑮

　　當然，以上這些十七世紀的記載，都跟我們所知的神明故事有些出入。可是這些資料，至少證明了在一六五〇年代，台灣漢人民間信仰活動，生氣勃勃的情景。面對台灣附近海上的風暴與陸地的動搖，我們的先民衍生了一套心理安慰的機制，當時天災頻仍，此一機制確實是不可或缺。對於台灣漢人居民的生活樣態，達波則有如下的敘述：

　　這些居住在大員和福爾摩沙的漢人是有過人之處，[他們]在戰場上的勇武、機敏，遠比大陸上的人強。據說，他們大部份，無論外出，或是在宅內吃喝，在身上都配著彎刀。他們不用刀叉或湯匙來享用食物，而是用兩根由象牙或烏木所製小棒子（按：即指筷子），棒子的尾端包上金或銀箔片，以奇異的技巧，藉兩者[將食物]送到口中。

　　一些人會用微薄的收入，養著婦女，讓他們紡織從浙江（Che-kiang）省進口的生絲線。在吃飯的時候婦女們通常不與男人同桌。當時，男人們無法隨意從本島找到女人。他們前往中國，寫信給那裡的朋友，要他們送一些女人給他們，順便和他們交易；[女人]就像其他一般商品一樣。⑯

錯綜複雜的鄭、荷、清三角攻防

　　在談及鄭荷戰事時曾提到，一六六一年中，巴達維亞接到圍城消息時，曾經乘著南風送出增援艦隊。可是因為海象不佳，增援艦隊至年底才得以乘北風回航南下求援，同時巴達維

---

⑬《荷使第二及第三次出訪（大清）中國記》，（台史博館藏：2003.15.175），荷蘭文版，pp. 46-7.
⑭地牛背負的世界，指的是地球，西方人將風火輪誤為地球，因為「天動說」中認為地球外圍繞著雲層與天火。
⑮《荷使第二及第三次出訪（大清）中國記》，（台史博館藏：2003.15.175），荷蘭文版，pp. 48-9.
⑯《荷使第二及第三次出訪（大清）中國記》，（台史博館藏：2003.15.175），荷蘭文版，pp. 51-2.

● 《荷使第二及第三次出訪（大清）中國記》中描寫鄭經治理下漢人居民日常生活的圖像。其主要強調台灣漢人尚武的風氣（男子配刀，女子籃中攜斧）。此種想像的插畫，在細節上易有失誤，如漢人執箸的方式是單手而非雙手。

亞方面，也曾嘗試與清方接觸，夾擊鄭軍。荷軍曾經誤打誤撞地抵達福建沿岸，巧合的是，當時福建當權者，正是《荷使初訪中國記》裡，一六五六年在廣東安排荷蘭貢使前往北京的靖南王耿繼茂。⑰

⑰程紹剛，p. 549. 一開始是誤打誤撞。後來揆一確實派了諾貝爾去求援，但是沒有抵達，逕行回航巴達維亞了。
⑱當時李率泰的官銜是「欽差總督、福建等處地方軍務兼理糧餉、少保兼太子太保、兵部尚書兼都察院右副都御史：李率泰」故一般都稱為「李部院」。
⑲當時要求沿海各地居民都要撤退到距海岸線至少十五公里之外。

　　那時，耿繼茂尚繼位襲
爵不久，與平南王一起在廣
州，共同負責攻打兩廣南明永
曆帝的勢力。後來到了一六六
○年，廣東南明李定國勢力被
擊潰，他就被調到福州，與福
建總督李率泰共事。⑱兩人各
自辦理軍政與民政事務，目標
當然是對抗鄭軍勢力。荷軍的
求援船與耿繼茂接觸後，於

●一八五七年三月十四日所出
版《倫敦畫報》（The Illustrated
London News）刊載，討論「亞羅
船事件」後英國遣使北京的文章
裡，描繪台灣海峽中航行的走私
船。

一六六二年四月中回到了巴達維亞。後來撲一率領的荷蘭撤退
船隊也抵達巴城，敗戰事態轉趨明朗。巴達維亞方面，待北方
各地如日本、暹羅的船隻逐一抵達後，便籌組共十二艘船的復
台艦隊，於六月二十一日成軍，由博特（Balthasar Bort）率
領，六月二十九日候風開拔，前往福建。

　　八月三日，艦隊抵達福建圍頭，也就是上次一六六一年
求援時，與清軍接觸的地方永寧衛。可是，為了防堵鄭軍，清
軍已經實行遷界，撤空此地。⑲撲空之後，艦隊遂轉往福州。
八月十八日，艦隊抵達福州外海，派人到閩安鎮收購糧食，而
開始了荷清雙方的接觸。⑳九月十九日，荷軍正式派出諾貝爾
（Konstantijn Nobel）與范坎朋（Jan van Kampen）前往福
州。荷使由陸路先朝泉州，再到漳州拜會福建總督李率泰、靖
南王耿繼茂、還有海澄公黃梧等人。在行進的路上，他們已風
聞鄭方與清方展開和談。十月中，兩位荷使在漳州的正式接待
典禮中，說明他們與清軍聯軍復台的意願，並將巴達維亞總督

⑳但博特與大清國中央真正聯繫上，還是七個月以後的事。參見：《清聖祖實錄選輯》，台灣文獻叢刊165，
p.11.「康熙二年…二月二十二日（1663,3,31），荷蘭國遣出海工統領兵船至福建閩安鎮助勦海逆，又遣其戶部
官老曆軍士丹鎮（Konstantijn Nobel）、總兵官巴連衛林等朝貢：上嘉之，各賜銀幣有差。」

的國書致上。但是，靖南王與李部院回答他們，金廈兩島已經
與清軍締和，使臣也正前往北京。同時，荷使發現金廈兩島的
居民陸續前往漳州貿易，由於清方所採取，堅壁清野的海禁政
策，兩島居民非常缺乏補給品，交易活動反而較以往為熱烈。
因此荷使，一再地詢問靖南王，當初提到願意聯軍出兵的說
法，是否仍然不變？他終於回答：

　　此事已無庸再議。目前我們正與武裝的各島協商，只
是還不知道皇帝會不會批准。到目前為止，國姓的兒子，
還有其屬下人民[已表示]願意薙髮，只要求保留土地，向
我方納款稱臣。只是，他們[還]要求[保留]個別的政府，
由他們自己的士兵防禦。這點，[尚不知]皇帝會不會不同
意，[還]要好好考慮一番。可是，你們必須在這裡等六、
七十天，直到北京朝廷的決定出來。就是說，[至於朝廷]
他們許不許[你們]跟整個大清國做生意？我們的看法是，
會許可。㉑

　　不久後，他們又聽說皇帝不同意鄭方保留政府與軍隊的
消息，而使和談有破裂之虞。十月底，荷使上路前往福州，
二十八號回到停泊在福州近海的艦隊中復命。

　　原來荷軍復台艦隊才剛組成不久，鄭成功就於一六六二
年六月二十三日，病逝於台灣。㉒鄭成功一死，立刻使得整個
局勢與荷軍原本所料想的完全不同。由於鄭成功死前的遺命是
賜死嗣子鄭經，故他的驟死，引發了鄭氏集團內部權力真空的
狀態。台灣方面，在當地駐軍中衝鎮蕭拱辰、後衝鎮黃昭等

人的支持下，主張以鄭成功之弟鄭世襲繼承延平王之位。同樣
位在廈門的鄭經，卻拉攏了掌握海軍的五軍都督周全斌而即位
為「嗣封世子」。位於金門的元老重臣戶官鄭泰、兵官（兼吏
官）洪旭，則持觀望態度，較傾向與清方談和。就在荷軍艦隊
抵達福建沿岸之前，耿繼茂才剛開始與鄭方交涉，此時，鄭泰
率先提出了金、廈、台三島，比照朝鮮成為朝貢國的辦法。㉓
九月、十月、十一月，正好是荷使於漳州會見李率泰，而鄭使

●華倫坦《新舊東印度誌》當中插
圖，一六六二年前往漳州的荷蘭艦
隊中，有二十三人意外落單，需自
行前往兩艘快船停泊處集合。就在
上船之前，突然受到八百名漢人圍
捕。驚慌開火後，無人傷亡，反而
受到村民招待。

㉑《荷使第二及第三次出訪（大清）中國記》，（台史博館藏：2003.15.175），
p. 97.
㉒夏琳，《閩海紀要》，台灣研究叢刊11，p. 30.
㉓夏琳，*op. cit.* p. 31.

出訪北京的時刻。在這幾個月裡，荷、清、鄭三方各懷鬼胎，
互相刺探底線。

　　荷軍出動大批人馬，連番致贈禮物給清方官員，開銷浩
繁，甚至必須利用談判的時間把載運的船貨私下脫手。清方則
趁鄭氏集團權力真空時刻威脅利誘，大力拉攏鄭軍內部人員投
靠；但若鄭方最後仍然不服，則有必要藉助荷蘭海軍之力出
兵。鄭方則必須先詭詞和談，穩固金廈後方，然後才能趁機平
息台灣的內亂。在鄭方的拖延戰術之下，清軍福州方面也必須

● 《荷使第二及第三次出訪（大
清）中國記》中一六六三年十一月
時，荷蘭軍艦由泉州圍頭灣出港，
前往金門近海偵察當時，所得的景
象。

等待北京的裁斷，一邊同時穩住荷方，以當做和談不成時的保
險手段。十一月到十二月間，荷軍就這樣無目的地在閩北沿海
定海港一帶巡曳，等候留駐福州的荷使，傳達北京的回音。由
於颱風來襲，艦隊還曾數度四散避風再於各港糾合。㉔

　　到了一六六三年二月十日前後，部份荷船已先行返航巴達
維亞。可是因為天候惡劣，艦隊大部份，不能南返。到了三月
一日，博特終於耐不住性子，率全艦隊向南回航，並在四月初
抵港。雖然此行一事無成，但在這段期間內，歐洲的局勢卻也
發生了變化。新入港的荷蘭船表示，荷蘭與葡萄牙已經締和，
因此，澳門將成為對荷蘭人友好的港口。就這樣，一六六一年
之前所訂下奪取澳門的目標，也已經無法繼續，荷軍勢必要自
行建立貿易據點，也就是奪取金、廈、台。

　　同時，廈門的鄭經發令遣使赴京，趁著鄭、清交涉的停火
期，於一六六二年十一月下旬發兵渡台東征，在殺死支持鄭成
功之弟登基的中衝鎮黃昭。之後，勉強把整個政治局勢穩住。
十二月，他將台灣方面仍然支持他的重要將領左虎衛黃安升為
勇衛，使雙方子女成婚，安排他成為親家。繼之，任命為鎮守
承天府（也就是赤崁）的親衛軍。然後，於一六六三年二月再
度回返廈門。當時鄭氏與清廷之間的談判，一如所料地陷入僵
局，金門派的動向引發注目。一六六三年六月，鄭經方面對於
掌理金門、負責與清方交涉的戶官鄭泰一族，感到不信任，終
於引發衝突，而使金門一派（鄭泰親弟弟鄭鳴駿等人）轉赴泉
州降清，引發了鄭軍內部的危機。㉕

㉔本章關於荷軍的動態，未特別引註者，均出自《荷使第二及第三次出訪（大清）
中國記》。
㉕夏琳，*op. cit.*，p. 31.

至一六六三年六月底，三方面各有成算浮現。荷方的盤算，是一舉吃下鄭氏集團的中日貿易航線、藉由與清方聯軍，反攻福爾摩沙，並在立功之後，邀賞金門或廈門。清方的盤算，則是以和談方式逐步消滅鄭方，並掌握海權，避免荷軍獨大海上，造成後患。至於鄭方的盤算，也逐漸成形，就是拉攏荷軍，打造特有的海洋勢力，繼續其獨立國家的道路。

二次攻防，荷軍進攻金門

一六六三年七月一日，博特率領的復台艦隊再度開拔北上，於八月二十九日抵達福建定海，從閩安鎮派人致書李率泰與耿繼茂。但是福州方面仍然堅持，荷方開放貿易還有賜地的要求，要經過皇帝同意。其實，清方當時洞悉鄭軍內部的危機，此時正大開招撫之門，不急著征討。經過兩個月的協商，荷方認為倘若鄭方真的完全倒向清方，那他們無論貿易或賜地的盤算，都將成為泡影，故堅決主張出兵攻打金廈兩島。十一月初，荷艦由泉州圍頭附近出航，到金門島巡曳，刺探軍情。

十四日，荷軍收到鄭方五軍都督周全斌的信函如下：

忠明伯 周，即周本督，金門長官與司令
致書荷蘭船艦指揮官

你已獲知，國姓爺兩年前[即已]征服台灣，這本來是他父親的地方。因為他被迫要提供屬下、士兵居地跟城堡，來支持他與韃靼的戰爭。兩年前國姓爺來到福爾摩

● 《荷使第二及第三次出訪（大清）中國記》中所「復原」熱蘭遮城與大員市承平時期的插圖。

沙，於赤崁接受了貓難實町㉖（Jakobus Valent7ijn）的投降、讓出城堡（按：普羅民遮城），條約中訂定讓荷蘭人於赤崁或其他地方，獲得一小片地，繼續與國姓爺屬下人民做生意，和平共存。說到韃靼，他們非常懦弱，在損失了湖廣與南京之後，軍力已經受損。因此，現在韃靼一聽到國姓爺的名字就喪膽，因為這恐怖的名聲，他們才想

㉖投降鄭成功的台灣荷蘭人駐軍長官。

利用你的船隻與人員作戰。為了打擊他們，我方現已備有
足夠兵力。你的船隻高大堅緻，可是吃水太深，無法溯河
而上，僅能橫行大洋，以免擱淺。你非常瞭解，一旦我們
到了台灣，人員與武器就更為充份。

　　因此你知道，東韃靼人心地凶險狡詐。同樣你馬上就
會發現，一旦他們跟你並肩戰鬥，他們就會自行逃跑，棄
你人船而去。就算他們留下，你們之間也會大起爭端。他
們會藉口你不幫忙，爭功說全靠他們抵抗鄭軍。對，就算
你打贏，韃靼還是不會借給你任何地方或房舍，讓你出售
貨物。因為靖南王跟李部院早跟我們講白：荷蘭人要在此
取一塊地、享有自由來貿易，一旦他[靖南王]讓你們[鄭
軍]投降，這就不用了。此外，北京的皇帝對你的事情則
[其實]一無所知，不然他[皇帝]就不會勸你攻打我們。如
果你仔細想一想，你也會發現，你這樣的條件是不會被他
接受的。所以，這顯然是騙人的。因為你們航行大海全部
的船艦都是商船，並不適合作戰。如果你和我們交手，要
知道這裡的海域岩礁遍佈，你們的船隻很容易受損。

　　然而我們在台灣有砂糖、鹿皮等等你們想要的貨物，
數量豐厚。如果你願意與我們訂約，互相交易，就告知經
舍（Kimsia，即鄭經）：他願安置你的商務員，還有適合
的港灣來停泊船隻。我已派出一位你們的人，跟我們的人
一起，來回報你的看法。若你有意與我商談，請送來三位
使節。我們會先互相商討。我方會送回貓難實町的夫人，
還有你們的李奧納多牧師夫婦，以及其他家眷等。㉗此信

坦誠無欺。荷蘭人Assam是兩年前貓難實町手下的通事，所
以我才送他來遞交此信，以正式公開的出使，讓你知道我
方情況。

　　永曆十七年十月九日。（1663.11.8）㉘

　　攜帶此信函的Assam，原名Maurice Janzen Vis，是出生
於印度洋上小島的荷蘭人。除帶回信函之外，他亦說明了當時
鄭軍的動態：

　　Maurice Janzen Vis告知指揮官與評議會，根據他自
己的觀察，敵軍（鄭軍）在廈門島上有四、五千人，那裡
沒有任何堡壘與要塞，只以石牆環繞，既沒有砲台、也沒
有大砲。在金門島上有一百或一百五十人的兵力，同樣除
了環繞以城牆外，也沒有大砲與碉堡。在烈嶼島上只有粗
人（boeren），而敵軍在此也沒有防禦工事；可是在浯嶼
上面有個小堡壘，他們的妻子家眷於此住在十二或十三間
新起造的房舍裡。

　　有位從韃靼那方逃歸的洪本督（磊？）坐鎮於福爾摩
沙和大員，並於赤崁生活，但那裡卻沒有城防。在（大
員）城堡裡（按：即熱蘭遮城），住著國姓家的妻妾子女
（de vrouwen en kinderen van Koxin），並以大砲而非
兵員來防守。軍隊分散駐守[本島]各處，數量約有五千。
但因潛逃而人數銳減，許多人被福爾摩沙人（按：即原住
民）的大肚王（Formosaense Keizer van Middag）偷襲殺

㉗李奧納多（Joannes Leonard）牧師，其妻為Sofia Koeke，一六五六年起來台，
一六六一年十月間與兩個孩子被鄭軍送往金門。參見：韓家寶、鄭維中譯著，《荷
蘭時代台灣告令集、婚姻與洗禮登錄簿》，（台北：南天，2005），p. 386；江樹
生譯註，《梅氏日記》，（台北：漢聲，2003），p. 60.
㉘《荷使第二及第三次出訪（大清）中國記》，（荷文版），pp. 134-5.（由於原
書頁碼編印錯誤，所以有兩個134、135頁，這是頭一個。）

●《荷使第二及第三次出訪（大清）中國記》中，一六六三年十一月十八日，荷軍等不及清方的號令，自行出兵攻打鄭軍根據地金門城的景象。

死，並有些荷蘭人跟他一起［對抗鄭軍］。此一王侯［大肚
王］跟山上的居民都不願服從漢人的政府，可是全部的平地
村落都屈服於漢人的暴力下，福爾摩沙人的社群現在過著
清苦的生活。這些漢人都服從嗣封世子（Jongen Koxin）
的指揮。在廈門和金門泊有八十隻大船，二十隻普通大小
的船，滿載士兵。另有二百六十艘載著他們妻、子、貨物
無武裝的眷口船。金門與廈門城都被遺棄，漢人已準備妥
當，要逃往福爾摩沙島。㉙

　　博特擔心鄭軍將後勤基地整個移往台灣之後，想要取得台
灣更為困難，因此，向清方屢次聯繫共同出擊不成後，於十一
月十八日，利用清方支援的小艇，自行載運荷軍從金門島的西
南方登陸，隨即與出城守禦的鄭軍交戰。首次交鋒後，鄭軍雖
潰退，但由於荷軍不敢越出艦砲射程追擊，鄭軍遂重新集結，
以大量弓箭還擊。荷軍無奈退兵。其後，荷軍收到靖南王、馬
老爺（馬本督得功）、同安伯（鄭鳴駿）等三人的函件，說明
其聯軍作戰計畫，要荷軍協同作戰，暫停出兵。但荷軍既然已
經進逼金門城下，遂繼續進擊。無奈，攻城的梯子是以竹子所
造，甚不牢靠，故未順利攻下城池。㉚

鄭、荷、清三方烏沙頭海戰

　　由於荷軍遭遇守城鄭軍的猛烈抵抗，荷軍最後仍決定撤
退，轉而與清軍聯手攻擊當時停泊浯嶼的鄭軍主力。博特遂按
照約定，將艦隊掉頭南向，準備與圍頭來航的清軍船隻大大小
小約千艘，於金門東南海域先行會合。十九日早晨，博特又收

㉙《荷使第二及第三次出訪（大清）中國記》，（荷文版），pp. 135-6.　（由於原
書頁碼編印錯誤，所以有兩個135、136頁，這是頭一個）。
㉚《荷使第二及第三次出訪（大清）中國，（荷文版），pp. 134.（由於原書頁碼
編印錯誤，所以有兩個134頁，這是第二個）。

到鄭方周全斌一函：

忠明伯　周　致書荷蘭艦隊各指揮官

昨日收受你們信件，得知你們與韃靼有約在先，結為盟友、共同作戰。既然如此，我們知道荷蘭人絕不背約，並注重條約細節[故不強求]。可是韃靼乃是奸詐的人。因他們常常把簽約受降、本應尊敬保護的人，毫不寬恕的殺死，甚至照這樣屠殺整個省城[的人]。還有那些相信他們的大人物，先被擢升的金餌所誘，一旦落入他們手中，就加上鐐銬，然後殺死，如同這二十年來所目睹祖父輩一官跟其他人的遭遇一樣。他們恐嚇要以火焰和刀劍毀滅我們的艦隊，搶走廈門。我們持續在此立足，他們卻不敢前來，直到以虛偽的方式爭取了你們的協助。他們答應你們（如果你們相信），能在全國自由貿易，可是他們只是哄哄你們，而不想這麼做。當你們的船隻與我們交手時，他們會顯出懦弱本性，讓你們自己被擊退，或是獲取艱難、[而]不怎麼全面的勝利。如果你們盡全力打退我們，我們並不恐懼，可是他們不只會奪走你們所贏得的一切，還會把勝利的光榮全部當成自己的。這點沒什麼好說了。

我們對你們[荷蘭]國人有好感，因為我們深知你們是誠實正直的人，所以作為值得尊敬的敵人，希望我們真的能夠與你們匹敵。提醒你們注意淺灘礁岩，因為我們的港灣遍佈此物。更好的勸告當然是[請你們]加入我方，現在福爾摩沙島有我方軍民兩萬，年年盛產砂糖。你們的船可

以到大員來收購，做種種交易。這樣我們可以把淡水跟雞
籠讓給你們，之前那裡也有荷蘭人居住，對你們的船隻也
很方便。或者你們喜歡的話，也可以領有南澳島，或其他
地方。我們希望你們速速派高階官員跟Assam前來，讓我跟
他商討全部的事宜。如果我們達成共識，應該可以讓你們
把全部的俘虜，不管是什麼階級，都帶回去。天地日月為
證，我的言論句句屬實，企望和平。但若戰爭不可避免，
也讓我們知道貴方決心。因為世藩「鄭經」與我「周全斌」有
戰船五百，火船二百，可全數奉陪，儘管鼓勇來試，看看
荷蘭人戰技如何？你人前來，必遭焚燬、沈沒。

永曆十七年十月十九日（1663.11.18）③

在荷蘭人拒絕講和之後，鄭方仍不死心，想要說服荷蘭
人到台灣做生意，甚至提出讓出雞籠淡水的辦法。鄭軍其實不
想跟荷軍在此決戰，但是清荷聯軍既已發動，鄭軍只有盡力應
對。當日上午，荷軍與清軍大隊在烈嶼海面會合，開始搜尋鄭
軍。約到中午時刻，三方遭遇。鄭軍為了避免決戰，由浯嶼往
烈嶼南方水道向廈門進發。清軍泉州水師主力大部份，其實是
倒戈不久的鄭軍金門叛將們。而這批水師由陸軍將領馬得功帶
頭。這場戰爭在荷蘭人筆下是這樣紀錄的：

約到中午，他們（荷蘭艦隊）與烈嶼和金門間的一些
帆船遭遇。雖然他們（荷蘭艦隊）全力阻止他們溜走，一
些人卻以令人膽戰心驚的近岸航行方式脫逃，航向廈門。
可是他們（荷軍）仍然打傷五十艘大戰船，經過那些船的

③《荷使第及第三次出訪（大清）中國記》，（台史博館藏：2003.15.175），荷蘭
文版，pp. 322-323（此處原書頁碼編印錯誤，321直接在第二個136頁之後）。

抵抗，僅打沈了最大的一艘。[這些鄭軍船]全力突圍，打進還沒開火，也沒上過陣的韃靼船隊中。其只稍遇困難，就攻上他們[韃靼船]，而因為無風，荷蘭船隊，難以救援。那些人驍勇善戰，韃靼人只稍事抵抗，就被迫逃向荷蘭船。有兩艘帆船落隊，其中一艘是司令官[馬]本督[得功的船]，[他]駐於泉州。另一艘是楊都督[富]的，這船被敵人擄掠，但是後來被荷蘭人強制搶回。因為荷蘭人一靠近，他們（鄭軍）就只能顧自己的船。他們敏捷地划槳駛船（無風的情況下大船追不上他們）自衛，只有一艘在金門海灘上擱淺的[船]，船員棄船而去。約到傍晚，敵軍向南方流散，[數量]已經相當稀薄。部份被後衛艦隊沿著金門海岸追逐，而逃跑了。到了夜晚，戰役結束，敵軍也跑光了。韃靼艦隊北向歸港，荷蘭人則在烈嶼下錨。船隻幾無損傷，出航中只有一人被殺、十六人受傷。㉜

對此，《閩海紀要》也有簡略的記載：

[耿]繼茂、[李]率泰調投誠官兵船隻同甲板（按：甲板即荷蘭船）出泉州，以陸路提督馬得功統之；自引小船從同安出，海澄公黃梧、水師提督施琅出海澄。鄭經部份死士，令周全斌迎戰。十九日（1663.11.18），遇得功於金門烏沙頭，時[紅夷]甲板十四隻、泉州戰艦三百餘艘，全斌以十三船直衝其（？）（按：原稿缺文），往來攻擊，剽疾如馬，紅夷炮無一中者。得功兵望見，披靡不敢前；得功殿後，為全斌所破，赴海死，舉船兵眾皆歿。㉝

　　書中的版畫——廈門圖相當生動地描寫了這一戰的結局。
百餘艘鄭軍軍艦、眷口船，遠遠地把緊追在後的荷軍大船拋在
後方，進入廈門港中。儘管荷船猛烈的發砲，但因為距離太
遠，船隻不動，並無實效。位於荷船前面的只有兩艘被搶回的
清軍船隻。一艘較近，上面仍有水手，一艘較遠，不但已經無
人在船、而且是尾樓足足有三層高的大型船隻。比較船上的旗
號可知，較遠的一艘船，便是馬得功的中軍船（旗艦）無疑。
在這場戰役之後，荷軍對鄭、清雙方戰力評價判然分明：

● 《荷使第二及第三次出訪（大
清）中國記》中，一六六三年十一
月十九日，金門沿海烏沙頭海戰結
束，鄭軍全體閃避荷軍砲擊，順利
進入廈門港的景象。

③②《荷使第及第三次出訪（大清）中國記》，（台史博館藏：2003.15.175），荷蘭
　　文版，pp. 323-324（此處原書頁碼編印錯誤，321頁接在第二個136頁之後）。
③③《閩海紀要》，p. 33.

　　荷蘭人完全知道韃靼人有多麼怯懦，因為他們整個艦隊的數量比敵軍（鄭軍）多了四倍不止，他們卻不敢跟七、八艘帆船交戰，反而奔逃，如我們所言，尋求荷蘭火砲的庇護，棄他們的司令官馬本督[得功]、將軍楊都督[富]於不顧，他們後來都因此被殺了。而敵軍（鄭軍）呢，當他們駛近大船時，他們用弓箭、短刀大量的射擊拋擲，又以小口徑[砲管]不斷開槍，可是沒造成我們（荷軍）什麼損害。㉞

　　清軍水師三百艘大船，還有無數小船，卻被周全斌以不到二十隻的砲艇殺退，確實足以說明雙方實力上的差距。然而即使鄭軍在軍事技術上較優越，卻自知寡不敵眾，無法挨住消耗戰，只能選擇機動退卻。清軍於稍事整頓之後，二度趁夜集結於浯嶼，待拂曉再度向廈門發動圍攻。可是，到了十一月二十日早晨，鄭軍卻利用潮水流向的天然優勢，再度奇蹟式地由廈門往金門撤退：

　　二十日，日出前兩小時，（荷蘭）司令官率艦隊駛向廈門，向南方航行，經過浯嶼，以偵測國姓方面的艦隊。當荷蘭人要突進他們（鄭軍船隊）時，他們（鄭軍）就像突進韃靼船隊一樣時，在早上十點，通過大擔最西邊的島嶼和浯嶼北邊，或是第三個島之間的水道。可是因為完全逆著潮流，荷蘭人花了兩個小時才接近廈門。那時，他們（鄭軍）已經跟韃靼遭遇。當荷蘭人出現，他們（鄭軍）放棄了原來的計畫（消滅清軍），轉求自保。以荷蘭人壓倒性的優勢，他們（鄭軍）要不是應該被捕、被打沈，

就是該被逼到岸上[擱淺]才對，然而，他們卻非常藝高膽
大，[選擇]從荷蘭艦隊中間，依恃他們低矮的船身繞過火
砲，打出一條通路。總數一百八十條戰船，竟只有三艘被
擄，其他全都在輕微損傷下安抵金門與浯嶼。㉟

　　雖然鄭軍與清軍交戰時，均佔優勢。但是因為鄭軍不想與
荷軍正面接戰，在荷軍介入之下，也無法徹底重創清軍。鄭氏
延平王政權中樞由廈門撤出，清軍便趁退潮水淺，派山陸軍由
北向南登陸廈門，大肆殘殺平民。荷方目擊了此一過程：「此
時，敵軍正在出海，韃靼人在李部院指揮下，送馬登陸，
讓人民大感恐怖，他們突然攻入廈門城，燒殺擄掠。」廈
門失陷以後，為避免遭到圍攻，鄭經隨即放棄金門，撤守銅山
島。戰後，清方歡喜地慶功敘獎，但荷方卻沒有獲得什麼實質
報酬。甚至到了十二月初，駐福州的荷使諾貝爾還抱怨交易活
動被阻攔。不久，荷軍派人催促靖南王，要他踐約出兵攻打台
灣。但清軍對此並無興趣，僅希望荷軍能協助他們一舉拿下屬
於福建轄區的銅山，並以暫時協防的名義，讓出浯嶼給荷軍使
用。由於雙方談不攏，荷軍便決定逕行出兵，靖南王則派遣兩
艘船隨行，協助招撫台灣當地的鄭軍。

　　至此，清方仍希望藉由招降，瓦解鄭軍台灣後方的勢力，
並以荷軍來牽制在銅山的鄭軍前鋒。荷方擔心一旦鄭軍撤出大
陸沿海，清軍便不再需要他們的船艦，所以，希望趁鄭軍尚在
中國沿海時，強邀清軍攻台。鄭方則認為荷軍無法從清軍手中
討到便宜，在避免一無所得的情況下，荷軍仍有可能轉而與鄭
軍合作，或者，至少與清軍分裂。因此，仍極力避免與荷軍正

㉞《荷使第二及第三次出訪（大清）中國記》，（台史博館藏：2003.15.175），荷
蘭文版，pp. 324-5.
㉟《荷使第二及第三次出訪（大清）中國記》，（台史博館藏：2003.15.175），荷
蘭文版，pp. 325.

面接戰。

荷軍再覓攻台時機

　　十二月二十日，荷軍全軍由金門出航，前往台灣。一月初，艦隊登陸澎湖，並未遭遇強烈抵抗。十三日，全軍駛向大員，當日下午四點泊碇於安平熱蘭遮城東北四分之三荷哩處。一月十四日，清方的招降人員由打狗偷渡上岸。一月十九日，在荷軍對熱蘭遮城排開陣勢之後，博特收到鄭軍台灣當局刑官柯平、吏官洪磊與勇衛將軍黃安聯名來函，主旨是提醒荷蘭人，現在雖然攻下金廈兩島，可是清方並未踐約，反而是過去鄭荷一戰之後，鄭方對於荷俘提供人道的協助，希望荷方再做考慮，與鄭方重開和談。與此同時，清方招降人員卻帶來駐守打狗、下淡水溪一帶的中衝鎮蕭拱宸有意投靠的消息。於是，荷方決定假意與赤崁方面談判，藉以拖延時間，然後看看打狗的蕭拱宸能不能協助他們帶回戰俘。荷方還打算從台灣島南方進軍，由陸路推翻安平赤崁的延平王政權。一月十九日，荷軍八百人由打狗登陸，並設帳紮營。一月二十五日，前往下淡水溪打獵的士兵，發現鄭軍已經開始集結大量陸軍。二十六日，博特收到蕭拱宸的來信，表示鄭經已派出正式的使節，要他們到赤崁來談。博特也派出使節，要求鄭軍交還大員與福爾摩沙、賠償軍費、交還戰俘，才願意談和。二十八日，博特收到赤崁延平王政府的函件：

　　台灣各長官：顏爺（Gamia）（望忠）、蕭中衝（拱宸）、柯（Kou）老爺（平）、洪（Ang）老爺（磊）、勇

衛（Ouwi）老爺（黃安）、陳（Tan）老
爺、另一位陳（Tan）老爺，致書指揮官閣
下

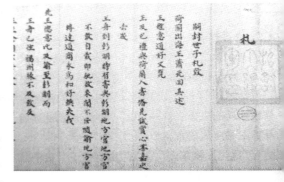

●延平王嗣封世子鄭經親筆寫給荷
軍指揮官「出海王」博特的國書，
上面並有「招討大將軍邑」印跡。
原件現存荷蘭萊登大學圖書館東方
珍本部門。

　　我們所求只有和平。我方收受韃靼書
函，但不為所動，也不想涉入。你們派兩
位使節前來，信中所寫，問我方是否不願
為友的信函，我方已經收到。我方損失金
廈與浯嶼，確為事實，可是並不在乎。因
為我方自主撤出，讓給韃靼。我方已與韃靼相抗，斬殺馬
本督［得功］與他們其他將領。事實上，他們也焚掠了金、
廈門還有浯嶼，並墮毀城堡，可是，卻不敢據守，由此可
知他們是怎樣的人。過去你們荷蘭人與我方交戰於澎湖、
北線尾、瀨口；所以我們知道你方習慣，而你們也熟知我
方。我方在金門戰敗，並苦於焚掠，那是因為有你們荷蘭
人助陣。我方傷亡甚眾，可是你方也有所損失。但現在世
藩（鄭經）派兩名官員送來一函，命我方盡力與你談和，
並讓你方擇一小塊地從事貿易。倘若你方有意談和，或並
不願意，［請］儘速通知我方。我們所關心的，是世藩命令
我們要像摯友兄弟［一般］和睦相處，相互締約。若對雙方
更為有利，何必另啟戰端？我們應該如兄弟般和平相處。
我們也由你信獲知，倘若我方兩日內未曾覆信，則要加之
以斧鉞。既然相逼甚急，想必也來意不善。但若你方有意
講和，我方同意，在世藩兩使抵達後，從頭開始。因此，
雙方所要提出的［條件］必須要現在互相告知。你閣下致俘
虜之書信已轉交，若有懷疑，可送Assam上岸檢查。

　　此信以勇衛鎮（Ouwiden）錫封，開頭是勇衛老爺（按：即黃安）。㊱

　　三十日，鄭經從銅山派兩位使節致上親筆信給博特。此信原件仍保存於荷蘭萊登大學的圖書館中，內容如下：

　　嗣封世子札致荷蘭出海王：

　　　蕭元回[拱宸]具述，王雅意通好。又覽王及巴禮㊲與荷蘭人書，備見誠實，心甚嘉之。

　　　去歲（一六六二）王舟到彭湖時，有書與彭湖地方官。㊳地方官不敢自裁，即弛起啟來聞。不佞隨諭地方官，轉達通商永為和好，無違我先王德意。比及諭至彭湖，而王舟已往福州，緣不及致。及王至金門，不佞又令忠明伯（按：周全斌）弛書與王。王以與虜有約，不便爽信，遂致兩國之眾，干戈相尋。思明（按：廈門）百姓失亡雖多，而王之兵士損傷不少，俱非兩國之初意。不佞為民物主，凡屬有生之倫、虱豸之微，莫不愛惜，而況兩國之民皆吾赤子者哉！

　　　然此皆已往之事，不足以傷大德。今特遣戶部主事葉亨、練勇營蘇璣，分為二舟，各持一書，前來通好。惟王念和好之德，通商之利，合力禦虜，務使彼此有信可憑。盟約已定，即授王以南澳之地，悉還荷蘭之人。信使來往，貨物流通，豈不美哉。和好之後，兩無爽約。天日

㊱《荷使第二及第三次出訪（大清）中國記》，（台史博館藏：2003.15.175），荷蘭文版，pp. 368.
㊲「巴禮」乃是指天主教神父，此處指的是荷軍方面的牧師。
㊳應為「澎湖」，但當時寫作「彭湖」（此信件為中文信函）。

在上，決不食言。惟王裁之。

　　此札。

　　十二月初八日（1664.1.5）。沖。㊴

　　鄭經提出讓與南澳島的條件，但是荷軍根本沒有興趣。二月一日，荷方派人到赤崁去探望戰俘，他們所目睹安平、赤崁的情況如下：

　　…[熱蘭遮]城堡本身已滿佈火砲，而胸牆上則環以新置的竹子：在此之旁，山丘上沿著水道有二十座砲，設置於城角和掩蔽處（korven）之間。城堡裡僅住著過世老國姓的妻、子們，被保護於此：[而]駐守外側房舍的禁衛軍（krijgsknechten）則居住於數間穀倉中。

　　[大員]市區頹圮傾倒的房舍還未及整理，位於福爾摩沙本島赤崁的城堡，也被鎮起，而在城下地面之上設有兩尊火砲。此一村鎮的房舍已增加，總共有五百戶，但非全部都用磚造。往南去的道路上，房舍比從更多。停泊在那裡的船隻不超過二十四艘，大部份是呂仔船，都停在市區內側的海灣。在那旁邊有一艘小貨船「科騰霍夫號」，[它]在[一六六二年]戰爭中落入敵人之手。㊵

　　在會談中，荷蘭使節當著鄭氏政權官員的面，再度強硬地表明他們要取回台灣才肯締和。最後雙方還是翻臉了。在口信

㊴其研究及發表參見：袁冰凌，〈新發現的鄭經致"荷蘭出海王"信考〉，《東南學術》，2001:6，vol. 160.，pp.199-201.
㊵《荷使第二及第三次出訪（大清）中國記》，（台史博館藏：2003.15.175），荷蘭文版，p. 42.

裡，通事轉述鄭方說詞：

事態演變至此，…他們（鄭方）說除非迫不得已，[不然絕]不會把城堡與福爾摩沙的土地交給我們。並且…提出邀戰，看我們有無能耐與他們在赤崁或鳳梨園一帶對陣，若我們（荷方）無船可供登陸，他們[甚至]願借舢舨給我們。如果他們（鄭方）輸了，他們就撤退離開城堡與土地。但如果是我們輸了戰役，[他們]真的不反對與我們締和並簽約。㊶

博特反唇相譏說：

假如他們（鄭軍）那麼堅持，想跟荷蘭人賭上一把運氣：他們大可[直接]派兩千個人到打狗來，同時我們也會派一千人去。假如他們覺得兩千人還不夠，還可以派四千人來。我們早就嚴陣以待、恭候大駕。如此，將領們不必馬上就把隊伍送往他們（鄭軍）的曠地[後開戰]，而是順應戰爭的情勢，[兩軍]在半路上自然遭遇交鋒。㊷

悽慘的是，清方隨行，派來招降鄭軍的人員，馬上被利箭射成了蜂窩，而荷蘭使節也被困在赤崁，處境危殆。還是博特詭詞要直接與鄭經面談，要求召回荷使，才讓他們平安歸隊。二月十一日，荷軍收到蕭拱宸來信，表示營救荷蘭戰俘相當困難，要求荷軍出兵。但他同時也祕密致書給清方同安伯鄭鳴駿和水師提督施琅等人，表示對荷蘭人不信任，要他們親自發船來接載他的家眷。荷方揭露此一密函後，評估蕭拱宸的實力

與誠意,均相當值得懷疑,甚至可能是場反間計。於是便決定不冒險出兵,而把設在打狗的營帳、火砲撤除。二十六日,除了幾艘船隻護送投清的鄭軍往大陸以外,艦隊的其他船隻都啟航前往巴達維亞。三月一日,負責本次出使的諾貝爾也登船回國,只留下幾個副使等待北京方面的回應。

三國攻防的終曲

於是,荷方出海王、清廷靖南王、與鄭軍延平王嗣封世子三方爾虞我詐,瞬息萬變的戲劇性發展,至此暫告一段落。一六六四年後,荷方主力轉向尋求與清方交涉直接貿易,故自一六六二年以來由「出海王」博特所率領的大艦隊「復台」目標,已漸漸淪為次要。然而,自鄭方退出中國沿海之後,情勢變更,清廷既不需發展海外貿易,也不急於征討鄭軍,荷蘭人也因而失去與清廷談判的籌碼。一六六四年七月,荷方再度派新使節范霍恩(Pieter van Hoorn)與諾貝爾前往福建,要求開放貿易,這是《荷使第二及第三次出訪(大清)中國記》中〈第三次出訪中國記〉主要記述的故事。當時,為求長期經營,荷蘭人再度佔領雞籠作為回頭港,為此荷鄭雙方於一六六六年而再度爆發戰爭。荷軍死守不退,但雞籠的營運始終沒有起色。一六六八年,荷方於是自動退出雞籠。這麼說來,一六六四年四月,《荷使第二次出訪中國記》劃上句點後,實質上形同標誌了荷蘭人逐漸淡出這場「三國志」舞台的必然性。

由於這「三國」角力的故事戲劇張力十足,內容又涉及相

⑪《荷使第二及第三次出訪(大清)中國記》,(台史博館藏:2003.15.175),荷蘭文版,p. 373. 這是由通事何斌轉述給荷軍翻譯官Melman的口信。
⑫《荷使第二及第三次出訪(大清)中國記》,(台史博館藏:2003.15.175),荷蘭文版p. 373. 這則是回傳的口信。

●一七四九年出版的《水陸旅行全史或遊記大全》之標題頁。

當豐富的地理水文資料，不久便引起了當時有意打入東亞貿易圈的英國人之興趣。英國出版商歐格比（John Ogilby）於一六六七年出版《荷使初訪中國記》英文版後，大獲好評。其後，便順勢籌備，意圖出版一系列世界各地的地理誌書。歐格比主要是與阿姆斯特丹范穆斯出版社合作，將他們已出版的系列書籍翻譯成英文。一六七○年乘勝追擊，出版第一冊《非洲圖誌》（Africa），以及《日本圖誌》（Atlas Japannensis），也就是荷蘭牧師蒙塔納斯（Arnoldus Montanus）所撰的《荷使出訪日本記》之英文版。[43]一六七一年，歐格比再以蒙塔納斯的名義出版了《中國圖誌》[44]，即是前述達波所撰《荷使第二及第三次出訪（大清）中國記》的英文版本。直至十八世紀中期，這一類的遊記、圖誌已是歐洲甚為流行的商品。一七四五至一七四七年間，倫敦出版商艾斯特雷（Thomas Astley）接受了青年地理學者格林（John Green）的建議，以圖文交互考訂的方式，重新彙整編纂一套《新航海遊記大全》（A New General Collection of Voyages and Travels）出版。格林用用當時最新的學者如法國的杜赫德（P. J. B. Du Halde）、阿維爾（J.B.B. d'Anville）書中所附的中國沿岸地圖，配合刪修過去遊記中與主要旅程無關的部份，使全書更為精簡後，完成了這套以遊記為基礎的世界航海地理誌。全書共四冊，自一七四七年起，該書再進一步翻譯成德文，出版成七

[43]台史博館藏為一六八○年的法文版。

[44]本文的內容除引文以荷文版為主外，多參考此一英文版。即：Montanus, Arnoldus., *Atlas Chinensis : being a second part of A relation of remarkable passages in two embassies from the East-India Company of the United Provinces to the vice-roy Singlamong and General Taising Lipovi and to Konchi, Emperor of China and East-Tartary : with a relation of the Netherlanders assisting the Tartar against Coxinga and the Chinese*

冊。德文版在萊比錫由阿克提與梅庫斯（Arktee& Merkus）
出版社出版，更名《水陸旅行全史或遊記大全》（Allgemeine
Historie der Reisen zu Wasser und Lande; oder Sammlung
aller　Reisebeschreibungen）。台灣歷史博物館藏的版本，
正是於一七四九年德文版的第五冊。其中，第十四部第一章
即為《荷使出訪中國記》之節縮版。而第二章則是蒙塔納斯
《中國圖誌》（也就是達波《荷使第二及第三次出訪（大清）
中國記》）的節縮版，該章並附法國宮廷製圖師貝林（N.
Bellin）所繪製的《廈門與金門島旁的漳州與泉州灣圖》來講
述一六六三年的金廈海戰。

● 《水陸旅行全史或遊記大全》中
解說一六六三年海戰的〈泉州、漳
州灣與廈門、金門海圖〉。

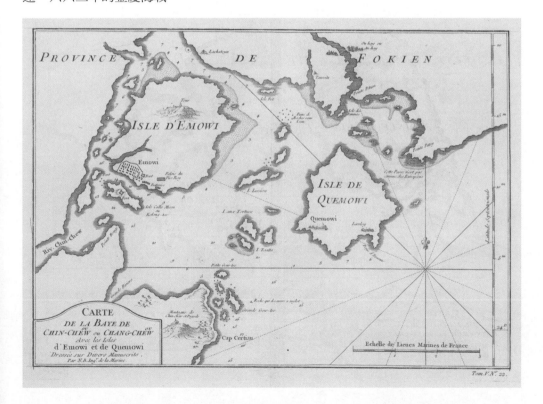

*fleet, who till then were masters of the sea : and a more exact geographical description than formerly both
of the whole empire of China in general and in particular of every of the fifteen provinces / collected out of
their several writings and journals by Arnoldus Montanus ; English'd and adorn'd with above a hundred
several sculptures by John Ogilby.*，（London, Tho.Johnson: 1671）.

第⑦章　餘音繚繞 ——

《莫斯科大使出訪中國記》、

《亞洲指南》、

《莫斯科大使出訪中國記》 *Driejaarige reize naar China*
《亞洲指南》 *De Aziaansche Weg-wijze*

　　在《被遺誤的福爾摩沙》中，我們曾指出，該書書中插圖畫像對國姓爺形象想像式的描繪，或許是修改自當時代鄂圖曼土耳其帝國蘇丹的圖像。其實，如果拿這大一統的歐亞非大帝國與西歐分裂的諸小國來比較，兩者的差距明顯，可以說，十六、十七世紀對歐洲諸國最大的威脅乃是伊斯蘭教徒無疑。再加上，十七世紀早期歐洲內部，正因為宗教改革而捲入了自相殘殺的長期戰爭中，相比之下，伊斯蘭世界更是富足、文明而安樂。

　　鄂圖曼土耳其帝國擴張的勢頭到了十七世紀中晚期之後，也沒有消滅的趨向，甚至，在歐洲各國相互傾軋的政治競爭中，往往被視為舉足輕重的角色，坐收漁翁之利。為了自身的利害，歐洲各國基督教君主常常不顧宗教的歧異而與土耳其帝國發展各種交流。相反地，一旦基督教君主有能力整合各國，卻會盡可能地以羅馬帝國的後繼者自況，扮演基督教護教者的角色，號令諸國來抵禦伊斯蘭教徒的擴張。可以說，當時神聖羅馬帝國的東部疆界也就幾乎與歐洲基督教世界的東部重合。在此一境界線以東，則是韃靼或突厥諸部族的世界。

　　這個世界，從巴爾幹半島向北，沿著黑海沿岸，包括廣闊的東歐地帶（現今的匈牙利、波蘭、羅馬尼亞、烏克蘭等地）向東延伸到裡海的中亞地區，乃至於伊朗高原北方，直到帕米爾高原的草原地帶，向來是屬於游牧民族的世界。此地在成吉思汗率領蒙古部族統治的時代，是歐亞間熱絡的貿易孔道。十六世紀以來由於此孔道已被鄂圖曼帝國涵納於帝國之中，西歐人遂尋求繞過伊斯蘭世界，直接前往東方貿易的新航路。

另一方面，同時期西歐經濟的繁榮，也推動了波羅的海與西歐
諸國間的原物料貿易活動，例如德國北部諸城邦間締結貿易關
係的漢薩同盟（今日德國航空便取此字命名）便因此而興盛，
而其後繼的荷蘭貿易商推動跨國航運活動更加積極。波羅的海
貿易的暢旺，使得位處偏遠地帶的俄羅斯地區，逐漸納入交易

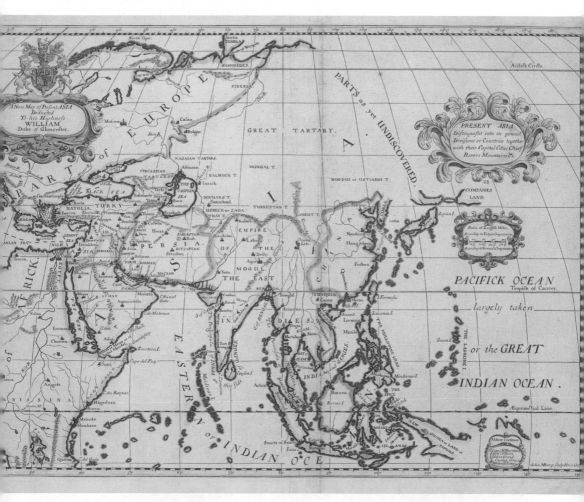

●Edward Wells約一七〇〇年時出版的〈最新亞洲地圖〉。在這一份地圖當中，烏拉山以東，印度、華南以北的地區雖然標示了「大韃
靼地區」，但也說明這是「尚待發現的地區」。

網，促發俄羅斯商人向東展開歐亞大陸北方的自然資源的探勘
活動。

為俄羅斯出訪中國的荷蘭人——伊德斯

就在鄂圖曼土耳其以伊斯蘭之名向中亞擴張的時候，俄羅
斯內陸一個東正教莫斯科貴族，也發動了擴張活動。一六一三
年米可‧羅曼諾夫（Mikhail Romanov）任莫斯科公國沙皇，
開啟了俄羅斯羅曼諾夫王朝的歷史。在哥薩克騎兵的協助下，
俄羅斯獵人，逐步向西伯利亞內陸前進，並在交通要衝，宜於
人居之處設立據點。在歐洲內部長年陷入戰亂的時候，俄羅斯
人正汲汲營營、一步步建立他們在西伯利亞大陸的殖民地。
一六五○年代起，俄羅斯獵人的足跡已踏上太平洋西岸，不久
後即與當時入主北京的清帝國政府展開數次接觸。

在當時俄羅斯位於傳統歐洲基督教世界邊陲，其生活方式
與政治型態，與其說與西歐相近，倒不如說與中亞各游牧民族
●西十七世紀初期出版的《北
方地方新詳解圖》（Regionum
Septentrionalium）中所繪莫斯科城
的局部。

類似。俄羅斯獵人之所以建立城堡、設立據點，原先並非為了
獲取土地，而是要取得貨物集散地，確保交通線的暢通。可是
據點一旦建
立，農牧的生
活方式也隨之
移入，壓迫了
原有殖民地範
圍內的游牧民
族 。 一 六 六

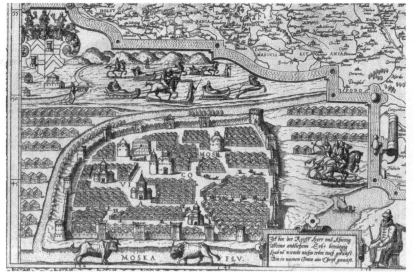

○年代，俄人在貝加爾湖一帶的勢力穩固以後，開始向大興安嶺，黑龍江一帶前進，逼近了滿州人的原居地，引起清政府的注意。一六八五至八六年，清廷出兵攻打黑龍江畔的俄人所築的雅克薩（Albazin）城寨，戰後雙方於一六八九年簽署了尼布楚條約，實際上承認了俄國人在貝加爾湖周邊殖民的事實。本書第一章介紹《東印度水路誌》時，曾提過荷蘭人尋求通過北冰洋到東方未果。而第三章介紹《荷使初訪中國記》時則已提及，荷蘭東印度公司使節是怎樣由於俄羅斯使節慷慨作證而免於耶穌會士誤導皇帝的危險的。《莫斯科大使出訪中國記》的作者伊德斯（Evert Ysbrants Ides），就是一位旅俄的荷蘭商人，受到當時在位的沙皇彼得（Peter Alexeevich）提拔，請他擔任俄國前往中國商訂貿易事宜的大使。

　　伊德斯在一六九二年三月由莫斯科啟程，經窩瓦河上游，往支流卡馬河上溯，經過索利卡姆斯克（Solikamskoi）。然後，再順流而下，往東北到額爾濟斯河畔，順流往下游走，經過托木斯克，直到匯流點。接下來再轉而上溯顎畢河到那如努城（Narunu，今托木斯克地區科帕秀孚[kolpashevo]附近）。順著河谷一直走到葉尼賽河畔的葉尼賽斯克（Jenizeskoy），向東上溯支流到伊利寧斯克（Ilinskoi，今烏斯季伊利姆斯克〔Ust-Ilimsk〕），然後再向東走到貝加爾湖畔的伊爾庫次克（Iekutskoi）。從貝加爾湖南岸穿越，向東沿石勒喀（Schilka）河進入通古斯族領地到涅爾琴斯克（Nerzinskoi，尼布楚、今赤塔），然後沿額爾古納河（Argun）河到谷穿越邊境河（silber銀河），翻越Jalische山（可能是大興安嶺），到齊齊哈爾（Xixigar）城。繼之經過寧古塔（Naunkoton），

● 《莫斯科大使出訪中國記》中
附隨的〈俄羅斯帝國圖〉，圖中
並以虛線將依德斯由窩瓦河、葉
尼賽河、貝加爾湖、額爾古納
河、嫩江一路到河北省通州的路
線標示出來。

T' Amsterdam gedrukt by FRANÇOIS HALMA, boekverkoper 1704.

● 《莫斯科大使出訪中國記》的扉頁版畫。

沿嫩江（Naun）走。西南轉向大明鎮（Tai-ming-tingh，今
赤峰），再往Burgan Koton，經由遼河（Logaa），往南到歸
化城（Kaikaton，呼和浩特）。最後由Galchan（可能是張家
口）進入長城，經由通州（Tunxo），於一六九三年
十一月進入目的地北京。短暫停留以後，他循原路回
返俄羅斯，並於一六九五年初抵達莫斯科。

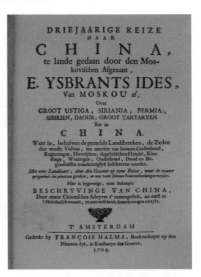

●《莫斯科大使出訪中國記》的標題頁。

　　簡言之，伊德斯出使北京，乃是由莫斯科向東
北繞過烏拉山，透過額爾濟斯河、顎畢河、葉尼賽河
夏季短暫的航行期，水陸兼行地橫跨西伯利亞，抵達
貝加爾湖畔，向東進入東北黑龍江區域，再南下內
蒙古，隨後穿越長城，前往北京。記錄此行的書名全
名為《莫斯科大使伊德斯，經陸路前往中國三年
紀行，起自莫斯科，途經大Ustiga、Siriania、
Permia（烏拉山區）、西伯利亞、達幹爾、大韃
靼（阿穆河區域）到中國，包括精確描述，除
附帶上述地域範圍外，其多種族群風俗、其宗教活動、政
體、婚姻、日常營生、衣著、住宅、食糧，與喪儀。包括
一張地圖，標示大使途中真正經歷之地跟當地情況。並附
錄由中國人編纂，首度翻譯成荷語的中國描述，且附加許
多評註》

　　在封面版畫中，我們可以清楚的看出本書的真正意圖。封
面正中央標示簡短的書名《莫斯科大使伊德斯，經陸路前往中
國三年紀行。附帶對此一強大王國的新敘述》，舞台上方左側
的是這次出使的主角，俄羅斯使團，他們帶著豐盛的穀物，與

熊等動物皮毛，帶領駱駝商隊浩浩蕩蕩地前往東方交易。舞台
上右側是大清帝國迎接俄使的官員。因為他們會面時，正逢清
帝國官員冬季出獵的時節，所以他們戎裝出行，封面所繪獵
物，特別包括了黑龍江一帶的東北虎。中間由飛鷹所示的則
是使團此次的目的：尋求簽訂相互貿易的條約。舞台的下層則
一一羅列了此次出使活動的配角。左側入口展示的是本次出使
陸地上途經的西伯利亞區域風光，門口或立或坐的，則是途經
各區裡形形色色的游牧民族，特別是通古斯族、達斡爾人，他
們掌握麋鹿、還有豐美而數量龐大的鱘魚。舞台基台右側入口
內則是道地的中國景致，門口清人端坐於象身，是俄使在北京
看到的奇景：泰國所進貢的印度象。這也暗示，與中國貿易，
能進一步獲得更多南方熱帶資源。舞台中間下方圓形掛圖表彰
了整個畫面所隱含的意義，海神普賽頓在水中疾行，意味著西
伯利亞各大河舟楫交通便利；商業信使神墨丘利在空中往返飛
翔，則表示各地互通有無、互利共榮，商業突飛猛進。

　　不過，本書簡短書名所稱「對此一強大[俄羅斯]王國的新
敘述」才是這本書真正的主旨所在。任何人仔細想想就會明
白，俄羅斯國王為何要派遣荷蘭人而不是俄國人出使中國？為
何要把旅途見聞用荷文在阿姆斯特丹而不是以俄文在莫斯科
出版？答案是：一切都為了宣傳。莫斯科公國從十六世紀晚
期，飛躍般地向東方擴張，但是，其殖民拓墾活動成就，在當
時的西歐卻鮮為人知。對西歐人來說，俄羅斯人只是個與中亞
諸民族混雜在一起的少數民族，文明低下、生活野蠻，不值得
關注。任命伊德斯出訪的俄皇彼得，在一六九二年的當時年
僅二十歲。一六九六年起，他事實上親政後，面臨必須突破

鄂圖曼土耳其帝國強大勢力，取
得黑海濱不凍港的課題。為此，
一六九七年，他主動率使團出訪
西歐各國，希望取得奧援。

　　無奈，歐洲各國仍在彼此
征伐，都在為即將發生的戰爭預
作準備，爭相拉攏土耳其帝國。
由於當時昏庸的西班牙國王，膝
下無子嗣。法國太陽王路易十四
想讓親姪子繼承西班牙王位，可
是，奧地利王室也聲稱他們有合

●由荷蘭俄國通魏特森引介，微
服在東印度公司船廠當學徒的俄
國沙皇彼得。此畫像收藏於俄羅
斯博物館中。

法的繼承權，覬覦西班牙王位的兩國，此時均不想與土耳其發
生糾葛。一六九八年，二十六歲的沙皇無功返回莫斯科。但此
次出使讓他大開眼界，始著手將俄羅斯的國家制度改變為西歐
式的形態，以革新內政來因應與鄂圖曼土耳其的競爭。正是這
樣的歐化活動，使沙皇彼得在歷史上留下「大帝」之名。

　　俄國如願地取得黑海濱的不凍港後，建設一支新式海軍成
為沙皇彼得的心頭大事。俄國建軍學習模仿的對象主要是海上
強權荷蘭與英國。在彼得訪問荷蘭時，遇見了一位俄國通魏特
森（Nicolaas Witsen）。魏特森出生於阿姆斯特丹高階市民家
庭，年少時就傾心於天文與數理。他在一六六四年曾經私下造
訪俄國，並習俄語。魏特森本人雖然活躍於政界，卻未曾放棄
智識上的追求。他在一六七一年出版了一本《古今船舶建造及
管理法》，此書到現在都還是復原十七世紀荷蘭船艦的必要參

考書籍，可見其見識之廣，寫作之精。①沙皇造訪荷蘭時，他
安排彼得微服於東印度公司的造船廠實習。此後，他當然受到
重用，成為沙皇諮詢國策的重要人選。

　　事實上，在伊德斯出訪大清國的前一年，也就是一六九二
年，魏特森才剛自行出版他綜合上古到現代各種資料而成的俄
羅斯誌書──《北部與東部韃靼誌》，該書還附上跟出版家布
勞合作繪製的一張〈韃靼〉全圖。②伊德斯的出使，便是按圖
索驥地參考該圖，加上魏特森所寫的地誌（包括民族誌、風
土、動植物），實地踏查的成果。一六九五年初伊德斯回到莫
斯科，五月就把他實地檢核修正後的地圖隨信寄交魏特森。伊
德斯盛讚魏特森作品的正確性與實用性，並進一步提供了伊德
斯最新修正的成果、他的出訪路線圖，也一併附在地圖上面。

　　沙皇彼得回國後，雇用了大批歐洲的技術人員，以推動改
造俄羅斯的任務。他最具雄才大略的事蹟，便是於一七○三年
起，於涅瓦（Neva）河出海口展開的無中生有造鎮計畫。這個
城鎮就是日後頗負盛名的聖彼得堡。

　　沙皇對俄羅斯的繁榮與文明的期待，寄託在這個人工填
海造陸的城鎮，希望藉此吸引西歐各國商人前來貿易。翌年，
一七○四年，經過魏特森的引介，《莫斯科大使出訪中國記》
以荷蘭文在阿姆斯特丹出版，書中強調其正確與實用性。兩年
後的一七○六，該書在倫敦出版了英文版；一七○七年，則於
法蘭克福出版了德文版。

①WiWitsen, Nicolaas., *Aeloude en Hedendaegsche scheeps-bouw en bestier,*
（Amsterdam, Casparus Commelijn/ Broer en Jan Appelaer, 1671）.

十八世紀初一位東南亞華人對台灣的記述

　　不過就我們而言，該書引起我們興趣的倒不是西伯利亞的
沿途風光、豐富資源，也不
是使團在北京參見康熙皇帝
時親臨的盛大排場。對我
們最有意思的部份，反倒是
該書附錄，伊德斯順便帶回
來的一份《中國簡述》。荷
蘭文版的出版商特別解釋
說，他之所以附上此份文
件，一方面是為了彌補本書
對中國部份敘述太少，另一
方面，這份文件的作者本身
就是漢人，因此更是彌足珍
貴。《中國簡述》的封面全
文是《中華大王國簡述，
由生來即為漢人（Geboren　Chineesch）的戴奧尼索斯‧高
（Dionyzius Kao）所寫，並附帶相關的註釋》。③

● 《莫斯科大使出訪中國記》所
附錄，由漢醫戴奧尼索斯　高撰
述的《中國簡述》標題頁。

　　根據此文獻的第一個註釋，伊德斯將這份文件交給魏特
森時，曾經附信介紹說：「此文獻是關於此（中）國的簡要介
紹，沒有大的錯誤。此文獻來自戴奧尼索斯‧高，他這個人前
後一致，誠實可信。他是出生於廣東的漢人，在暹羅跟東南亞
行醫為業，並皈依了羅馬天主教。」若考慮到伊德斯曾經在北
京停留，並且與泰國前來的使團會面的話，此份文獻應該是其

② Witsen, Nicolaas., *Noord en Oost Tartarye, ofte bondigh ontwerp van
eenige dier landen, en volken, zo als voormaels bekent zyn geweest,*
（Nicolaas Witsen: 1692）.
③ 請注意「高」只是音譯Kao，實際的漢名尚待調查。

來有自。這個高先生，提供了我們當時東南亞海外華人（也可
說是大明遺民？）如何看待福爾摩沙島的一些資料。首先他敘
述了鄭成功奪取台灣島的故事，並簡述荷蘭治下台灣的情況：

第八章
福建省

　　此一省已經遭受了太多不同的戰爭。在［靖南］藩王於
此［福建省］坐鎮指揮之前，有一位在本省握有實權的領主
［平國公鄭芝龍］；對於當時已經掌握天下的韃靼人，他既
不承認，也不屈服。［大清］朝廷藉口要處理國內事務，要
與他商量。雖然有人警覺此為陷阱，他仍然決定去赴約，
而讓其子掌握政權。［他］藉此［讓出政權的行動］讓人以
為，既然他已經控制了勇敢的兒子與［朱明］皇室的宗藩，
［大清皇帝］不會膽敢採取某些行動。然而，他前往皇帝
處，卻被拘留。他目光遠大的兒子，雖然［也］受到邀請，
卻拒絕［赴約］。正如所料，他的父親被挾持加上鐐銬，送
到朝廷去了。因此他［勇敢的兒子］掀起了反抗［大清］皇帝
的大戰爭，而且非常勇敢地堅持了許多年。相反地，皇帝
非常渴望將此美麗的省分［福建］再度合併到帝國中，盡力
召集大軍來壓制這位［勇敢的兒子，也是位］親王。看見眾
多部隊雲集，［親王］發現如此無法抵禦如此強大的皇帝、
逼退他［皇帝］派來不成比例的［龐大］部隊（儘管他不時的
給他們迎頭痛擊），便決定拋棄土地並登上船艦。他自行
裝備了艦隊，帶著他的軍隊入海，直抵大員或稱福爾摩沙
島。登陸後，攻擊並驅除此地的荷蘭人，使自己成為這美

麗島嶼的主人。此一親王被稱為國姓（Quoesing），也有
人稱之為國姓爺（Coxinga）。

　　荷蘭東印度公司曾擁有此島，並在此地建築了各式各
樣的防禦工事。中國朝代的更迭，造成國內極大的震盪，
足以使大明人棄國，不辭勞苦遷往他處。在距中國十至
二十哩處的馬尼拉（或呂宋）的西班牙人，也曾經在此[福
爾摩沙島]建立一個城，後來被荷蘭人所佔領。他們[荷蘭
人]成為此島之主後，又造了許多不同的防禦工事。他們籌
畫，利用此絕妙的[動盪]機會，和整個東南亞（Indien）
的各個重要貿易地點與周邊的大國從事貿易。被稱為福爾
摩沙的此一島嶼，確實非常美麗，氣候適中而怡人，[土
地]本身相當肥沃，臨近分別有日本、中國和馬尼拉，可在
東西[兩方]各地，從事繁盛的貿易。同時，在此[地]，整
年持續的都有船隻可以出入港口。

　　前述大明親王國姓、或國姓爺，登陸[該地]之時，港
中停泊了大小船隻，而此地原居住為數不少約九千到一萬
名荷蘭人（按：此說法稍嫌誇張）。比起其他地方，他們
相當富有奢侈，又給養良好。儘管荷蘭東印度公司如此強
盛，大明人拋棄祖國，並以船艦封鎖海港，他們勇敢無懼
的攻擊荷蘭人，將之攻佔、燒毀並消滅。他們的軍隊登陸
後，佔領市鎮、城堡和整個島嶼；[他們]殘酷地對付失敗
者，許多[荷蘭人]被割開喉嚨、砍掉手與腿，或被割掉耳
鼻。還將這些不幸的人，以這種可悲的狀態，用三艘船送
返巴達維亞。在這麼安排之後，他[國姓爺]派遣使臣到馬

●《被遺誤的福爾摩沙》附圖中，一六六二年五月起到一六六二年七月間鄭荷兩軍交鋒的情景。

尼拉給西班牙人，要求他們屈服並入貢（schatting），並威脅，若不從，就馬上讓他們跟荷蘭人一樣。不過，西班牙人當成馬耳東風（sloegen dat in den windt），置之不理。④

他繼之敘述鄭氏父子跟清帝國周旋鬥爭的故事，包括鄭成功兵敗南京，周全斌大勝馬得功等事蹟。這些，在本書前面各章都曾提到過：

在結束此一主題之前，應先說明一些跟當時在台灣的這個親王[鄭成功]有關的事。很早以前，他曾命令屬下們，裝載三艘船滿滿的銀子出航。那些屬下們，並未根據命令[將銀兩]運到託付的地方，反而是將之帶到中國獻給[大清]皇帝，皇帝安置他們，並讚賞他們的作為。親王十分光火，糾集戰將兵員，集合了一支約十萬人的大軍，還有無數的船艦。使大軍迅速登船，北上急襲南京（Nankingsche）河（按：即長江）。他立即緊緊封鎖圍困此[南京]城，在他看來，絕對不需太花力氣就可拔取此城，要不是他鬆懈了一天（因為他歡欣鼓舞的慶祝生日，而全軍都得參加）的話。正當他們[準備]要奮起攻城的時候，卻樂極生悲。因為南京人發現，[鄭軍]守衛如此鬆懈，衛兵又在換班的時候都幾乎醉倒。他們因此做了一次全面性的突襲（uitval），將他們[鄭軍]從醉臥中驚起，攻擊[鄭軍]部隊。而此時他們[的人]，除了少數[撤退成功的]人外，未曾逃走的就全部陣亡了。帶著殘存的部眾，親王回到島上。據說他為此可恥的敗戰，氣怒瘋狂，嚼下一

④《莫斯科大使出訪中國記》，（台史博館藏：2003.15.178），pp. 175-6.

塊舌頭；並且，因為大量失血無法及時止住，而逝世了。

　　在他[過世]之後由兒子[鄭經]繼任，他的年紀太輕，對戰略與戰術不太熟悉，因此，忽略可以為其父復仇、洗雪醉酒敗戰之恥，取得南京的好時機，卻在領地中享樂。相反的，[大清]皇帝則未曾懈怠，對於之前所受到的蔑視與傷害，還有皇帝轄下的那些府、州、縣城市，曾經被他們偷襲[所丟失的]面子，都要報復、討回，還要防範，使此事不再發生。他[康熙皇帝]派一支有四百五十艘船的艦隊出動，以此為後盾。其[艦隊]軍力甚至強到足以去攻打整個台灣，使之完全被海軍圍繞與封鎖。[然而]出乎意料之外地，當小親王[鄭經]率領其海軍將士，觀察天候風向後，[卻]以少於四十隻船，勇猛地撲上皇帝的龐大艦隊，打擊、驅散、並毀滅了他們。（按：真正衝鋒陷陣的是鄭軍將領周全斌）⑤

　　雖然時間部份沒有介紹得很清楚，但高先生接下來，顯然是講述了數十年後，清軍征台之役的故事：

　　皇帝因此學到不應小看對手，應審慎而行。後來又再度發動出征，率領更多海船和軍人，用比上次更大的力量且更為小心，來圍困封鎖此一海島[台灣]。此一親王[鄭經]找不到破綻來攻擊敵人，因為海岸已經[在海禁下]淨空了，[他]仍想用極大的勇氣，但是相當少量的船隻，來對抗此一龐大艦隊。可是在海上被擊退，還被迫逃到島上他們所屬的地區[台灣]。他們[鄭經]更凶猛的反擊，並長

年據守抵抗。可是海島[台灣]持續被封鎖,所有的貿易都大不如前(quytraakte),隨之而來的一個大乾旱(因為有五年沒下雨),[使環境更為艱難]而未有解脫[辦法]。因為戰爭與飢荒死者大增,他被迫向皇帝要求赦免,[不得不]屈服。[這]使他被押送到北京去。皇帝見到他(按:鄭克塽),相當同情(他是年輕力壯並充滿英雄氣概的少年)這個年輕人,免了他的死罪,之後,將前述島嶼讓給他,並且保留[他的]王爵,至今他仍然統治彼地[台灣]。⑥

如此,至一六八二年,整個中華帝國重歸於一位帝王統治之下。而台灣島或福爾摩沙則隸屬於福建省,並被劃歸為府,如同先前此省大城鎮所屬的層級一樣。其[福爾摩沙島]方圓約有五百哩:位在距離大陸四十哩的地方,遍佈蔗糖與鹿皮。

然後,高先生回頭來敘述在鄭氏撤出台灣以後的福建歷史:

此[福建]省的省會稱為福州,是個美麗的大城,每日都有日本人、東南亞人、還有歐洲人前來交易。在此區域下管轄有九個大城(按:即「府」),前述的福爾摩沙島,也算在內。在此九個大城之下有三個有名的大城,位在廈門島(Haimui)側,有全省最佳的港灣。此島周圍十一到十二哩,之前這島上曾住著前面提到的福爾摩沙親王(Prins van Formosa)(按:即延平王嗣封世子鄭經),同樣在此島勇猛固守,長年抵抗皇帝。可是,在一段時間

---

⑤《莫斯科大使出訪中國記》,(台史博館藏:2003.15.178),pp. 175-6.
⑥雖說一六八三年施琅征台,但是實際上在台灣本土並未發生鄭清間的戰爭。鄭克塽主要是在劉國軒支持下投降了,其王爵仍然保留,但並沒有留在台灣(雖然鄭方一直如此請求)。

之後，為兩位王侯[平南王、靖南王]之一所佔領。如前所述，其中一位治理廣東，而另一位則治理福建。兩者都因為他們的勇敢和服務而獲得酬賞。但福建的那一位[靖南王]起兵反抗皇帝。

他[靖南王]在一段很長的時間內，掀起了[同時]在海上對抗台灣的親王，在陸上對抗[大清]皇帝的戰爭。由於兩面作戰太過艱困，向皇帝屈服投降。可是，他[皇帝]下令他們來北京，[結果]父子兩人都被處死了。（按：此即史稱「三藩之亂」的情節。）

以中國文化批判歐洲的《亞洲指南》

伊德斯於北京取得這份文獻的時間約在一六九三至九四年，大約跟清代第一本台灣方誌，即高拱乾所纂修的《台灣府志》（1696）年代相距不遠。可是鄭成功招諭呂宋、周全斌大勝清軍水師的故事，以及鄭經身為福爾摩沙親王（Prins van Formosa，嗣封世子）的記憶，卻都躍然紙上。這顯示了清政府治下的漢人官僚，與流亡海外大明人的歷史記憶，已經逐漸的產生了微妙的差異。

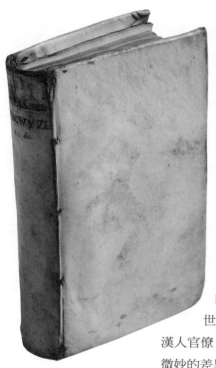

● 《亞洲指南》此一小冊子的外觀，此書一手攤開閱讀剛好。

福爾摩沙島在十七世紀所經歷的戲劇化歷史轉折，到了十七世紀末的一六九〇年代，已成為繞樑的餘音。身歷其事的人們逐漸凋零，可是，故事的情節卻一再被傳誦再傳誦。國

姓爺奪取福爾摩沙的故事，已經變成了荷蘭人彼此口頭抱怨政
府無能的範例。一六九五年所出版的一本巴掌大的小冊子《亞
洲指南》，用一種很戲劇性的口氣，敘述著《被遺誤的福爾摩
沙》濃縮版的台灣故事：

　　..因為此[福爾摩沙]島，位在前往中國、日本等其他
各地的航線上，在補給方面被認為相當有利，公司在此建
造了許多不同的城寨。因此，在這段時間裡日漸受到注
目。福爾摩沙的人們越來越擁戴我們[荷蘭]的人，此地的
貿易昌盛、前途光明。可是啊！這繁榮的發展走上了可怕
又危急的方向，正如同我以下將為讀者們講述的一段小哀
史（Tragedische historietje）一般。⑦

　　確實，東印度公司從此地撤出已有數十年之久，當時也完
全放棄再反攻台灣了。在《被遺誤的福爾摩沙》將事件真相蓋
棺論定地呈現在世人面前之後，荷蘭人丟失台灣的過去，完全
被當成了「一段小哀史」！當他講完這個悲哀的故事以後，他
這麼作結：

　　在福爾摩沙島的淪陷故事結束之際，我也要終止此一
章節了。既然一些公司人員向我推崇《被遺誤的福爾摩
沙》（這也是一本書的書名），對此[我]已無更多的補
充。其他一些人則反過來譴責說，那些人[揆一等人]並不
適任，[他們]把國姓爺有所圖謀的警訊當成耳邊風。可
是，吾友啊，事情不都總是如此嗎？發生意外的時候，就
說些早知如此何必當初（Hanne of Lijs verkorven）的

⑦《亞洲指南》，（台史博館藏：2003.15.177），p.
83.

話。當人們乘風出擊，而擊退法國人時，就說是好天氣的緣故。可是，一旦遭遇逆風，那就一定是上校或上尉對部隊的指揮有缺失，諸如此類。要不是責難步兵裹足不前，就是怪罪騎兵數量不夠。現在嫌左翼短缺，待會就怪右翼。這裡跟西班牙、布蘭登堡有點問題，那裡跟薩克森、拜爾、慕尼黑又如何如何。昨天怪罪前鋒，今日又歸責後衛。[不然就怪]早上大隊吃了起司，中午中隊吃了豬肉什麼的。說到海軍又更為瑣碎，現在怪罪「菲仕蘭邦」人，待會又說「熱蘭邦」人作歹。這下推說停在下風處太多，待會又說不要太多停在上風處過久。才說某個傢伙讓部下被人像狗一樣屠殺，又很可笑地指責他失職，理由是，因為他保留太多兵力在船上。難道我還應該在這堆廢話裡多加什麼嗎？嘴長在每個人的身上。愛紅玫瑰的人，就不愛白玫瑰。舉世皆然啊。⑧

●《亞洲指南》小冊子的標題頁。

DE
AZIAANSCHE
WEG-WIJZER,

Vertoonende

Verfcheide Landftreken, ten dienfte
van die gene, dewelke haar geluk
in andere Gewesten moeten
zoeken, opgefteld

DOOR

GERRIT van SPAAN.

Te ROTTERDAM,
By PIETER vander SLAART.
MDCXCV.

　　這裡，作者所提到的是一六七二年起，荷蘭和法國間爆發的連續六年的戰爭。因為法國路易十四覬覦荷蘭南部邊境，發動侵略，並且按照英法密約，要求英國海軍協助攻荷。為此法軍與荷軍在海上數度交手。當時荷蘭海陸均遭受圍攻，內部則政治動盪。直到荷蘭與以前的祖國西班牙及神聖羅馬帝國諸邦合作，並在海上擊破英軍後，才把局勢穩定下來。《被遺誤的福爾摩沙》也在此時出版，想必更令當時的荷蘭人欷歔不已。

　　當荷蘭在此數年間遭逢戰禍時,這本小冊子《亞洲指南》
的作者斯班(Gerrit van Spaan)才二十多歲,正在鹿特丹市
做麵包營生。就像旅居泰國的高先生一樣,斯班並非出身於魏
特森那種的「上流社會」。但當他年滿四十歲,在一六九一
年首度刊行一本小冊子《非洲指南》以後,卻聲名鵲起,受到
廣大讀者的喜愛。⑨他這本《亞洲指南》的副標題是「展示各
國,以造福樂於遊歷其他區域者。」

　　他在序言裡這麼寫道:

　　致讀者

　　不只是為了滿懷熱情,才讓此書面世。而是為了您
們,老爺們,在這危急存亡的時刻,依舊能秉持著良善的
哲學觀,而不使您們在虛空(vacuum)中走向邪惡的路,
我給您們呈上了這些短篇見聞。而在各色各樣的人裡,對
某個有幸從世界各地海岸,回到祖國的人來說,這也還是
一件合理的善事。在我的《非洲指南》中,你可找到安詳
入睡的處所,在這本《亞洲指南》裡,你還可再發現你最
喜歡的事物。

　　在這兩本導遊書出版期間,荷蘭再度陷入與法國的戰爭
中。因為一六八八年的光榮革命使英國倒向荷蘭與西班牙的同
盟,法國就在一六八九年出兵英國,希望扶植天主教的親法王
室。一六九六年雙方勝負未定,故斯班說這乃是「危急存亡」
之秋。這本小冊子不到一百四十頁,很容易就可以放進口袋,

---

⑧《亞洲指南》,(台史博館藏:2003.15.177), pp. 96-7.
⑨ Spaan, *Gerrit van., De Afrikaansche Weg-Wyzer* ,(Rotterdam: Pieter van
der Slaart, 1691).

隨身帶著走。不像前面所介紹的《東印度水路誌》、《中國新圖》這樣的大部頭著作，動輒千百頁。內文也不會穿插引註學者的長篇大論，或者每日發生事件的紀聞。正如斯班所言，他所要做的，是把各地的風土奇聞，以文學式的手法，在不偏離事實的情況下，呈獻給大眾，希望能讓人輕鬆的臥遊寰宇，享受閱讀樂趣。他並且說：

　　…當你整本讀完我的小書上一本（講西班牙西印度群島）時，是不是更有興趣去讀接下來的第二本書呢？⑩確實，在我第一本小書寫完後，就[不斷]忙於清理房舍，因為這個、那個人，都要來聊聊他們所知的事物。當然，最重要的，我要在序言中強調的是：任何人收集的一些材料，就如同我自己所為一樣，我都認為，最好，要相互的學習。即使就像兩位伊卡魯斯，因為飛得太高[使臘製的翅膀融化]而墜落海中，我仍膽敢冒險一試。

　　是的，可以推想，身為麵包坊主人的斯班，當然不像前面幾章所說的達波博士、魏特森等人，有特殊的消息來源，可以在東印度公司的封鎖之下，獲取機密資料。或者像《荷蘭信使》一樣，有能高價收購必要的商業情報。斯班的資料來源，是那些從世界各地回返荷蘭養老的水手、船長們。他們會親自造訪他的麵包店，講述那些亞洲的故事。當然，斯班也運用了像《被遺誤的福爾摩沙》這樣的一般性出版品。雖然他的出身不高，但是他相信經由理性的討論，即使是一般的平常人，也都能夠獲得正確的、良善的知識。就他自己而言，他的著作即相當幸運地受到大眾的歡迎：

　　我發現，歐洲寫書界的作者們，降尊紆貴地提起我的
《非洲指南》，而且並非惡評，這給了我勇氣。對於其他
訕笑者、攻擊者的謾罵，就隨他們去吧。我滿足於理性人
們的評斷，而我正是為他們服務的。

　　生於十七、十八世紀之交的這位麵包師斯班，膽敢如同
伊卡魯斯這樣，憑藉著理性的翅膀，嘗試去認識完全未知的世
界，或多或少反映了當時歐洲知識界的一般呼聲：敢於認識！
可是，他對於未知世界充滿著浪漫的想像，又代表著，這樣的
認識，主要還是藉以來反省歐洲人的生活，比如說，他用中國
人的漢字書寫法來嘲笑歐洲人的拼音書寫方式：

　　他們[中國人]的書寫方式是從上到下，以字型書寫，
每個字型是一個字。是的，單個字就有其意義。所以他們
笑荷蘭人差勁，為了一點小事就浪費這麼多紙張。如果他
們看到船艙裡所裝載的那些大而無當的笑話⑪，就是我們的
飽學之士為了鑽研瑣碎細微之事所寫的那些，不知道他們
會不會把天空笑出個洞來！

　　像這樣假藉中國文明來批判歐洲社會的平民知識份子，在
十八世紀所稱的「啟蒙運動」當中，並不算太少，例如，伏爾
泰本人正是在一六九四年呱呱墜地。可是，真正從亞洲前往歐
洲去「教示」這些歐洲人的漢人，卻幾乎沒有一人。在這個思
想運動中，福爾摩沙的形象又會如何轉變呢？

⑩Spaan, *Gerrit van, De Gelukzoeker over Zee, of d'Afrikaansche Weg-Wyzer, Beschryvende verscheide Gewesten ,*（ Rotterdam: Pieter van der Slaart, 1694）.此書是《非洲指南》的加長版，大概因此加入了關於南美的內容。
⑪ 指荷蘭東印度公司的各種航海日誌、官方文書等等。

第⑧章　真假代言人之爭 ——

《福爾摩沙島歷史與地理的描述》、

《反對薩爾曼納查的研究》、

《耶穌會士書簡集》、

《中國全誌》

《福爾摩沙島歷史與地理的描述》 *An Historical and Geographical Description of Formosa*
《反對薩爾曼納查言論的探究》 *An Enquiry into the Objections against George Psalmanaazaar of Formosa*
《耶穌會士書簡集》 *Lettres édifiantes et curieuses*
《中國全誌》 *Description de l'Empire de la Chine et de la Tartarie chinoise*

一六六二年夏天台灣被圍困的消息傳遍歐洲，陷落的消息又隨即在秋天發佈。①遠在萬里外種種激動人心的情節，到那時候才廣為歐洲人知曉。而隨著眾人的關心，荷軍幾度想要與大清國聯軍的努力，又陸續被發表出來。於是台灣圍城的故事變成了膾炙人口的一段「小哀史」，而台灣則成為另一個基督徒受難殉教的夢土。對於歐洲日漸充實的閱讀者行列來說，既然歐洲人與台灣的現實關係已經斷絕，任何人都有權給這段眾人皆知的「歷史」加上評論。正如同從來未曾見過、也無法閱讀中文的《亞洲指南》作者斯班，會假託漢人，來批判過去歐洲學究們過度繁瑣而雕琢的文體一樣，幾個世紀以來不斷向外吸收新知的歐洲人，在十七、十八世紀之交，也正開始反省他們自身的處境。經歷了宗教戰爭的洗禮與革命性的天文學發現，許多中世紀時言之成理的世界觀逐漸受到挑戰。雖然不是人人都有機會環遊四海，但是對於世界各地不同文明與風俗各有其擅場之處的這種認知，已經漸漸成為基本常識。

●一七〇五年刊行於鹿特丹的《福爾摩沙島歷史與地理的描述》荷文版小冊子。這一家出版社出版包羅萬象的通俗文學小冊子，這已經是第六十五本。

BESCHRYVINGE
VAN HET
EYLAND
FORMOSA
IN ASIA,

En der Regering, Wetten, Zeden, en Gods-
dienst der inwoonders

Uit de gedenkſchriften van den Hr.
GEORGIUS PSALMANAAZAAR
Aldaar geboortig, t'zamengeſtelt.
Mitsgaders

Een breet, en net verhaal zijner Reizen door ver-
ſcheide Landen van Europa, en van de ver-
volging, welke hy door toedoen der Jeſuiten
van Avignon, geleden heeft; benevens de re-
denen, die hem tot het afzweeren van het Hei-
dendom, en het aannemen der hervormde Chri-
ſtelyke Godsdienſt gebragt hebben.

Door d'Hr. N. F. D. B. R.
Met Kopere Platen verciert.
Uit het Frans vertaalt.

Te ROTTERDAM,
By PIETER vander VEER Boekverkooper.
1705.

一個假冒的福爾摩沙人在歐洲

一七〇四年，一本聲稱來自福爾摩沙而皈依基督教的青年薩爾曼納查（George Psalmanaazaar），在倫敦出版了《福爾摩沙島歷史與地理的描述：一個臣屬

日本天皇的島民所寫的居民宗教、風俗、禮儀等記載，並包括
作者的旅遊記聞，特別是與耶穌會士等人於歐洲各地的周旋事
蹟。也包括他皈依英國國教的理由，還有他如何反對（耶穌會
士袒護異教）及其回應》這樣一本小冊子。不久，該書又在阿
姆斯特丹迅速地刊行法文版。一年後，此
書已經再版，並在鹿特丹出版荷蘭文的版
本。②

　　作者在序言中表示，過去所流傳關
於福爾摩沙的故事，其實是傳教士胡言亂
語，用以騙取名聲的假話，而他這一位正
牌福爾摩沙人，要出來撥亂反正：

　　…首先在，他們[傳教士]所說的故
事裡，有不少你們本該懷疑的，因為，
每個號稱親眼見過的人，對於這些事項
的說詞都不同。既然他們的說詞前後矛
盾，你們當然不應聽信他們。但我要暴露
的虛偽之處。我將以一些在中國做生意的商人所言來加強
我的說法，他們的看法跟我比較一致，但是，跟他們[傳教
士]的說法卻很不同。例如，康第丟斯等人，在《福爾摩沙
簡報》裡告訴我們說，在那島上既沒有君主也沒有民主政
體；對於偷竊、通姦、謀殺等等醜惡的犯罪都沒有法律與
懲罰來反制，而是人人來辨別是非，自行報復。例如，倘
若某人搶我一百英鎊，我也可以相對地從他那裡偷回來。
若某人謀殺我的親人、好友，我就殺他的親人來報復。對

一些他們

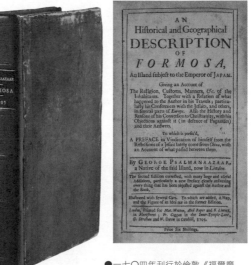

●一七〇四年刊行於倫敦《福爾摩
沙島歷史與地理的描述》的英文版
小冊子，封面標價是六先令，這約
是一磅咖啡豆或六磅培根的價格。

①參見第五章。
②傅良圃（Frederic J. Foley）著，《文學史上的大騙子》（張劍鳴譯），（台
北：純文學出版社，1966），pp. 39-41.原書參見：Foley, Frederic J., *The great
Formosan imposter,*（Plymouth: MA, 1968）．

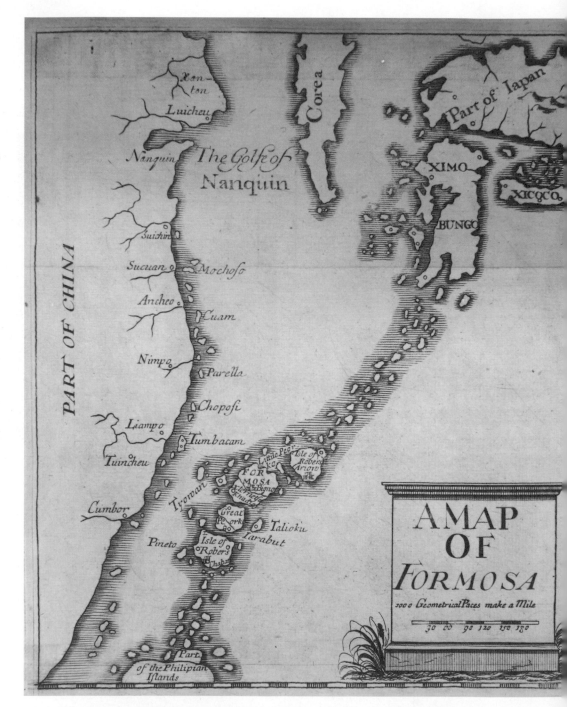

●一七〇四年刊行於倫敦《福爾摩沙島歷史與地理的描述》所附帶的福爾摩沙地圖。取自一六〇六年英國出版商Jocodus Hondius刊行的〈中華地圖〉，當時此一資訊早已過時。

於通姦等也是一樣。他們還更進一步說，原住民間沒有任
何私產經濟或秩序，對於主人與奴僕的分別也一無所知。
那裡既找不到金礦銀礦，也沒有香料。對上面這種說法，
讓我回答你，我所提過的那些商人告訴我們，他們在那裡
從事出口，必須支付大量關稅給一位長官。倘若那裡有個
長官，那裡當然有法律。讓康第丟斯那些人，愛怎麼說，
就怎麼說好了。就像那些商人所證明的一樣，他們有黃
金、白銀，也有香料等等，其他大量的貨物，已經給他們
出口了。③

●一七〇四年刊行於倫敦《福爾摩
沙島歷史與地理的描述》當中，作
者薩爾曼納查自行幻想的福爾摩沙
眾生像。此後多年，一直被誤認為
是真實的記載。

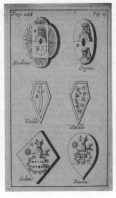

③《福爾摩沙島歷史與地理的描述》荷文版（台史博館藏：2002.06.55）、英文版
（台史博館藏：2003.15.179），〈序言〉。

　　作者強調他只是因為良心看不過去，才站出來駁斥那些
「福爾摩沙代言人」：

　　…其次，我想要你們注意，我並不想要給予你們我們
島上完整的歷史，因為當我離開的時候年紀很輕，只有
十九歲，無法完全地陳述每件事。此外，我也離家六年
了，許多能對我國踵事增華的事情我已經遺忘，但我仍盡
力回想並完整的加以刊行了。反之，我從未如同我告誡你
們的一樣，把一些我不知道的事當成確定的來說。我對得
起良心，請你們接受這書。因為既然我已經負責，我就不
會再有別的念頭。

　　這位二十四、五歲的少年家，長得如何？根據曾經跟他對
質的耶穌會神父洪若翰（Jean de Fontaney）的記載，他說：

　　這位假福爾摩沙人是…一個大約有二十二歲的青年，
髮色金黃，膚色紅潤…。④

　　這位洪若翰神父是何許人也？他乃是大名鼎鼎，法國國王
路易十四親自指派前往大清國輔助康熙皇帝的宮廷數學家。為
了觀測難得一見的日蝕以修訂世界地圖，他在一六八五年時奉
命出航，率領天文觀測團隊到暹國，隨後於一六八七年轉往寧
波，後來在南京服務，從事天文觀測十二年。一六九九至一七
○○年間他為了天主教在中國佈教的「禮儀之爭」事件返法，
一七○一年又再前往大清國。一七○三年正取道倫敦回返法
國。由於身為法國皇家科學院的院士，他也不免受邀到倫敦去

參加英國皇家科學院的例會報告。當他抵達倫敦時,英國境內
大小報紙,正鬧哄哄地報導薩爾曼納查這一號人物。在當時,
幾乎每個人都以跟這位由天主教徒改宗英國國教派的「福爾摩
沙人」見上一面為榮,所以英國皇家學會也不免俗地請他到例
會上去,讓他在正式的會議結束後可以和好奇的科學家們晤
談。⑤於是,這兩位「東方代言人」便在會議上數次碰頭了。
當然,洪若翰神父完全不給薩爾曼納查留情面,而他是「假福
爾摩沙人」這件事,則完全被哈雷(Edmund Halley,即哈雷
慧星發現者)所提供的一六六七年版台灣地圖給暴露。一七〇
五年,學會並且向曾經在明鄭治理下的台灣駐留,擔任英國東
印度公司商務員的葛瑞菲斯(Samuel Griffith)求證過,證明
薩爾曼納查根本是一派胡言。⑥

可是,偽書的出版並未就此打住,反而在倫敦大行其道、
暢銷熱賣,無論是耶穌會或英國皇家學會,都不願意出面駁斥
其荒誕不經的內容。這其中當然有著難以啟齒的原因。

天主教會的禮儀爭端與耶穌會

前面第三章講到《中國新圖》時,已經提到義大利耶穌會
士衛匡國,就是於一六五二年奉命從北京回到梵諦岡解釋在華
耶穌會為何容許祭祖祭孔,才順路於阿姆斯特丹出版該書的。
梵諦岡方面聽了衛匡國的辯解,便指示倘若祭孔與祭祖是一種
風俗而非宗教,那耶穌會不妨入境隨俗。另一方面,西班牙道
明會與方濟會卻認為,祭孔與祭祖為宗教,但義大利、葡萄牙
耶穌會士卻辯稱不是宗教。對此爭執,教宗根本沒有裁斷,而

④傅良圃著,*op. cit.* p. 6.
⑤傅良圃著,*op. cit.* pp. 21-9.
⑥傅良圃著,*op. cit.* pp. 32. 一六七〇至八三年間英國東印度公司也曾與明鄭政權訂
約,先後在台灣與廈門設立商館。

採靜觀其變的消極態度。

　　但明清鼎革後,大清國順治帝偏愛湯若望,耶穌會士在北京宮廷裡仍然如同明末一樣位居要津,穩坐在華傳教的第一把交椅。⑦順治帝去世後,由於康熙帝個人對於曆算與數學的興趣,耶穌會士南懷仁受到倚重,受命推動一六八○年代以來法國耶穌會士進入大清國擔任天文曆算、輿地測量人員的一系列活動。而這也就是洪若翰神父被派遣到大清國的原因。對於懸擱未決「禮儀之爭」的是非,長期於福建耕耘的西班牙道明會士閔明我(Domingo Fernández Navarrete)心有不甘,一六七六年回國後發憤著書,重新詮釋中國的宗教與文化,大肆批評耶穌會的傳教方式,迫使梵諦岡方面不得不重審此一問題,但結果仍未置可否。⑧直到由暹國進入福建傳教的巴黎外方傳教會(Missions Etrangères de Paris)神父們,於一六九三年突然猛烈反對祭孔與祭祖,才使此事爭議再起。

●身穿大明儒服的耶穌會士利瑪竇肖像。該畫像為利瑪竇死後不久在北京所畫。後由其他耶穌會士帶回羅馬。現保存於羅馬的耶穌會總部Chiesa di Gesu大教堂。

　　由於整個禮儀之爭延燒到法國巴黎大學,教宗對耶穌會的態度漸轉強硬,並且於一七○○年表達天主教禁止祭孔祭祖的意向,隨後更遣使往中國頒佈教會詔令。故一七○三至一七○四年間,正是教宗與大清國康熙皇帝就此問題交換意見的敏感時期。而薩爾曼納查一書,除了各種幻想出來的台灣歷史與地理情節之外,最主要的賣點就在於強調要「揭發」耶穌會士長

期以來在東亞傳教的「黑幕」。例如，他謊稱天主教在日本遭
禁，就是因為耶穌會士傳教手段不夠正統：

　　耶穌會士給他們〔日本人〕上第一課的時候，所講的
是，天地宇宙的主宰和創造者只有上帝一個，並且以自然
的道理說明他的無始無終和表徵，而不敢提到他的神性是
三位一體，怕說出來以後，會動搖他們對只有一個真神的
信心。⑨

●年過七十，身穿大清官服的耶穌
會士湯若望肖像，出自一六六八年
出版的《中國圖誌》。

　　他指桑罵槐地控訴耶穌會士藉
由天文、曆算知識在中國傳教，是一
種異端的行為，就像他們欺騙日本人
說上帝是沒有神性的造物主一樣。巧
合的是，事實上，耶穌會確實主動去
避免讓上帝是唯一真神的信念，跟漢
人的祭祖活動衝突，並且，耶穌會確
實也是藉由自然科學知識來使漢人接
受造物主的存在，引導其認識上帝。
薩爾曼納查此一批判雖然歪打，卻是
正著。由於當時耶穌會正是「禮儀之
爭」被批評的對象，在焦頭爛額之
際，自然對他有所忌憚，以免因小失
大。再加上，英國本身在宗教改革過
程中，主要還是偏向新教的一邊，對
於天主教教廷的干政相當感冒，耶穌
會士的宗旨就是反宗教改革，過去又

⑦其發端是伊斯蘭天文學家與天主教天文學家的爭端，夾雜宮廷內鬥所致。史稱「康熙曆獄」。
⑧Fern ndez Navarrete ,Domingo., Tratados Historicos, Politicos, Ethicos, *y Religiosos de la
Monarchia de China. Descripcion Breve de Aquel Imperio, y Exemplos Raros de Emperadores, y
Magistrados del. Con Narracion Difusa De Varios Successos, y Cosas Singulares de Otros Reynos, y
Differentes Navegaciones.*（Madrid: Imprenta Real, 1676）.
⑨轉引自傅良圃著，*op. cit.* p. 49.

被認為是羅馬教廷干預各國政治的爪牙。薩爾曼納查便利用英
國人對教廷的惡感，大肆攻擊耶穌會士在日本傳教也用了過去
教廷在歐洲干預政治的卑劣手段，像在英國一樣，陰謀把英王
跟國會議員炸死：

　　　福爾摩沙人以口頭傳說的方式，一代一代地傳說著、
　　反對異端的耶穌會士，天主教神父，還有熱忱的天主教殺
　　手在這件陰謀中的關係。他們對於耶穌會士跟其他天主
　　教神父曾經參與這件陰謀的策劃一事，深信不疑，其深
　　信的程度有如英國人之相信「火藥陰謀（the Gunpowder
　　Plot）」一樣…⑩

　　說起來，日本之所以禁教鎖國，其實跟葡萄牙耶穌會士與
西班牙道明會、方濟會間的傳教爭端有關，此一黑暗往事，正
是耶穌會士心頭的大患。在一七〇四年，「禮儀之爭」又鬧得
滿城風雨，提起這一段傷心往事完全打中了耶穌會的要害。更
慘的是，至康熙帝末年，清廷內部對於天主教不滿的情況，又
幾乎是昔日日本幕府禁教事件的翻版。⑪所以，除了少數幾個
神父，刊出幾篇書評駁斥薩爾曼納查所言偏離事實以外，耶穌
會士方面實在不願意隨著這個胡攪蠻纏的瘋狗起舞。薩爾曼納
查真可說是一個相當走運的騙子。

薩爾曼納查對耶穌會士的抗辯

　　不過，紙總是包不住火。除了耶穌會以外，歐洲仍然還
有其他關於亞洲、深受注目的消息來源。第七章所介紹，刻意

為沙皇大肆宣揚東亞風土人文、商貿資源，由荷蘭商人伊德斯
（Evert Ysbrants Ides）所著的《莫斯科大使出訪中國記》，
於一七〇六年，也譯成英文在倫敦上市了。其中的附錄，戴奧

尼索斯·高所
著的《中華大
王國簡述》
之內容，顯
然完全與薩爾
曼納查的說詞
矛盾。然而，
信奉新教的荷
蘭商人可是耶
穌會士的死對
頭，完全沒有
幫耶穌會士圓
謊的必要。所
以，薩爾曼納
查藉由指控

●一七〇五年刊行於鹿特丹的《福
爾摩沙島歷史與地理的描述》所
附帶的日本地圖。取自一六〇六
年英國出版商洪迪烏斯（Jocodus
Hondius）刊行的〈中華地圖〉，當
時此一資訊早已過時。

耶穌會士來模糊焦點的招數，也失了力道。薩爾曼納查本來堅
稱台灣屬於日本，可是《簡述》裡卻清楚的交代荷蘭、明鄭與
大清三者前後在台海各地交火的歷史，解釋了為何台灣島會有
「國王」的因由。⑫到後來，薩爾曼納查只好辯稱：

　　… 該書[中華大王國簡述]不直說台灣是屬於中國的，
[卻]反過來說，中國皇帝派了一支軍隊到台灣去，征服了
該島。隨後[又說]，中國皇帝鑑於我們的國王在防守中，

⑩ 轉引自傅良圃著，*op. cit.* pp. 50-1. 一六〇三年伊麗沙白一世女王逝世，英王詹姆斯一世繼位。英國天主教
徒本來相當期望他會傾向對天主教徒採取較寬鬆的政策，事實卻非如此。於是遂有狂熱天主教徒想把英王與新教
國會議員一併炸死的密謀。後來事洩未成，但卻使天主教徒背負叛國賊惡名近一世紀。
⑪一七一七年後教宗派人前往大清國頒佈教令要求教徒不得祭孔祭祖，此舉當然不獲得康熙皇帝的支持。此後非
但天主教神父間相互因意見不同而分裂，傳教活動也難以進行。
⑫即指「嗣封世子」鄭經，參見上一章。

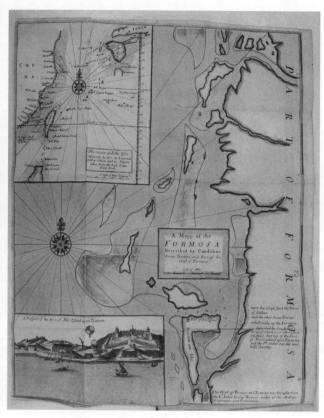

●一七一〇年刊行的《反對薩爾曼納查言論的探究》小冊子中附載的三張地圖，都是他人舉證反對薩爾曼納查的公開資料，可是薩氏仍企圖藉「福爾摩沙人」的身份反駁他人的揭發。

展現了無比的軍人勇氣，因而不願佔領該島，又把它還給了我們的國王。該書的這種說法，恰好證明了我在書中的話，就是中國人可能因為無法攻佔我們的島，為了挽回被我們趕回去而失掉的面子，假裝把該島還給我們的國王。……⑬

　　為了因應這本新書《中華大王國簡述》所提出來的證據，一七一〇年，薩爾曼納查又構思了一本《反對薩爾曼納查言論的探究：其中康第丟斯和其他歐洲作者所稱之記載、日內瓦和索福克等地論薩爾曼納查的書信，都被證明是同樣的[不可靠]。其中附有福爾摩沙原創的新版地圖，包括附近的琉球島、中國和日本。還有兩篇對福爾摩沙相當特別的描述。全書附錄對Sluice地方D'Almalvy修士的答辯》。

　　這本小冊子是對《中華大王國簡述》出版後所招致各種攻擊的總答辯。就如同上面的書信一樣，薩爾曼納查面對各處不斷刊行流佈的台灣資料仍做困獸之鬥，總想調和他先前所說的故事，與後來刊行的資料，結果不但無法自圓其說，其處境卻

每下越況、越來越狼狽。一七一一
年之後，一般倫敦的大眾已經完
全不相信他所說關於福爾摩沙的奇
譚，卻轉而把他當成社交圈裡所容許
的有趣但無害的騙子。⑭

　　在整個天主教「禮儀之爭」
裡面，真正讓耶穌會頭痛的，並非
主要在菲律賓傳教的西班牙道明會
士、方濟會士，而是一群法國人，
自一六八二年起突然到福建傳教的巴
黎外方傳道會人員。一六八三年他們
以法文寫成的《耶穌會士實用倫理學》（*La
Morale pratique des Jésuites*）一書，猛批耶穌會士在
異教宮廷位居高官，尸位素餐、腦滿腸肥，根本不熱衷傳教。
對此，耶穌會士不得不著書立論，強調他們從有教養的階層開
始傳教，著重的是文化交流的基礎，如此才能上行下效、傳之
久遠。

　　法國耶穌會士開始將過去與世界各地人員交換的信函匯集
編纂成冊，公開發表，以當成其傳教活動寓意深刻的證明。因
此，任職於巴黎的耶穌會祕書郭弼恩（Charles Le Gobien）
，從一六八九年起，即用耶穌會士中國來函，編纂了數本書籍
以駁斥各界的惡意攻擊。雖然一七〇〇年之後，「禮儀之爭」
的大勢已經底定，但是一般大眾對於書籍的內容卻產生了很大
的反響，法國社會漸漸產生一種藉助中國來批判法國社會的攻

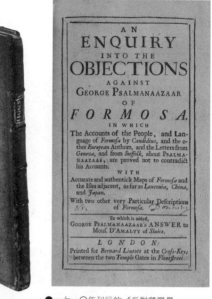

●一七一〇年刊行的《反對薩爾
納查言論的探究》小冊子外觀與標
題頁。

<hr />

⑬轉引自傅良圃著，*op. cit.* p.128.附錄三〈薩爾曼納查給雷諾德（Samuel
Reynolds）的信，1705/6.2.27〉。
⑭傅良圃著，*op. cit.* pp. 67-8.
⑮最近的華文譯本，參見：杜赫德編 （Jean Baptiste du Halde），《耶穌會士中國
書簡集》（鄭德弟、呂一民、沈監譯），（鄭州：大象出版社，2001-5），共六冊。

錯風氣。前述郭弼恩將亞洲各地的耶穌會士來函如實地編纂出版，也就是著名的《耶穌會士中國書簡集》之緣起。⑮

《耶穌會士中國書簡集》首冊於一七〇二年出版，原名是《中國與東印度地區耶穌會士傳道書簡集》。⑯由於受到好評，一七〇三年遂更名為《在外地傳教耶穌會士所寫頗富寓意與奇趣的書簡集》並為叢書第一冊。一七一一年出版到第九冊時，因為郭弼恩工作繁重，轉由杜赫德（Jean Baptiste du Halde）神父接手編纂。既然叢書一開始就有為耶穌會士的宣教方式辯護、背書的意味，當然隨後又出版了其他語言的譯本。一七二六年，奧地利耶穌會士斯托克林（Joseph Stöcklen）便將之逐冊譯為德文出版，德文版又加上原書所未附的義大利與德裔會士函件，以《水陸遊記中有教益和奇趣的書簡大全，由屬於東西印度地區的耶穌會士許多遙遠國度從一六二四年到一七二六年間發送到歐洲者。結合首度刊出手稿、以及譯自法文版寓意書簡集彙編而成》⑰之標題重新出版。

●一七二〇年刊行《耶穌會士中國書簡集》第十四冊的外觀及標題頁，其中輯入馮秉正神父所報告、前往台灣測繪地圖的函件，書體輕巧，隨手即可翻閱。

由於一七二〇年所出刊的法文版《書簡集》第十四冊中，收錄了幾位耶穌會士到台灣測繪地圖後的回函。⑱所以，這些函件也轉譯刊登在德文版本中。換言之，在薩爾曼納查騙吃騙喝的風光日子逐漸過去以後，耶穌會士才真正踏上了台灣的土

---

⑯標題原文：Lettres de quelques missionnaires de la Compagnie de Jésus, crites de la Chine et des Indes Orientales.
⑰《水陸遊記中有教益和奇趣的書簡大全》第六冊，（台史博館藏：2003.15.183）。
⑱《耶穌會士書簡集》第十四冊，（台史博館藏：2003.14.88）。

地，開始為台灣人
「代言」。

耶穌會士測量
台灣與澎湖

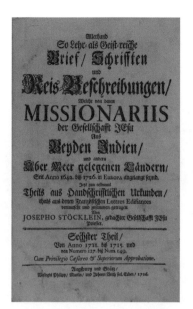

●一七二六年刊行《水陸遊記中有
教益和奇趣的書簡大全》第六冊的
外觀及標題頁。除了皮革封皮外，
還加上金屬書扣，卷軼浩繁，必須
置於木架上翻閱。

前面已經說過，
洪若翰神父代表法國
國王前往中國的理由
其實是要藉助最新發
展的天文觀測技術，
從事校正世界地圖的
活動。而據他一七○
三年返國前所發的
信函，康熙帝本人公餘之暇，沈迷於以三角函數對數表應用於
實測的科學活動中。⑲一七○八年，康熙帝令耶穌會士測量北
京城內外，後來又藉此觀測北直隸省的水道形勢。結果相當豐
碩。某位耶穌會士趁機提議他測量長城到底有多長，一七○九
年此一實地測量完成，康熙帝驗算無誤，龍心大悅，一股地圖
測繪運動遂順水推舟的展開。一七一一年，他公開視察北直隸
省水患時，還親自測量水道，秀了一手給滿朝漢官瞧瞧。⑳於
此期間，耶穌會士擔任滿人皇帝的欽差御使，跑遍天下進行測
繪活動。整個測繪事業於一七一七年結束，其後彙整的成果即
著名的《皇輿全覽圖》。

為了測繪大清國全圖，耶穌會士雷孝思（Jean Baptiste

⑲Jami, Catherine., *Imperial Control and Western Learning: the Kangxi
Emperor's Performance, Late Imperial China*, Vol. 23, No. 1,（June 2002）:
33.
⑳Jami, Catherine., *op. cit.*, pp.36-7.

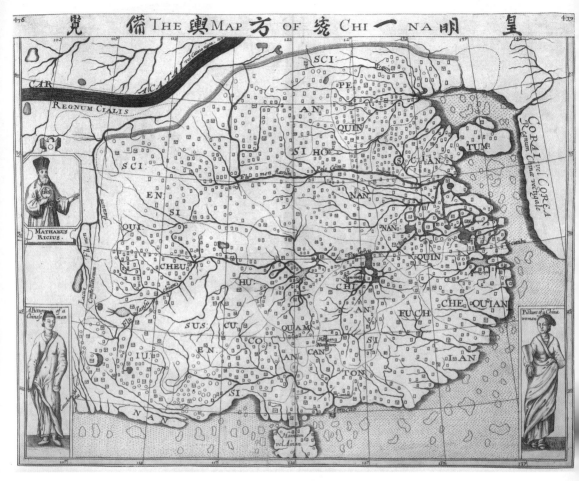

Régis），馮秉正（Joseph-Francois-Marie-Anne de Moyriae de Mailla），德瑪諾 （Romain Hinderer）三人，於一七一四年四月十八日到五月二十日之間，中斷在福建的測繪工作，來台測繪地圖。[21]附載於馮秉正來函的《根據中國皇帝

21 方豪，〈康熙五十三年測繪台灣地圖考〉，《文獻專刊》，創刊號，（台北：台灣省文獻委員會，1949），pp. 28-53.

康熙之命令實測台灣所製的地圖》如標題所示，正是《皇輿全
覽圖》的台灣部份。因《皇輿全覽圖》的本初子午線選定以北
京欽天監所在地，為子午線零點，故台灣位於東經三度到五度
間。

　　此張台灣地圖標出北回歸線下的諸羅縣（Tchulo-hien），
也標出另兩個城鎮台灣府（Tayouan-fou）和鳳山縣（Fangan-
hien）。北部則只標示駐兵處如淡水鎮（Tanxoui-tehin）與基
隆寨（Kilong-tehai）。南方的導航標誌，鵝鑾鼻的沙馬磯頭
（Xiama Kiteou）也被標出。值得注意的是，南端沙馬磯頭
（Kamakiteo）到北部的雞籠寨（Kilongtchai）之間，繪有一
條虛線，此線即清康熙年間所謂的「番界」（Limites）。

●一七二〇年刊行《耶穌會士中國
書簡集》第十四冊當中附載的〈康
熙皇帝命令下所調查隸屬於中華帝
國的福爾摩沙島圖〉。可見耶穌會
士們雖然不是踏遍台灣島，卻也至
少去過台灣頭尾。

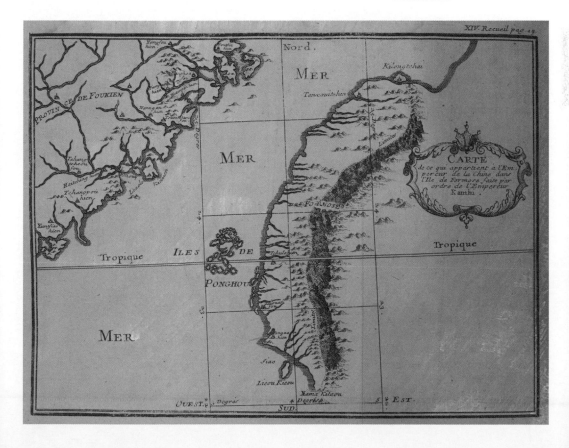

正如同馮秉正所言：

中國並沒有全面統治福爾摩沙，福爾摩沙被一系列高山分成東西兩半部，山脈最南端起於沙碼磯頭，北端止於中國人所稱的雞籠寨，只有西邊才屬於中國，東邊居住著野蠻人…㉒

當然這裡所稱的野蠻人，如果翻成漢語，大約就是大清國官僚所稱的「生番」吧。身為欽差的馮秉正，見到平埔村社受到漢人通事欺壓，甚至跟花東的原住民結合一同反抗大清國官府的時候，也曾詢問當時任「台灣廈門道兼理學政」的台灣「首席文官」陳璸，為他們打抱不平。無奈陳璸甚為冷淡的回答：

如果這些野蠻人堅持不受教化，他們只會變得更糟，我們要設法將他們變成文明人，誰知他們不領情。到處都有不滿份子。㉓

雖然馮秉正認為平埔族不騙不搶，心地純正，甚至有些人還繼續說著荷蘭人教授過的荷蘭語，用荷文聖經，可是台灣既然已經變成西洋人不得進入的地區，也只能徒呼負負，為他們的命運感嘆幾聲罷了。此外，他們前往台南時，路經澎湖，也順道測繪了《澎湖群島圖》。

台南地區是耶穌會士欽差們，在台灣時的駐留地，所以

㉒蘭伯特（Lambert van der Aalsvoort），《風中之葉：福爾摩沙見聞錄》（林金源譯），（台北：經典，2002），p. 64.
㉓蘭伯特，*op. cit.* p. 68.

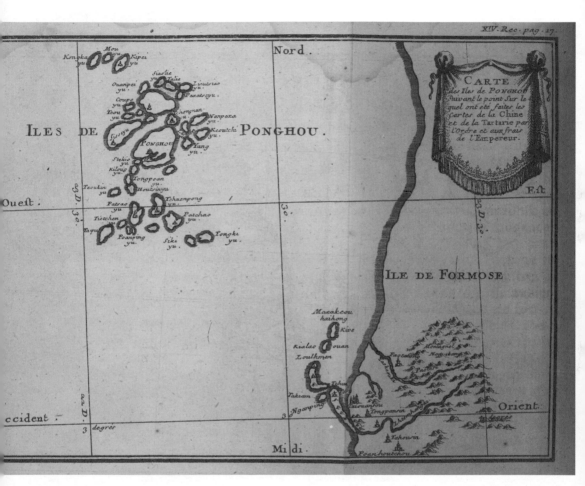

●一七二〇年刊行《耶穌會士中國書簡集》第十四冊當中附載的〈澎湖群島圖〉。台灣府周邊（今台南市）才是負責測繪台灣地圖的耶穌會士們流連之處。

留下了兩處較詳細的地圖。在沿岸沙洲區域，圖上標示如馬沙溝（Maxakeou）、海翁（Haihong）、加老灣（Kialaoouan）、鹿耳門（Loulhmen）、大港（Takiam）、隙仔（Thim）、安平（Nganping）等舊地名。在本島部份，則標誌有：木岡山（Moukang）、咬狗溪（Yaekouki）、台灣府（Taiouanfou）、桶盤棧（Tongpansin）、二層行溪（Lhsemhangki）、大湖棧（Tahousin）。在耶穌會士引起康熙帝興趣四處從事地理實測的時候，羅馬教宗親自任命的特使也在一七〇四年前後抵達大清國，宣布天主教徒不得祭祖祭孔的決定。康熙帝為之惱怒，一七〇六年，同樣任命兩名耶穌會士出使羅馬。隨後，則要求大清國內天主教修士具結不違抗祭祖祭孔的風俗，否則驅逐出境。然而就在馮秉正等人實地於台灣測繪地圖後不久，教宗對於康熙帝的政策卻做出了相當激烈的回應。一七一五年教宗發出詔令，要把仍然祭祖祭孔的天主教徒開除教籍。雙方僵持不下的結果結果，終於導致了一七一七年後大清國內興起一股禁止天主教的聲浪。

在《中國全誌》中遇見《台灣府志》

當天主教會在大清國內的勢力逐漸萎縮之際，歐洲知識界對中國社會與文化的興致卻正方興未艾。《耶穌會士中國書簡集》成為啟蒙思想家們批判社會的靈感來源。一七一一年接手書簡集編纂工作的杜赫德，也開始利用耶穌會自十六世紀以來累積的資料，從事中國社會文化完整而有系統的解讀介紹的工作。其成果便是一七三五年起出版的《中國全誌：中華帝國之滿漢、朝鮮、西藏，包括了地理、歷史、編年、政治與

DESCRIPTION
GEOGRAPHIQUE
HISTORIQUE·CHRONOLOGIQUE,
POLITIQUE·ET·PHYSIQUE
DE L'EMPIRE DE LA CHINE
ET
DE LA TARTARIE CHINOISE.
ENRICHIE DES CARTES GENERALES ET PARTICULIERES
de ces Pays, de la Carte générale & des Cartes particulieres du Thibet, & de
la Corée, & ornée d'un grand nombre de Figures & de Vignettes gravées
en Taille douce.
Par le P. J.B. DU HALDE, de la Compagnie de JESUS.
TOME PREMIER.

A PARIS,
Chez P. G. LE MERCIER, Imprimeur-Libraire, rue Saint Jacques,
au Livre d'Or.
M. DCC XXXV.
AVEC APPROBATION ET PRIVILEGE DU ROI.

●一七三五年刊行《中國全誌》第
一冊其外觀與書名頁。本書裝幀華
麗，可說是一本金碧輝煌的書籍。

物質的描述，還包括了其風俗、習慣、儀典、宗教、藝術
與科學的說明》全部共四鉅冊。㉔

其中第一冊主要是以耶穌會測繪的《皇輿全覽圖》為基
礎，加上吐番（西藏）、儸儸與苗傜族的介紹，還有是各分省
的地圖與地理誌，以及中國從夏代到清代的王朝歷史。第二冊
則是中國皇權、政府、軍事、商業與農業、工藝等廣泛各層面
的介紹，也包括了語言、人民、風俗、性格等等。第三冊講述
中國的宗教如道教（老子〔Tao Ssèè〕教）與佛教。科學如
樂理、修辭學、數算法、地理測量與天文學。中國文學史如小
說、戲劇〈趙氏孤兒〉等。中國經典如：大學、論語、中庸。
中國藥理如本草綱目等書籍。第四冊則續完上一冊，說明中國

㉔《中國全誌》，第一冊，（台史博館藏：2003.15.184）。

●一七三五年刊行《中國全誌》第一冊當中附載的〈福建省圖〉。《皇輿全覽圖》完成後，大清國康熙帝讓耶穌會士將此圖攜回法國，致贈國王路易十四，並交由宮廷製圖家重新修訂，其成果便是此圖。

的外科療法，然後重新對中原周邊的滿州人、蒙古人生活區域
與政體加以描述，加上滿州語言、朝鮮地理歷史的記載，以及
對堪察加半島的探勘紀錄。與台灣直接相關的，當然是第一冊
的地理誌部份。而《中國全誌》對於台灣的記載，除了從《皇
輿全覽圖》所翻製的〈福建省圖〉以外，其文字敘述多來自馮
秉正的書信。

　　饒有興味的是這一段文字：

　　一六二〇年末，也就是天啟元年的時候，一支日本船
隊登陸了福爾摩沙。[日本]指揮官發現此地，雖然未曾開
發，卻不失為殖民的好地點，而決議佔領之，[於是]留下
一小群人，命他們探索執行計畫的相關資訊。大約同時，
一艘荷蘭船從日本回航時，遭到暴風而到福爾摩沙島避
風，他們發現日本人無法抵抗他們。此地對荷蘭人來說是
塊美地，有益於貿易。他們假意來裝淡水、食物，還有其
他被風吹走的船隻用品。有些人藉此到內陸一遊，加以調
查，並且回到船上。在他們的同伴出訪時，荷蘭人並沒有
在船上工作，直到他們回來，才開始進行補給。他們哀求
日本人說，他們並無二心，只是怕貿易活動受損，所以希
望能在沙洲上蓋個居所，就在入港兩條水道當中一條前
面，這樣對他們和日本的貿易很有幫助。日本人本來拒
絕，可是荷蘭人不斷進行遊說，當他們[荷蘭人]保證他們
只要一塊牛皮範圍[大小]的地時，日本人終於答應了。荷
蘭人拿起牛皮並剪成細繩，首尾相結，以之圍起了所要的
地面。起先日本人對此把戲感到懊惱，隨後想想，便一笑

置之，平靜下來，要用他們［荷蘭人］所請求的這一小塊地
來找他們麻煩。此時他們［荷蘭人］蓋起了我所說的堡壘：
在門額上刻著，熱蘭遮城，一六三四年。蓋起了這個小寨
之後他們［荷蘭人］便控制了港口，即是大船唯一可入的通
道：或許日本人發覺其重要性時，為時已晚。無論如何，
就算他們［日本人］對此堡壘極為厭惡，或是不願買帳，其
實不久之後他們也就全盤撤回國去，不再居留此地了。於
是，荷蘭人就成了福爾摩沙島的主人，因為居民［也］沒有
什麼反抗的辦法。㉕

以上顯然是翻譯、修改自一六九六年刊行，由分巡台廈兵
備道高拱乾所纂修的《台灣府志》〈卷一·封域志〉：

天啟元年，顏思齊為東洋國甲螺（東洋，即今日本·
甲螺者，即漢人所謂頭目是也；彝人立漢人為甲螺，以管
漢人），引倭屯聚於臺，鄭芝龍附之，始有居民。既而，
荷蘭人舟遭颶風飄此。甫登岸，愛其地，借居於倭；倭不
可，荷蘭人紿之曰：『只得地大如牛皮，多金不惜』。倭
許之。紅彝將牛皮剪如繩縷，周圍圈匝，已有數十丈地；
久假不歸，日繁月熾，無何而鵲巢鳩居矣。尋與倭約：而
全與臺地，歲願貢鹿皮三萬張；倭嗜利，從其約。荷蘭人
善用砲攻，其居臺也，以夾板船為犄角；雖兵不滿千，而
南北土酋咸聽命焉。㉖

高拱乾刊行《台灣府志》的時候，距離明鄭政權被大清國
吞併，已隔十三年之久。由於之前大清政府刻意銷毀明鄭政權

握有的官方典籍，這本誌書其實是台灣知府蔣毓英收集台灣居
民的口傳回憶資料完成的，並非按原有的荷蘭、明鄭檔案整理
而成。高拱乾表示：「...但洪荒初闢，文獻無徵，太守暨陽蔣
公召耆老，集儒生，自沿革分野以及草木飛潛，分條析目，就
所見聞，詳加蒐輯。」[27]已經坦白此事。由此可見，身為欽差
大人的耶穌會士們，成為清帝國的官僚之後，也不知不覺地接
納了一些來源並不清楚的見聞。[28]

　　耶穌會士當然不是像他們的對頭薩爾曼納查一樣的騙子，
《中國全誌》對於十八世紀中期逐漸白熱化的啟蒙運動有深刻
的影響。啟蒙思想家伏爾泰、孟德斯鳩等人，都深受衝擊，成
為西歐知識史上少見的里程碑。

　　此四鉅冊《中國全誌》，在十八世紀中期，天主教退出
大清國之後，成為歐洲人認識東亞的經典權威著作，因而，這
一段源出自《台灣府志》的記載，也常常被後來研究台灣史的
歐洲人所援引。這位幾乎從來沒離開過巴黎，自居為中國文化
代言人的耶穌會士杜赫德，因為過度高估大清國官僚的信譽，
不加考證地援引了這樣一段鄉野傳奇，使荷蘭人再度蒙受不白
之冤，被迫接納狡詐的形象。相反地，徹頭徹尾是個騙子的
薩爾曼納查，對歐洲也不能說毫無貢獻。至少，像是《格列
佛遊記》的作者史威夫特，就深深感受到他所營造出的幻想國
度所能啟發的文學批判力。[29]從而，或許我們今日在閱讀《魔
戒》、《納尼亞王國》、《天空之城拉比達》等奇幻文學故
事的時候，也多多少少得要感激薩爾曼納查天馬行空的想像力
吧。

[25]《中國全誌》，第一冊，（台史博館藏：2003.15.184），pp. 167-8.
[26]高拱乾，《台灣府志》，（台北：台灣銀行經濟研究室，1960/1696），p. 3.
[27]蔣毓英，《台灣府志》，（台中：台灣省文獻會，1993/1689），pp. 138-9.〈台灣志序〉
[28]根據方豪神父的說法，在巴黎大學漢學研究所也有一部高拱乾《台灣府志》的刻本，或許耶穌會引以為據的就
是這一部？參見：高拱乾，op. cit，〈弁言〉。
[29]傅良圃著，op. cit. p. 116.

第⑨章　遙望福爾摩沙——
《荷使出訪日本記》、
《新舊東印度誌》

《荷使出訪日本記》 *Ambassades mémorables de la Compagnie des Indes Orientales des Provinces Unies, vers les Empereurs du Japon.*
《新舊東印度誌》 *Oud en Nieuw Oost- Indiën*

●一七七〇年版〈日本島、高麗與
中華北京到廣東沿海圖〉其中日本
北海道還只被當成一個小島。

　　一開始當我們介紹《東印度水路誌》的時候，就
指出了最早開始遙望著「福爾摩沙」的葡萄牙人，其
實是為了前往日本，台灣島是被當成地標看待的。所
以說，葡萄牙人滿懷希望想要前去的終點，並非美麗
之島台灣，而是富庶之島日本。

　　從希臘時代以來，在西方地誌學的傳統裡，一直
有著「東方金銀島」的迷思。古羅馬地誌學者，老普
利尼（Gaius Plinius Secundus）的《自然史》（*Naturalis
historia*）第六冊裡面就提到過，在東亞大陸的邊界處，「有稱
為Chryse和 Agyræ的兩個島嶼，遍地都是金銀礦產」。[1]當中
世紀晚期歐洲人跨出地中海後，此種尋找金銀島的熱望從未熄
止過。更不用說，還有西班牙人在美洲找到了銀礦，在歐洲一
下子暴富了起來的誘人先例。雖說在《東印度水路誌》描寫的
範圍內，金銀島並不存在。但是十七世紀時，日本出口大量白
銀，則為不爭的事實。如果日本就是遠古以來所記載的「白銀
之島」（Agyræ），那麼「黃金之島」（Chryse）又在何處？
既然西班牙人找得出銀礦，難道荷蘭人就找不出金礦來？隨著
歐洲人探索範圍的擴大，傳說中黃金之島可能存在的範圍就越
小……假如世界上真的有黃金之島的話……

　　西班牙人橫跨大西洋朝西追尋金銀島，結果在中美洲發現
了銀礦，葡萄牙人雖然號稱在西非找到了「黃金海岸」，卻一
路向東追索金子的來源，直到日本。對歐洲人而言，世界上所
有「未知的場所」，也就在他們東西夾擊後，限縮至西太平洋
一線：阿拉斯加、西伯利亞、庫頁島、千島群島、北海道、台

[1]Plinius Secundus, Gaius., H. Rackham, trans., *Natural history*, Book 3-7,
（Massachusetts: Harvard University Press, 1979）, p. 399.

灣、澳洲、紐西蘭，終於成為最後的候選地。一六四二年，荷
蘭人逐漸搶下葡萄牙人設在印度沿岸的港口，並奪下麻六甲，
打通東亞與印度間的貿易孔道。結果他們發現，在東亞無往不
利的白銀，居然在印度沒有黃金好用。黃金在印度的高價，逼
得巴達維亞的荷蘭人腦袋發燒，居然也真的做起黃金夢。

西方人眼中的「金銀島」——日本

　　早在一六三五年，駐於日本的荷蘭商務員，就曾聽過黃
金島的謠傳。一六四三年，巴達維亞當局裝備了兩艘船：貨
船「加斯特利昆號」（Castricum）、快船「布列斯肯號」
（Breskens），命其繞過日本，嘗試到西伯利亞、滿州一帶去
建立商業據點，也順便探查黃金島的所在。當時日本海以北、
庫頁島一帶，都還是「未知之地」。因為西班牙船的環太平洋

●西葡萄牙海員的母港：i十六世
紀里斯本的景象。此圖為十六世紀
末、十七世紀初德國出版的《世界
城市》（Civitates Robis Terrarum）
所收錄。

航線不需沿中國海北上，而只要從日本東側外海繞過即可，而
葡萄牙人則未曾有前往較本州更北地帶的欲望。他們於二月從
巴達維亞起碇出發，逆著北風，繞過德那地島，而從西太平洋
北上。五月，兩艘船在日本外海遭遇了颱風，各自迷航。

　　根據行前頒發的指令，在這種情況下，兩船應前往北緯
三七・七度的日本東部海面會合。「加斯特利昆號」航向日本
近海，很快得到日本漁船的指引，辨認位置後，繼續其探勘活
動。「布列斯肯號」漂流了幾個星期後才接近日本海岸。六月
初，他們為了要補充糧食與飲水，在當今岩手縣附近的南部
藩（Nambu）海灣下錨，船長斯哈普（Hendrick Cornelisz
Schaep）並帶隊乘小艇登岸。他們受到不錯的招待，可是管領
南部的藩盛岡「大名」②卻不能自安，擔心幕府問罪。他們取
得補給，才出港不久，就又被逆風吹回。這給了大名機會。馬
上送一名武士前來招待他們，與船長等人把酒言歡，這一行人
不久便被五花大綁起來，直接被安上馬背，送交到江戶給德川
幕府，讓大名證明自己沒有私通外人。

　　那麼，「加斯特利昆號」又到了何處呢？六月中旬他們
往北一直航行到千島群島附近，並且穿越了擇捉島和得撫島間
的水道。當時船長還以為北邊的得撫島是現在的阿拉斯加延伸
出來的陸塊，並且認為千島群島就是黃金島。然後他們進入鄂
霍次克海，轉向南方，想再找一條偏南的水道向東邊繞回來，
七月，「加斯特利昆號」在濃霧中望見了西北的庫頁島，又偵
測到到西南方北海道的海岸線，乃判斷兩者是連接在一起的陸
塊。八月，他只得沿著庫頁島北進，然後穿越千島群島回到太

②「大名」為日本諸侯的頭銜。
③詳細的研究，參見：Vonk ,P.G., *De V.O.C. op zoek naar de goud- en
zilvereilanden,* （Utrecht: Vos Holland, 1997）.

平洋，並與「布列斯肯號」其餘的人員會合，十一月，兩船會
合南返。

　　而被護送到江戶的斯哈普一行人，則受到良好的招待，
在十二月獲釋，遣送到平戶出島等待一六四四年荷蘭商船隊來
接返。③此一日、荷方面意外接觸事件，圓滿的結束了，沒有
危及日本與荷蘭間的交往。當時將斯哈普等人接回平戶的荷蘭
商館長，隨後寫信告知巴達維亞總督事件的來龍去脈，並表示
德川幕府非但沒有將他們依律處死，反而溫暖地接待他們，應
當嚴肅予以回禮，表達謝意。再加上，一六四〇年西葡兩國分
離，一六四二年葡萄牙人與荷蘭人談和停火，可能引起日本
方面的疑慮。④一六四九年，巴達維亞方面收到西發理亞條約
（Treaties of Westphalia）簽訂的消息，亦即荷蘭獨立戰爭
結束的通知，便決定正式遣使日本，明確表達目前荷蘭人已經
與西、葡締和的現實。⑤

　　此一使團於一六四九年夏季由巴達維亞乘南風北上，並
於一六五〇年成功地南返。他們沿途受到相當完善的照顧，並
於江戶留下四名專業技術人員長居幕府館內。《荷使出訪日本
記》主要便是以一六四九年的出使活動為主軸，將與日本相關
的地理誌與歷史、搜奇記載等五花八門的介紹，穿插於遊記當
中來敘述。

戒慎恐懼的荷蘭人

　　本書全稱為：《荷蘭東印度公司向日本幕府將軍的值

---

④荷蘭人與日本人國交的前提本是不宣揚基督教，反對天主教，但葡萄牙人信仰天主
教，因此荷、葡談和，可能引起日本方面的疑慮。
⑤西發理亞條約是神聖羅馬帝國諸邦、西班牙、荷蘭共和國、瑞士聯邦、法國等在
一六四八年為了結束因宗教因素引發近一世紀戰爭所簽訂的一系列條約。在此一系列
條約中，確立了主權國家的原則。在條約中，不但是荷蘭的原領主西班牙，其他國家
也都承認荷蘭為獨立國家的地位。

得表彰的遣使活動：包括荷蘭使團旅程中遭遇的奇事，對於村落、城堡、城鎮、地景、寺廟、宗教儀式、衣著、建築、鳥獸、作物、山川、湧泉、過去和最近日本人間戰爭之描述，以大量日本圖像來裝飾，取自於同一使團在路程上的記載與描繪》此書荷蘭文版於一六六九年出刊，較達波所編纂，《荷使第二及第三次出訪（大清）中國記》荷蘭文版要早一年，也同樣由阿姆斯特丹范穆斯出版社所發行，兩書可說是姊妹作。⑥

《荷使出訪日本記》的書名頁，在標題與出版地之間有一小幅版畫，即由兩條雄人魚拱衛的明智女神（Prudentia）。明智乃是中世紀基督教推崇的四種美德之一，另三種美德則是正義、堅強、與寬容，也常以女神形象來表達。明智女神左手緊抓兩條扭動的蛇，表示無時無刻警醒地面對未來暗藏的危險，右手則緊握鏡子，表示正確的自我評估，以裨益於客觀地掌握世界。而她腳下踩住的海妖，則是荷蘭人希望能藉明智的實踐來駕馭海上世界的象徵。本書所要表達的，正是東印度公司在日本如何小心翼翼的活動，以獲取最大利益的實際工作情況。

正如《荷使初訪中國記》、《荷使第二及第三次出訪（大清）中國記》、《莫斯科大使出訪中國記》一樣，書中封面版畫所表現的，就是書中的主要內容。與范穆斯出版社所刊行的其他姊妹作相同，本書封面也以舞台來表現此書的內容。此一舞台分為上下兩層。舞台的四周，表現出本次

●台史博館藏一六八〇年版《荷使出訪日本記》書名頁。

出訪的環境。畫面右側呈現的是在夏季的高聳積雲之下，向日本航行的荷蘭東印度公司貨船。畫面的左側，則是荷使朝覲江戶幕府時，必然望見，高聳入雲的日式城堡天守閣。右下方上岸的荷使，握著權杖，向舞台上方張望。護衛人員瞻前顧後的守護，本地挑夫則趕忙張羅，把各種奇珍貨物運上岸來。左下方穿著綾羅綢緞的日本武士頭頂剃得光光。婦女則面孔圓潤光滑，秀髮厚實茂密，欣賞著荷蘭人從南洋帶來的鸚鵡。跪在地上的商販，則好奇的張望，奉上日本式的食物。地面中間擺放的，是積存於平戶商館，準備運往南洋的大小日本瓷器貨物，還有朝覲沿途必然會望見的彌猴廟猴群。

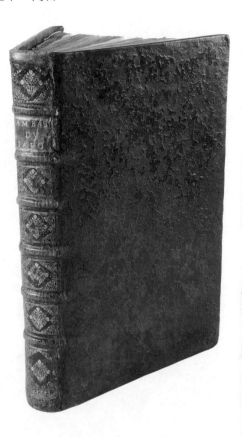

●台史博館藏一六八〇年版《荷使出訪日本記》外觀。

　　舞台的上方，擺著東印度公司前往江戶城朝覲時，裝載禮物的華麗密封箱子。裡面是最受將軍喜愛的荷蘭大砲數挺，以及附帶的各種零件、儀器，以便直接在將軍御前演放。站立在密封大箱子上面，顧盼自雄的年輕小伙子，乃是這次出訪時，才剛因為前任將軍德川家光崩逝，而接任大位的新任將軍德川家綱，年僅十歲。象徵荷蘭人的智慧女神雅典娜，則站立其身旁服侍，想要博取其好感。

　　坐在禮物大箱子右側的，是負責處理逝世將軍後事的僧侶，帶著香爐，擺頭沈思，此一造型應是模仿東正教修士畫出來的。在大箱子左側的，就是從頭到尾掌握了日本涉外事務，也是本書所稱，日本對荷政策之實際主事者：筑後守井上政

⑥台灣歷史博物館所藏的《荷使出訪日本記》為一六八〇年出版的法文版，（台史博館藏：2003.15.176）。

AMBASSADES
vers les
EMPEREURS
Du
IAPON.

A AMSTERDAM,
Ché́s IACOB DE MEURS, Marchand Libraire. 1680.

重。他一手握住權杖，另一手作勢要將武士刀拔出，說明他既
是當今小將軍的守護人，又大權在握。禮物大箱子上所繪家
紋，並非德川家的葵紋，而是井上家的三星紋。暗示了無論護
送禮品，還是決定對外的政策，都要通過井上家的幫助。

　　整個畫面表達出來的，便是東印度公司如何小心謹慎地，
在反對天主教徒的幕府重臣井上重政的支持下，迴避宗教問
題，而採取隱匿的低姿態（陰影中的荷使），發揮智慧（假想
的雅典娜），穩健地與日本建立商業貿易的關係。這種關係主
要建立在荷蘭人所能提供日本人的新奇南洋貨物，還有特別提
供給德川幕府的新式火砲上。荷蘭人只要能謹慎地維持此一關
係，爭取幕府將軍的寵愛，貿易活動就會源源不絕地持續。

　　本書雖然以一六四九至五○年荷使出訪日本的活動為主
軸，但是實際上，作者蒙塔納斯（Arnold Montanus），在
文中敘述荷使旅途各段遭遇時，就把相關的文稿編入文中。例
如在長崎，則說明日荷兩者交易的慣例；在大阪，則說明豐臣
與德川間的戰爭等等。其內容包括了荷蘭人與日本人建立關係
之前，西葡人在日本的相關活動，也包括了日本風土歷史的記
載。在翔實敘述之後，他往往會把古希臘以來，西方歷代哲學
家、文學家、地理學家描寫過的某些東方記聞段落提出來比
附，以增進讀者的理解。本書的第二編——《第二部份與其他
和日本帝國相關的報告》則包括了斯哈普一行人從盛岡被遞解
到江戶的沿途見聞，還有從一六五九年之後，平戶荷蘭商館長
歷次前往江戶會見將軍的經歷。蒙塔納斯彙整各種不同的文
稿，一直記載到一六六一年底左右。文末，甚至還附上了麻六

●《荷使出訪日本記》扉頁版畫。

甲市的緣起和近況。

　　本書的作者蒙塔納斯，與范穆斯出版社旗下同系列書籍的
其他編纂者如達波相同，都是從未離開過荷蘭的專業編纂者。
他的正業是個牧師，也是斯洪胡文（Schoonhoven）地方的
拉丁文學校校長。而閒暇時間，則從事此類教會史、荷蘭本國
史，還有世界各大洲相關歷史的寫作。他的拉丁文學專長，也
是這本書四處充斥著拉丁古典文學的原因之一。當時的拉丁文
學校教育，主要便在於教授拉丁文文法與寫作，而其教材則以
希臘羅馬的古典文學作品為主。

從日本遙望福爾摩沙戰火

　　荷使出訪日本，究竟與台灣有何關係呢？由於描述荷使
費希輿（Andreas Frisius）由巴達維亞前往日本途中，出使
船隊曾遭遇颱風而在大員港停留。蒙塔納斯因此插入了一些
與台灣相關的介紹文字。這些文字與《荷使第二及第三次出訪
（大清）中國記》差距不大，也同樣摘錄了若干衛匡國《韃靼
戰紀》的內容，整個說來較為概略，於此不再詳述。一六八○
年所出刊的法文版，在此章節附上了一張假想大員承平時期的
版畫，以利讀者揣想當時情景。⑦荷蘭人之所以能穩當的在東
亞海域從商，獨享海外貿易，全拜日本禁教鎖國之賜。因此，
東印度公司人員出使日本，無不戒慎恐懼，不敢有絲毫冒犯，
深怕遭到日本官方杯葛。例如本書所記載，一六四九年六月
二十七號巴達維亞總督在頒發給使團的指令裡，就千交代萬叮
嚀地說：

⑦應是由《荷蘭信使》中的版畫修改而來。

在旅途中，要檢查船上同伴是否有攜帶天主教典籍、圖紙、或任何天主教用的小物件；因為日本當局極力檢查「布列斯肯號」上面是否曾載過馬尼拉的天主教神父…

…注意，除非有大人物邀約，不要對任何奇聞異事表現好奇…你們要把商館長們的回答學好，出使活動才會成功，你可以先用小抄記下來，看著回答。因為你們面見大人的時候，他們也會偷偷寫下來，然後再禮貌的問你一遍，看看你的回答一不一樣。

甚至，可藉由聲稱你是外國人，不知本地的風俗，來逃避日本領主的問題，引誘他們來協助你。因為東印度公司還有在巴達維亞的總督，都要依靠他們的友誼。給他們看送給將軍的禮物清單，懇求他們想辦法搬運給他。其中一些可以送給長崎奉行。

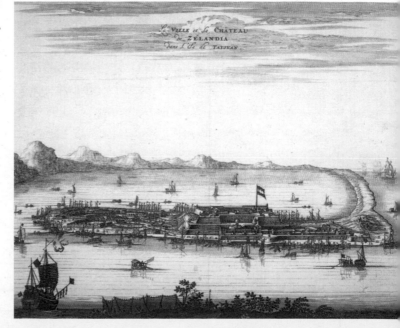

●《荷使出訪日本記》所「復原」熱蘭遮城與大員市鎮在承平時期的靜謐景象。

…倘若在長崎或將軍府內或他處，你受到質問…要回答全部的問題…當你說話，要保持簡潔，說不清楚就安靜，因為沒有其他地方會比在日本領主眼前更認為沈默是金。

…在你說話前要慎思熟慮，並且推說你只是

一介商人，所以無法詳細說明國家事務。日本人很精明懂
事，你不應該給他們說明荷蘭政體的原則；有些人以為這
樣可以贏得他們的讚賞，可是實際上卻會把東印度公司的
生意弄壞；因為日本人實際上鄙視共和政體，除了君主政
體外，什麼也不相信。

　　　…從長崎出發前往江戶之前，向奉行（按：直屬幕府
將軍官名）們要一封致井上政重　（Sicungodonne，筑後
守殿）的推薦函，當你交信給他[井上政重]的時候…要卑
下地請求他，指引你要如何、用什麼方式、把禮物送交給
誰。告訴他，他的名聲，已因為協助荷蘭東印度公司而響
徹全荷蘭。

　　　…要記得，千萬不要在任何大人面前脫帽，若在一般
人面前則不用太拘謹。⑧

　　　從巴達維亞總督下達的這份指令，可以看出來，荷蘭東印
度公司有多麼重視跟日本間的友好關係，又是多麼害怕有任何
因素會引起日本人的不滿。不論這個因素是宗教信仰也罷、是
政治信仰也罷，看在銀子的份上，荷蘭人一律不堅持。而且態
度竭力恭順，甚至連脫帽的習慣，都要顧慮文化背景不同而刻
意不進行。跟上一章耶穌會神父被逐出的遭遇比起來，荷蘭商
人與日本人間的關係，能夠一直延續不斷，不是沒有理由的。

　　　但是，即使荷蘭人表現得謙遜有禮，要是有虧本的危
險，他們還是不惜大叫大嚷的。一六六〇年十一月英戴克

---

⑧《荷使出訪日本記》，（台史博館藏：2003.15.176），pp. 70-74. 筆者不諳法文，以下譯文均為查對英譯本
所譯。英譯本參見：Montanus ,Arnoldus,eds., *John Ogilby trans., Atlas Japannensis: being remarkable
addresses by way of embassy from East-India Company of the United Provinces, to the Emperor of
Japan...,* (London: Tho. Johnson, 1670)
⑨《荷使出訪日本記》，（台史博館藏：2003.15.176），pp. 110-111.
⑩《荷使出訪日本記》，（台史博館藏：2003.15.176），p. 116.

（Hendrik Indijk）奉巴達維亞總督之命，於日本接任平戶商館長之職。不久，聽到國姓爺發兵攻打台灣的謠傳。⑨但他不以為意，仍然按照原訂計畫在一六六一年春季由長崎赴江戶述職，等到他六月回到長崎，隨即發現「伯爵領地號」（'s Graveland）和「芬克號」（Vink）兩艘船從台灣前來求援。⑩他們手上的是揆一等人一六六一年五月十八日從台灣寫給「伯爵領地號」貨船的求救信函：

　　國姓爺率領三百艘船，滿載人員，通過鹿耳門水道，在四月三十日登陸了福爾摩沙，並隨即佔領本島。普羅民遮城在大明人首輪攻擊時即投降。在福爾摩沙島各處營生的荷蘭人，已被殘殺。熱蘭遮城旁的街市數處被燒成灰燼，整個被洗劫一空。熱蘭遮城堡被緊密包圍，快船「赫克托號」（Hector）與數艘船交戰而被自身火藥炸毀，無人倖存。「伯爵領地號」與「瑪麗亞號」不敵國姓爺艦隊而脫逃。「芬克號」和「巨角號」（Immenhorne）前往雞籠，若補給不足或被敵人驅逐，則應前往日本，以載運任何能夠協助我方的物資如米糧、肉品、及日本酒，因為城中的倉儲已經開始耗損。⑪

　　雖然揆一希望他們把雞籠的物資帶回熱蘭遮城，但在六月十三日，「伯爵領地號」卻把所有駐守雞籠的人員，連同必要的物資全都載運到日本去了。因此而遷往日本避難的，共有七十人，包括三名已婚的荷蘭婦女，十一名雞籠兒童，還有二十八名或男或女的奴隸。⑫因此英戴克便按他們的說法，寫了一份完整報告，表示鄭成功從一六五二年郭懷一事件開始，

⑪《荷使出訪日本記》，（台史博館藏：2003.15.176），p. 116.
⑫《荷使出訪日本記》，（台史博館藏：2003.15.176），p. 116.

便覬覦台灣，終於藉何斌之助偷襲台灣，並翻譯成日文，呈交給「長崎奉行」⑬妻木彥右衛門（Ficojemondonne，彥右衛門殿），請求日本方面授權，准許他們截捕任何屬於鄭成功的船隻。妻木回答，此事非同小可，必須上呈江戶，請將軍御前的「老中」⑭們開會決定。但他認為將軍不可能讓任何前往日本貿易的唐船受到騷擾。甚至，因為日本國需要這些豐富的商品，特別是中國供應的所有漢藥，更不可能同意這樣做。他建議，真的要報復鄭成功，可以只針對福爾摩沙（台灣），不要打斷他的海上貿易，因為後者關係到日本國的利益。英戴克火冒三丈，馬上回覆給妻木說：

　　江戶的老中會議，怎麼可能不贊同我們對他們（日本）的公敵，盡可能地按照萬國公法允許的，予以打擊呢？難道東印度公司就應該處處被國姓爺打擊，而不反擊嗎？要緝捕國姓爺的船隻，當然要根據巴達維亞評議會的命令來做，而且對此日本人至少應該不偏心吧。因為，[無論如何]廣東和南京的中國船，都會運來豐富的商品，日本人可以很輕易的替代國姓爺船帶來的貨物。而一旦他們（北方漢人）發現可能會被荷蘭人隔絕在日本貿易之外，無疑地，也會棄國姓爺投向韃靼（滿）人。⑮

　　八月，南風正盛，荷蘭船、中國船紛紛入港。其中當然包括了本來被巴達維亞派往台灣接替揆一那位柯連克（Herman Klenk）的船隻。他們在小琉球島補給後，獲知了台灣被攻打的消息。與揆一聯繫之後，便逃離彼地，經過雞籠而前往日本，於二十號抵達長崎。不久後，荷蘭通事傳達給他們中國船

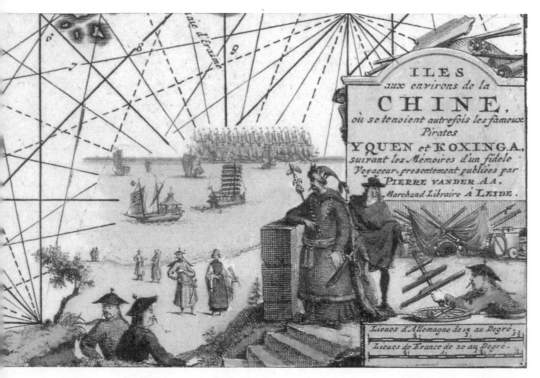

ILES
aux environs de la
CHINE,
où se tenoient autrefois les fameux
Pirates
YQUEN et KOXINGA,
suivant les Mémoires d'un fidele
Voyageur, presentement publiées par
PIERRE VANDER AA,
Marchand Libraire À LEIDE.

Lieues d'Allemagne de 15 au Degré.
Lieues de France de 20 au Degré.

● 一七二七年刊行〈著名海盜一官與國姓爺在中華沿岸的島嶼據點圖〉局部放大。其中錦衣華服帶權杖的描繪的是鄭芝龍，後方的年輕俠客則是鄭成功。他們後方則是帆檣雲集的中國艦隊，表示其勢力來自海上。

方面的情報，表示國姓爺正面臨嚴重缺糧問題：

　　國姓爺的叔叔祚爺[鄭泰]，私底下早就計畫奪取福爾摩沙，有次他透露給他的一些密友知道，此一計畫便傳到國姓爺耳裡。他[國姓爺]贊同此一計畫，決定付諸實行。在此事開始後不久，祚爺卻發現上當了。因為突然進攻並未使他成為主人，而圍攻熱蘭遮城耗損了大量人員，糧食也不夠，大明軍隊裡疫病日生，死傷慘重。因為這些問題他們私下發生了爭論，祚爺私下帶隊離開福爾摩沙，讓國姓爺去做後續處置。此事被揭發，給祚爺帶來悽慘的後

⑬「長崎奉行」為幕府直接指派的官名。
⑭「老中」為官名，負責參贊幕府將軍的決策。
⑮《荷使出訪日本記》（台史博館藏：2003.15.176），p. 116.

果。因為國姓爺大怒不已，在大批兵眾前、讓他被碎屍萬段。⑯

　　其後，卡烏（Jacob Caeuw）率領救援艦隊人員，駕著所擄獲的一艘中國船入港，引發了長崎華人的恐慌和幕府的重視。妻木此時親自前來致意，接待柯連克。博多藩（Facata）、平戶藩（Firado）、有馬藩（Arima）也派出大隊人馬前來拜訪，試圖瞭解情況。根據妻木的說法，雖然幕府對荷蘭人蒙受的苦難表示同情，仍然希望他們不要劫掠中國來船，導致港內混亂。⑰英戴克回答：

　　他們（荷蘭人）不能否認，過去曾經向江戶的老中們承諾不打劫中國船，可是這一承諾是建立在荷蘭人跟國姓爺間和平的基礎之上。既然他們從[入港]第一艘中國船跟第二艘中國船獲知消息，國姓爺不宣而戰，毫無理由帶領四萬人偷襲福爾摩沙，這就不合條件了。⋯更進一步，有別的辦法可以讓國姓爺放棄血腥戰爭，轉而締和，這方法已經告知[妻木]彥右衛門。就是要德川幕府下令，現在，還有將來中國船要運出的貨物金錢，都要由長崎方面扣留，直到國姓爺那一方補足了荷蘭人的損失[以後]，他[英戴克]就會同意不搶中國船。如果將軍不喜歡此一提案，[我們荷蘭人]還有別的辦法，荷蘭人會打擊他[國姓爺]在馬尼拉、南京、日本其他各地的貿易，也就是搞窮他，強迫他來簽約，要是他去貿易的海港都被荷蘭人封鎖的話，這陰險的海盜還能怎麼樣？⑱

　　長崎奉行回答說，雖然荷蘭人有權這麼做，但在江戶幕府方面正式回覆以前，還是稍安勿躁好。聽到英戴克抗辯，奉行又問，難道港內的中國船，荷蘭人都要強佔？英戴克回答，至少在港內，荷蘭人不會干涉，而荷蘭人出航有一定的船期、目標，也不會特別去追捕某些船隻。至於荷蘭船在哪些中國港口會劫船，則無可奉告。如此，長崎方面也暫時安於此一回答。等到一六六一年的風期過去，接下來就是《荷使第二及第三次出訪（大清）中國記》裡面出海王博特，一六六二年夏季從巴達維亞率艦隊北上的故事了。[19]

　　我們知道，博特對於從南京以北啟航的中國船隻都不敢動手，而南京以南各地，又因為大清國屬行遷界令，[20]早就沒有船隻來往，荷蘭人也不敢封鎖長崎港，結果對鄭氏的商船隊幾乎是沒輒。既然這樣，荷軍當然只有全力奪回福爾摩沙一途，但這打算又因為靖南王的滿州陸軍不支持而作罷。一六六三年鄭泰被鄭經逼死，鄭泰留在長崎的存銀一直要到一六七五年鄭經奪回廈門，且荷軍幾乎放棄與大清國交涉自由貿易權之後，日本方面才交還給鄭經。這樣看來，長崎方面也可說對荷蘭人做到仁至義盡了。此後，荷船雖然年年通過台灣附近海面前往日本，再一次，他們又只能夠從海上「遙望福爾摩沙」了。

首部荷蘭東印度公司歷史書──《新舊東印度誌》

　　從第五章對《荷蘭信使》等書的介紹，我們知道台灣落入鄭成功之手這一變局，乃是其成為西歐目光焦點的原因，從第七章《亞洲指南》等書以降，福爾摩沙在西歐人的「遙望」之

⑯《荷使出訪日本記》，（台史博館藏：2003.15.176），p. 120.
⑰這裡彥右衛門殿（Saquemondonne）的拼法與前文並不一致。
⑱《荷使出訪日本記》，（台史博館藏：2003.15.176），pp. 121-122.
⑲參見前文第六章。
⑳一六六一年起清廷為封鎖鄭軍而下令沿海五省民眾向內陸遷徙，即為此處所指之「遷界令」。

下，逐漸被浪漫化，甚至有如薩爾曼納查這樣的騙子出場來攪局，寫出一本完全出於想像的偽書。而待耶穌會士開始編纂《中國全誌》一書，遊記體裡面文學與歷史、地誌不分的情況，逐漸開始改變。

　　自從一六○二年荷蘭東印度公司成立以來，每年都輸送一、二千人次的歐洲人前往東亞。㉑雖然東印度公司不願透露亞洲營運的詳情，卻如同前面各章所述，總是有士兵、海員的遊記在荷蘭以外的地方出版。同時，由於西歐各國在一六四八年簽訂西發里亞條約後，發動毀滅性宗教戰爭的機會變少，前往海外的人員也日漸擴增。《荷使初訪中國記》、《荷使第二及第三次出訪（大清）中國記》、《荷使出訪日本記》都是公司員工以親身經歷所提供的文書資料，彙編成為私家著述，以迎合市場消費的書籍。此類書籍的編纂者如達波與蒙塔納斯，都終生未曾踏出過荷蘭一步。他們雖然忠於文書本身，卻不免畫蛇添足地質疑記載者的見解，或是用西方古典文學中的範例來穿鑿附會。在體例上，雖然使用的是第一手的文書，卻要刻意編排成出海旅程來回的活動，以符合讀者的閱讀習慣。這種表現方式，反而使得第一手資料本身的來源性質，還有作者記載的原始用意與情況，都被抹殺，為了文學性而犧牲真實性。與耶穌會士有系統的編纂活動如《中國全誌》相比，這些大部頭的書籍裡面，資料編排沒有系統的雜亂情況，與把零散書簡合訂的《耶穌會士書簡集》相去無多。

　　一七二六年起，終於有一位荷蘭東印度公司所雇用的牧師，對於上述各類遊記發出了不平之鳴，立志利用東印度公司

積累的公私遊記、書牘，以系統化的方式，編纂一部描述東亞
過去與現狀的書籍。此人名叫華倫坦（François Valentijn），
此書則稱為《新舊東印度誌》。華倫坦在序言中對過去的作品
提出嚴厲的抨擊：

　　如同周遊異國對於大部份人已經是一種享受一樣，人
們也同樣相當希望，他們會，將其一度幸運地經歷的輾轉
曲折之海陸遊蹤，向他們的好友、親戚、還有知識界，把
發生在他們身上的事，細說分明。藉此，不僅把[自己]對
事情的知識、特有的觀察，還有對世界上未知之事[的探
索]，做個交代。但不是把神話般的虛榮王冠戴在頭上，拿
來在去世的時候炫耀。

　　後者，他們能歸國，已經是幾乎不可能而受上帝恩赦
的，[他們]也從來沒有，把他們對於所完成旅程的看法，
向世界說分明。除了不願意、或是沒有能力，把他們的感
想刊印出來之外，（尤其當他們目睹本世紀對精緻精確的
要求之後，[就更不用說了]）。因人們現在已習慣去詬病
最小的地方，並且花很大的力量去挑剔[他們]幾乎沒有認
識的許多種種事物。

　　這些旅行者中的一些，或是因為害怕、或是沒有能
力，讓自己符合這浮誇世紀的要求，寫出漂亮的文章。[他
們]已因此做出較佳的判斷，把他們的稿件交給一些有學識
的人士來發表，使他們的意見能完善的表達。得以按照他
們所喜好的方式，把他們旅程記載和相應的感想向世界發

㉑詳細的數量請參見：Gaastra, Femme S., *De geschiedenis van de VOC,*（
Zutphen: Walburg Pers, 2002），p. 82. Tabel 8. 一六〇二至〇四年間每年約輸
送一至二千人前往東亞，一六四〇至一七〇〇間則有三至四千人，一七八〇年代增
加到六千人左右。

表、回應，[這種選擇]也為了不要暴露在他人面前，相信
那些為他們執筆的人們，能掩護他們[免於攻擊]。

他所說的，正是如達波與蒙塔納斯那樣的編纂風格。相
反地，他本身曾經，在一六八四至一六九五年、一七〇六至
一七一四年間，兩度於東印度地區的班達島工作，並熟知當地
語言，具備馬來語還有阿拉伯文的知識。對他來說，要寫作一
部有系統的、真實的作品，首要條件是作者必須親歷其地，其
次則要具備當地語言的知識，這樣，文獻才不致於流於膚淺，
而與實情兩樣。

對此主題人們清楚知道，雖然人們遊歷過，跑遍了那
些國度，仍然有所不足。而對於旅行者而言，首要的要
求，對於他的旅程最能帶來光明的是，要先學習此國度的
語言（也就是他所要描述的國度），以鑽進一切隱藏本地
人祕密的盒子裡去。這也是為了讓世界免於再度複習故紙
堆、破垃圾[的二手陳述]。要讓他們可以依據此[研究]來
做出[新]陳述，同樣藉此去解開一些奧秘有趣的事情，獲
得快樂。

因為他對自己所取得的資料很有自信，認為必定能打破傳
抄遊記的陳腔濫調，細數歷史發展的來龍去脈。

…現在我要提到[我]所發表的此一作品[舊與新東印
度]，當然，所有瞭解並關心[此書]的人都應該要知道，他
們絕不會見到任何同樣、披露過的東印度事物在此發表。

此外，這裡還有大量的事物，是從別的地方很少可以讀到的，而以一定的次序［系統性］整理者，更是絕無僅見。

　　首先，人們會在書中讀到一系列國度的敘述，接著，是在每個國度裡發生事件的報告，而結尾，則會讀到對於教會事務的報導。人們在這報告中，應該可以驗證，是否在這一系列的事件中，重述了某些被別人提過的事物；或者，會不會有另一種情況，就是因襲傳抄了，那些已知的事。

　　這是真實而純粹的著作，也是其他作者從未嘗試的［全新著作］，完整讀完我的作品就會明白。

荷版「沈有容諭退紅毛番」

　　有了這樣的認識之後，我們可以來看看這是怎樣的一部著作。本套書全名標題是：《舊與新東印度，包括對荷蘭國權於以下各地一精確而完整的報告：對於摩鹿加、安汶、班達、帝汶及蘇祿、爪哇，及其地方政府轄下各島嶼、荷蘭於蘇拉特之商館、大莫臥兒地區一個廣泛的描述；還有對居住於科羅曼得爾、緬國、阿拉干、榜加剌、Mocha、波斯、麻六甲、蘇門答臘、錫蘭、馬拉巴、西理伯斯或錫江、中國、日本、台灣或福爾摩沙、東京、柬埔寨、暹國、勃泥、巴里島、好望角及毛理求斯島上人民的精確說明。不僅匯集所有東印度公司涉及之處，也包括涉及此地區其他歐洲人的卓越事蹟》。全書因此分成了五冊，由於自

第三冊起就必須裝訂成二本，所以實際上有八大本。由書名可知，本書雖然刻意與過去雜亂的遊記書籍別互苗頭，卻同樣還有另一個寫作傳統，就是企圖將荷蘭人在海外揚威的事蹟紀錄下來，作者在序言中又說：

●《新舊東印度誌》第四冊上冊外觀。

　　在此一作品的封面，我稱之為舊與新東印度，或者立足這些區域裡的荷蘭國權，此一標題是我自己所提出。因為荷蘭人民不但超過全部那些曾經或未曾到東方的前人，而且，最主要推崇的是荷蘭人在此地[東亞、東南亞]的大權。……[本書]並且要表達，古代巴達維亞民族的後裔（按：即荷蘭人）沒有辱沒他們顯赫祖先的名聲。但我並不會，如同一些人所言，在我筆下扭曲那些對我們人民非常不利的事。相反的，整個來說，我對於可這麼做的地方，也執意的避免。[我]並且慎思明辨[仔細觀察]，使此一著作，就算在基本的品質方面，在這樣特別的熱情之下，不會有任何缺陷。

　　…有人問我，寫作此一作品的動機是什麼？無他，即[為了將之]貢獻於智識世界，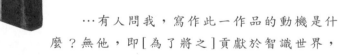為了要表現，我已將我的時間，即便並非全職，[也完全]勤勉的投入，負起此一責任。這是對我，以及對於其他一切人都需負擔的天職。就是把上帝賜給我的天分，盡我的全力、貢獻於大眾所需。所以我，雖然是出身最低微的一

位，[也]知道到我的義務。為了讓這些屬於我的[知識]，貢獻出來，提升我們人民，並傾聽可敬的東印度公司[的聲響]。縱使我真的有所成就，也[是為了]貢獻於多特勒克市，來榮耀此城市。換言之，[讓眾人]都知曉那個從泥濘卑微之處建立起來的荷蘭共和國，在其英雄時代，是如何的強大有力。同樣的，任何人，或國內任何成員，都該運用此一手段來向上提升，正如同身在其中的每個成員都有應負的責任一樣，這是他對國家，或者對他城市所負的[責任]：這一點，正是我們全體都應重視的。

　　所以說，此書的另一個名稱《荷蘭國權》表達了華倫坦的濃烈愛國心。他希望能藉由這樣的作品，喚起民眾對荷蘭人成就的評估與省思。可以說，這份作品表現出荷蘭在歷經了八十年獨立戰爭的苦鬥後，戰後成長的一代，如何逐漸意識到荷蘭國家性格與成就。雖然這只是是私家著述，卻隱含了歷史學的批判意識與敏銳的時代感。華倫坦從一七一四年歸國起，到一七二七年本書開始印刷為止，投注了人生最後的十三年撰寫此一鉅作。《新舊東印度誌》全部八大本、共有五一四四頁、一六二張版畫、七十九張地圖。

　　第一冊主要是簡短介紹從古希臘到一七二二年的歐洲海洋貿易史，然後說明東印度公司直到當時所進出的人、船、貨、資金概況，最後則描述摩鹿加群島。第二冊主要以安汶為中心，描述香料群島的地理與歷史。第三冊則接續敘述香料群島的傳教史、動植物生態，中南半島如越南、柬埔寨、暹國的歷史。第四冊則主要描述大爪哇島，以及公司在此所建立的據

點、傳教史等等，包括與中國間的貿易史和福爾摩沙地理歷史
的描述，華倫坦自己的親身見聞也附載於此冊。第五冊則是環
印度洋區域的介紹，包括麻六甲、蘇門答臘、緬甸、印度東西
岸、波斯、非洲東岸的記載。與台灣相關的，是第四冊的相關
部份篇章。其標題為《舊與新東印度，包括對於荷蘭人在
中國貿易與航行的一個精確並完整的報告，還有關於台灣
或福爾摩沙，其分區、市鎮、城堡、人民風土、植物、作
物、海陸生物、包括世俗與教會的、從古至今發生事件鉅
細靡遺的記載，並集合了非常清晰實用的地圖》。

　　從這個標題可以知道，華倫坦首先敘述了荷蘭人如何與大
明人接觸的過程。他稍微帶到馬可波羅和葡萄牙人航抵廣東的
活動後，便從澳門的武備和南海貿易網絡開始說起。㉒然後提
到一六〇三年六月韋麻郎（Wijbrand van Warwijk）率兩艦
於澳門外海劫奪葡萄牙船隻的事件。㉓荷蘭人首度與大明方面
接觸的嘗試，一開始其實是透過大泥（今之北大年）華僑的中
介：㉔

　　五月二十日，由柔佛前往大泥，而在三十日入港，最
重要的是為了看看，會不會在那裡遇到一些大明人，有辦
法幫助這兩艘船前往大明。　他[韋麻郎]遇上一位斯佩克
（Cornelis Specx），當年[企圖]要跟著暹國使團一起
去[中國]並帶了可觀的禮物，希望能藉此[禮物]博得好
感。不然的話，根據大明禁止所有外國人進入的訊息[來
看]，沒人進得去；但暹王每年都派遣一支以上不等的使
團前去，韋麻郎認為這是千載難逢的機會，藉此先進入那

國，再建立貿易關係。六月八日他與斯佩克聯名寫了封文情並茂的信給暹王，並附上兩挺各重一千二百、一千三百磅的火砲，還有三．五磅重的子彈，請求暹王殿下派遣使團時，也能讓斯佩克附隨同去。此外，他自己雇用一些大明人，在二十七日由大泥啟程前往廣東（大明國的一個著名城市）。七月二十五日，[他們]穿越廣東南邊，靠近澳門的島，沿著這島，他找到一條路，通到最近的市鎮，就在城外附近，並且從葡萄牙人常走的路抵達那裡。可是他們[葡萄牙人]竟然膽敢，派五、六艘快艇，光天化日之下突擊我們的小船；不過他們也遭到猛烈還擊，阻止他們追擊。二十八日颳起強烈颱風，他們只好離開沿岸，前往海上，因為小船上有兩隻小舟、一個水手飄走，直到八月二日才找回來。眼見沒有機會航向澳門，他就朝東航向澎湖，此島[澎湖]歸漳州管轄，位於北緯二十三度半，北回歸線下，南澳島東方二十二荷哩處。他在八月七日停在澎湖[馬公]灣西側，此處可以避開各個方向的風。他也準備好一些書信，和一些大明人一起，在九日登陸時，送給地方官，希望締結邦交，發展貿易。當他等待回信時，快船「Sphara Mundi號」，二十七日也抵達此處，據說[該船]曾在颱風中遭遇很大危險。十月二十日他收到[大明官方]的回信，但消息非常不利，而送信的是一些全副武裝的人。根據地方政府長官指出，他[韋麻郎]要送給他們，還有藩王每人一份禮物，都不得少於五萬皇家銀元，還不包括那些要送給其他人的份。最後他因為一個叫做都司（Toezy）的大明將領，帶了五十艘帆船前來，他[韋麻郎]連下船登陸都不被允許，所以[只能]兩手空空、一事無成

㉒《新舊東印度誌》，（台史博館藏：2003.15.182），pp. 1-4.
㉓華倫坦說此一行為獲得大明方面激賞，不知理由何在？殊堪玩味。
㉔當時大泥為暹國屬國。
㉕《新舊東印度誌》，（台史博館藏：2003.15.182），pp. 5-6。此處中國（Tsjina）均譯為大明國。

地返航。因此，決定再回到大泥，因為大明人承諾，隨後會派三到四艘帆船前來，這是都司答應要幫忙的。[然而]，最後卻是一艘也沒有來。…… ㉕

　　這段記載也就是大明國方面自認功勳彪炳的「都司沈有容諭退紅毛番」故事的荷蘭版本。而斯佩克參與暹王朝貢使團的活動，也因為暹國內戰而被迫中斷。而接下來一連串包括一六〇七年馬特利夫（Cornelis Matelief）的嘗試、一六二二年萊爾生（Cornelis Reijsersoon）的嘗試、一六三〇年代前往廈門的活動、一六五三年初次出使，一六六二年後第二次與第三次出使，都沒有成功過。此後一六六七至六八年、一六七九年、一六八三至八五年出使，也都沒有成功。最後一次出使後，大清國已開放中國船隻出海，大量的中國船隻抵達了巴達維亞。因此如同華倫坦在序言所說，他並沒有迴避荷蘭人與大明、大清國接觸的失敗史。㉖之後，則彙編了關於中國地理與歷史、宗教有系統的研究，然後轉而敘述台灣的歷史。他敘述台灣歷史的章節大致上區分為，台灣的地誌與原住民風俗習慣、荷蘭人在台灣的經營史，以及傳教史三部份來敘述。這些部份，都收錄在一八七一年抵達府城台南的英國長老教會牧師甘為霖所選譯的《荷據下的福爾摩沙》當中，為人所共知，故此處並不詳談。

●《新舊東印度誌》第四冊上冊書名頁。

對荷蘭人取得台灣正當性的辯護

　　雖然華倫坦以曾經在亞洲生活三十年的經驗為傲，但是在他生存的年代，台灣西半部早就落入漢人之手。再加上他是

安汶的牧師，活動於爪哇一帶，對於中南半島到日本這一帶海域，完全陌生，由他編纂這個區域的歷史，其實跟耶穌會的杜赫德神父沒有什麼不同，大部份仍是依賴文獻考證的功夫。從他的字裡行間，也可以看到，他想要做的，就是泯除其他人加諸荷蘭人的惡名。例如，他特別指出一位法國旅行家編纂遊記中對於荷蘭東印度公司的污衊：

　　這跟塔佛尼（Tavernier）在他第二卷第一八六頁，還有前面等處所說的是完全兩樣的故事，他聲稱，我們[荷蘭人]是把英國人（他們先前打贏了西班牙人）灌醉，把他們全部弄倒，然後殺光，這完完全全是沒有根據的謊言，像這樣子的事情還會遇到不少。㉗

　　這位塔佛尼（Jean-Baptiste Tavernier）可是當時赫赫有名的東方通。他出生於巴黎，一生在東歐、波斯、印度、東南亞四處旅行，藉由其軍事技能跟外交手腕，獲致了相當高的社會地位，甚至蒙路易十四召見，可說是當時冒險致富的典型人物。他在晚年的一六七六年出版了大為風行的《塔佛尼六度旅行記》（*Le Six Voyages de J. B. Tavernier*）生動地描寫了他畢生見聞。一六七九年又出版一冊《各種關連資料匯集》（*Recueil de Plusieurs Relations*），匯集了東亞日本、越南、還有荷蘭東印度公司的相關資料，不過並非他的親身經歷。這些書籍，在一六八〇年代都迅速地被譯成荷蘭文版，四處流佈。華倫坦正是在此時由神學院畢業，前往亞洲去執業，想必他自己也深受此錯誤資訊之害。華倫坦特別指出，荷蘭人在台灣是友善的購買土地，而非以詐騙的手段取得：

㉖由此可知荷蘭人在中國沿海的活動跟所謂帝國主義入侵活動差別有多大。
㉗《新舊東印度誌》，（台史博館藏：2003.15.182），p.51.華倫坦此處所引用的，是一六八〇年出版的荷譯本。

一六二五年一月二十日，剛剛繼任商館長的宋克（Sonk）先生，在友好的情況下，從福爾摩沙人那裡，買定了一塊地皮。[這也是]為了藉此獲得真正充份的權利（egter deugdelijk recht），以及在福爾摩沙獲得落腳之處，在赤崁以十五匹堪橄布，或稱Viquamas（一種衣物），換取了他[長官]認定，可敬公司所需大小的土地。我之所以知道[有]這一筆交易，是取自二月十九日的所做成的決議文，後者有評議會成員簽名[為證]⋯ ㉘

雖然華倫坦試圖想要解釋荷蘭人在台灣取得政權的原因，用以反駁塔佛尼，但是他卻無力取得普特曼斯（Hans Putmans）長官任內與原住民各村社締約的官方史料，對地方會議也一無所知，不能不說這是私家修史的先天限制。㉙其實當時在台灣西岸的海濱沙洲，各方海商匯集，主要以中國與日本海商為主。一六二四年，荷蘭人在大員沙洲建立根據地，後來又要求日本人需繳納港口關稅，當然引起日本人的不滿。雙方爭取港口使用權的衝突，即是後來眾所周知的「濱田彌兵衛事件」。㉚雖說當代人對此事知之甚詳，但在華倫坦此書出版之前，即便是《荷使出訪日本記》，仍對日荷曾經嚴重衝突一事，諱莫如深。

其根柢的原因在於，整個十七世紀，荷蘭人高度依賴日本特許而獲得的其在東亞的貿易地位，荷日關係無疑是其東亞營運網最重要的命脈，若被人探知弱點，影響投資人信心，公司在歐洲的銀根，隨時可能隨時被抽走，那公司勢必關門大吉。相反地，十七世紀晚期之後，公司的營運不再重度倚賴東亞航

㉘《新舊東印度誌》，（台史博館藏：2003.15.182），p.51. 雖然目前殘存的東印度公司檔案無法印證收購土地一事，但宋克確實曾經想要發展中、日、荷、漢商人居住的赤崁貿易市街。此一計畫因瘟疫橫行而放棄，轉移到到大員沙洲上執行。而與原住民各村落間土地權利的約定，則是一六三〇年代後荷蘭人征討原住民村落後訂約的成果，事實上與此一收購事件並不太相關。
㉙參見第四章。

線，此事便不需忌諱。華倫坦也得以就此大書特書，實現其發人所未見的承諾。可是對於德川幕府怎麼處理這個海外僑民衝突事件，荷蘭人又如何因為日本禁教鎖國而避免了必須從台灣撤離的命運，在這裡卻都完全沒有提到。即使在《新舊東印度誌》第二冊，日荷貿易史的部份，華倫坦也只是隱晦地提到荷蘭船艦曾經協助鎮壓日本的天主教叛軍，因此沒有如西、葡兩國人被逐出日本而已。㉛

從福爾摩沙始，從福爾摩沙終

正如同杜赫德神父會誤將《台灣府志》所刊載的荷蘭人治台歷史視為真相運用一樣，對於華倫坦編纂上的缺失，也不應過度苛責。荷蘭人雖然曾經在台灣島上生活，但這樣的日子距離華倫坦初訪爪哇的時期，也已經有二十年上下。華倫坦身為一個自詡追求實證的歷史家，訪求當時史料也不免有所遺漏，這點對任何歷史工作者來說，都是一樣。華倫坦取得的《福爾摩沙與澎湖群島圖》，取自於阿姆斯特丹畫家芬伯翁（Johnnes Vingboons）一六六〇年所出版的地圖集《東西印度海圖彙編》（*Verzameling van paskaarten dienende tot de vaart naar Oost- en West-Indien*）。本圖是將荷蘭人沿岸測繪的各個部份分圖，互相拼接起來的全體圖。他以這樣的敘述標定台灣的位置：

其[福爾摩沙]位於北回歸線下，從十二度（按：應為二十二度之誤刻），一直延伸到北端二十五度二十分的北部這麼寬（這也是其北部最末端所在）而長度以東經

㉚十七世紀前期，日本海商活躍於東南亞各處，包括台灣西南海濱。一六二四年荷蘭人落腳台灣溪南方大員沙洲後，不久以港口治安維護者的身份要求出入大員港的日船繳稅，雙方引發數度摩擦。一六二九年，日商濱田彌兵衛不滿荷蘭人扣留其武器，阻止他從大員前往華南收取生絲，發動突襲以取取賠價。事件中，荷蘭長官被挾持而使荷方低頭，日荷貿易並因此中斷數年。
㉛在一六三八年日本天主教徒反抗德川幕府的「島原・天草之亂」中，荷蘭船隻應幕府要求而砲擊過日本天主教叛軍。

一四二度[往回]二十八分[線來分割]（按：零度線並非格
林威治天文台），東側海岸線長四十荷哩，西側海岸線則
有五十荷哩。其北部寬有八荷哩，從南部穿越有四荷哩，
但中間其他地方，大部份要橫過十八到十九荷哩路，所以
斷定環繞它有一百三十到一百四十荷哩路程；也有人以為
其有緯線三度長，正如同此地圖所呈現。㉜

　　此一標定大體正確，但描繪西南海岸所依據的原圖，應是
來自於一六三六年密德堡（Pieter Jansz van Middelburch）
所測繪的〈台灣西海岸圖〉。這一張原圖所測定的恆春與台南
間，東西向的間距卻稍嫌誇張，所以拼湊出來的這張全圖，西
側平原看起來異常的廣大，比現代的台灣地圖稍微肥胖了些。
換個角度想，或許這樣膨脹的形體，更加符合荷蘭人痛失台灣
的懷想心情吧。

　　從林斯豪頓到華倫坦，兩人出書的時間先後間隔約
一百三十年（1596-1727），荷蘭人從遙望福爾摩沙起，因緣
際會之下，落腳台灣各處三十餘年，又以遙望福爾摩沙終。福
爾摩沙一島的形態，先是透過葡萄牙人的轉述，被人繪出概括
的輪廓，其後，又由荷蘭東印度公司儲藏的測繪海圖來重新構
成。從林斯豪頓的隻字片語，演變到華倫坦書中精彩豐富的一
章，福爾摩沙從一個形象模糊的地標，轉變為鮮活生動的歷史
舞台。史家華倫坦為了不讓荷蘭人祖先的光榮事蹟被遺忘，不
惜皓首窮經，留下巨著。撩動他的，已經不是如林斯豪頓那樣
發現世界的熱望，而是存真求證的科學精神，以及對偉大時代
的懷念之情。

　　華倫坦塑造出的福爾摩沙形象，已因這求真求實之名，
留存在代代荷蘭水手的心中。幾個世紀之後，他們依然遠遠遙
望著福爾摩沙，然而，這形象所喚起的，卻是他們心底自己先
祖的形影。他們應該不會想到，有一天，福爾摩沙現在的主人
們，也會同樣揭起追求真實的大纛，走上華倫坦未竟的道路，
重新啟動另一波歷史的探查之旅，去尋找他們自己心中，時時
遙望的那個福爾摩沙形象吧？

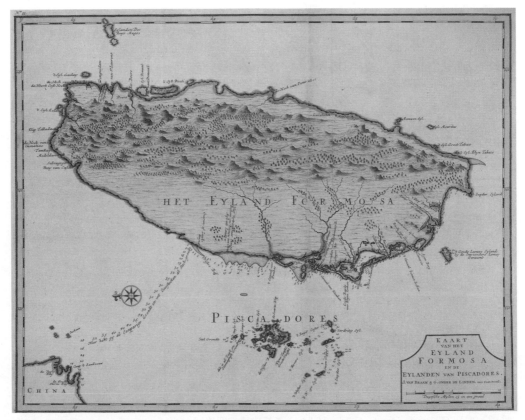

● 《新舊東印度誌》第四冊上冊附圖，原圖是阿姆斯特丹製圖家芬伯翁（Johannes Vingboons）將東印度公司內部測繪的台灣島各地分圖接合而來的台灣全圖。

㉜《新舊東印度誌》，（台史博館藏：2003.15.182），p.33；1荷哩約合7.407公里。

本書相關台灣歷史博物館館藏台灣史珍本書目

《東印度水路誌》／館藏號：2003. 15. 168

Linschoten, Jan Huyghen van., Itinerario:Voyage ofte Schipvaert, van Jan Huijgen van Linschoten naer Oost ofte Portugaels Indien,inhoudende een corte beschrijvinghe derselver Landen ende Zee-custen,

met aenwijsinge van alle de voornaemde principale Havens, Revieren, hoecken ende plaetsen, tot noch

toe vande Portugesen ontdeckt ende bekent:Waerbij ghevoercht zijn, niet alleen die Contecfeijtsels vande habijten, drachten ende wesen, so van de Portugesen aldaer residerende, als van de ingeboornen Indianen, ende huere Tempels, Afgoden, Huijsinge, met die voornaemste Boomen, Vruchten, Kruijden, Specerijen, ende diergelijcke materialen, als ooc die Manieren desselfden Volckes, so in hunnen Godts-diensten, als in Politie en Huijs-houdinghe: maer ooc een corte verhalinge van de Coophandelingen , hoe en waer die ghedreven en ghevonden worden, met die ghedenckweerdichste geschiedenissen,voorghevallen den tijt zijnder residentie aldaer. Alles beschreven ende bij een vergadert, door denselfden, seer nut, oorbaer, ende oock vermakelijcken voor alle curieuse ende LiefHebbers van vreemdighden, （t' Amstelredam: Cornelis Claesz., 1596）

此為全書三編第一編《航海記》之標題，常作為全書《東印度水路誌》之代稱。第二、三編之標題此處不附。

《福爾摩莎簡報》／館藏號：2003.15.169

Candidius, George., A short Account of the Island of Formosa in the Indies, situate near the Coast of China; and of the Manners, Customs, and Religions of its Inhabitants, in: Awnsham and John Churchill comps. A Collection of Voyages and Travels, Some now first Printed from Original Manuscripts, others now first Published in English, in Six Volumes. With a General Preface, giving an Account of the Progress of Navigation, from its first Beginning.Illustrated with a great Number of useful Maps and Cuts, Curiously Engraven, vol. I, （London: A. and J. Churchill, 1732）,pp.472-479.

原文為荷蘭文，本館收藏為英譯匯刊本《航海與旅行大全》（A Collection of Voyages and Travels）中的散頁。

《中國新圖》／館藏號：2003.15.171

Martinio Martino., Nouvs Atlas Sinensis a Martino Martinio Soc. Iesu descriptv et Serenissimo. Archidvci Leopoldo Gvilielmo Avstriaco dedicatvs., in: Jean Blaeu, Le Theatre du Monde, ou Nouvel Atlas, sixiesme partie, （Amsterdam: Jean Bleau, 1655）

原文為拉丁文，本書為法譯本。被納入於阿姆斯特丹布勞家族出版世界地圖集《世界舞台或新地圖》（Le Theatre du Monde, ou Nouvel Atlas）叢書中第六冊出版。

《中國圖誌》／館藏號：2003.15.173

Kircherus, Athanasius., J. H.Glazemaker trans., Tooneel van China, door veel zo geestelijke als werreltlijke, Geheugteekenen, verscheide Vertoningen van de Natuur en Kunst, en blijken van veel andere gedenkwaerdige dingen, geopent en verheerlijkt nieuuwelijks door d' E Vader Athanasius Kircherus, Priester der Sociëteit Jesu, in 't Latijn beschreven,（t' Amsterdam: Johannes Janssonius, 1668）

原文為拉丁文，本書為荷譯本。

●

《荷使初訪中國記》館藏號：2003.15.174

Nieuhof, Joan ., Het Gezantschap der Neêderlandtsche Oost-Indisch Compagnie, aan den grooten Tartarischen Cham, den tegenwoordigen Keizer van China: waarin De gedenkwaerdighste Geschiedenissen, die onder het Reizen door de Sineesche Landschappen, Quantung, Kaiangsi, Nanking,

Xantung en Peking, en aan het Keizerlijke Hof te Peking, sedert den jare 1655 tot 1657,

zijn voorgevallen, op het bondigste verhandelt worden. Beneffens Een Naukeurige Beschrijving der Sineesche Steden, Dorpen, Regeeringh, Wetenschappen, Hantwercken, Zeden, Godsdiensten, gebouwen, Drachten, Schepen, Bergen, Dieren, etc. en Oorlogen tegen de Tarters. Verçiert met over de 150. Afbeeltsels, na 't leven in Sina getekent: En beschreven door Joan Nieuhof; toen eerste Hofmeester de Gezantschaps, tegenwoordig Opperhooft in Coylon,（t'Amsterdam: Jacob van Meurs, 1670）.

●

《東西印度驚奇旅行記》／館藏號：2002.6.55

Schmalkalden, Caspar., Wolfgang Joost hrsg., Die wundersamen Reisen des Caspar Schmalkalden nach West- und Ostindien, 1642-1652.,（Leipzig: Veb F. A. Brockhaus verlag, 1983）

本書為未發表手稿整理抄錄後所出版的刊印本，抄錄者為Wolfgang JoostI博士。原手稿藏於德國哥達研究圖書館檔案室（Forschungsbibliothek Gotha archivierten），檔案號：Chart B 533.

●

《東印度旅行短記》／館藏號：2003.31.9

Herport, Albrecht., Eine kurze Ost-Indianische Reiß-Beschreibung, darinnen vieler Ost-Indianischen Insulen und Landtschafften Gelegenheit, der Einwohneren Sitten und Gottes-Dienst, allerlen Früchten und wilden Thieren beschaffenheit, sampt etlichen nachdencklichen Belägerungen und Schlachten zwischen der Holländischen Ost-Indianischen Compagnen einerseits und etlicher Ost-Indianischen Königen und Portugesischen Kriegs-Völckeren anderseits, beschehen, sonderlich der Chinesischen Belägerung und Eroberung der Insul Formosa, angemerckt und in etlichen Kupffer stucken verzeichnet zu finden Beschrieben und in einer Neun-Jährigen Reiß verichtet von Albrecht Herport, Burgern der Statt Bern, und der Mahleren-kunst lieb-haberen,（Bern: Georg Sonnleirner, 1669）.

●

《荷蘭信使》第十三冊／館藏號：2003.15.170

Casteleyn, Pieter ed., Hollandtsche Mercurius, behelzende de aldergedenckwaerdigste Voorvallen in Eurpoa, en de gantsche Weerelt, in 't Iaer 1662, dertiende deel,（Haerlem: Pieter Casteleyn, 1663）

本書是報刊合訂本第十三冊，於1663年出版1662年的部分。本館藏有1650-1690間共9冊。

●

《歐洲每日大事記》第八冊／館藏號：2002.06.45

Elisii, Philemeri Irenici（Martin Meyer）hrsg., Diarii Eurpæi , Continuatio VIII, Insertis quibusdans, maximè verò, Germano-Gallo-Anglo-Polcno-Sueco-Dano-Ungaro-Belgo-Turcicis , actis publicis, oder Täglicher

Geschichts-Erzehlung, darinnen Theils, was sich ben allerhand vorgefallenen Begebenheiten

und zwischen Theils Ständen gewechselten Schreiben, in dem H. Röm-Teutschen Reich, und denn auch in andern demselbigen nah angränzenden und weit entlegenen königreichen/ Landen und herschafften; Absonderlich aber zwichen denen im krieg gegen einander stehenden Parthenen, den Kronen Spanien und Portugal, Polen und Woscau, dem Fürstenthumb Siebenbürgen, eins Theils Ungarn und den Türken, ben vorgenommenen Beläger und Eroberungen der städte und gehaltenen Scharmüzeln: Wie auch in friedens-Geschäfften in Franckreich, Engelland, Schweden, Dänemarck, den Vereinigten Niederlanden und der Barbaren, ben abgehandelten Bünduessen, angestellten Land- und Commissions-Tägen und auffgerichteten friedens=Verträgen, seint dem Monat Junius dess 1662 Jahrs biß an das 1663 zugetragen,

ordentlich beschrieben und richtig zu finden ist.Sambt angehengtem Ungarischen Land-Tags-Schluß und einem unvorgereifflichem Bedencken, wegen der Reichs Krenß, Hülff wider den Türcken, Neundter Theil, （Franckfurt am Mäijn: Wilhelm Serlin, 1663）.

本書有德文、拉丁文兩種版本同時發行，本館收藏為德文版。由於德文版第一冊沒有出版拉丁文的版本，故由第二冊起始稱拉丁文版第一冊。因此本書根據拉丁文標題為第八冊（Continuatio VIII），但根據德文標題則為第九冊（Neundter Theil）。館藏為第七、第八冊合訂本。

《被遺誤的福爾摩莎》／館藏號：2003.31.10

C.E.S., 't Verwaerloosde Formosa, of waerachtig Verhael,hoedanigh door verwaerloosinge der Nederlanders in Oost-Indien, het Eijlant Formosa, van den Chinesen Mandorijn, ende Zeeroover Coxinja, overrompelt, vermeestert, ende ontweldight is geworden;Begrepen in twee Deelen: Verhandelende den Aert en Eijgenschap deses Eijlants, en Discipline des selfs Inwoonders.Der Chinesen toelegh en Oorlogs-preparatien, om het Eijlant Formosa t'overvallen;ende der Nederlanders onachtsame, geringe en zwacke voorsorge tot hun tegenweer. Van der Chinesen vijantlijcke overkomste op het Eijlant Formosa;Hare belegeringh des Casteels Zeelandia, ende vordere Oorlogs-exploiten ende actien,geduijrende deselve belegeringh ten weder zijden voorgevallen.Hier zijn by-gevoeght:Eenige aenmerckelijke saken, rakende d'oprechte gront der Sinese Wreetheijt en Tyranny, gepleeght aen de Predicanten, Schoolmeesters ende Nederlanders aldaer. Met Bij-gevoeghde Authentijcke Bewijsen. Alles getrouwelijck uijt deselve bij een vergadert, door C.E.S en met schoone Figuren verciert, （ 't Amsterdam: Jan Claesz. ten Hoorn, 1675）

《荷使第二及第三次出訪（大清）中國記》／館藏號：2003.15.175

Dapper, Olfert ., Gedenkwaerdig bedryf der Nederlandsche Oost-Indische Maetschappye, op de Kuste en in het Keizerrijk van Taising of Sina: behelzende het tweede Gezandschap aen den Onder-koning Singlamong en Veldheer Taising Lipoui;door Jan van Kampen en Konstantijn Nobel, vervolgt met een verhael van het voorgevallen des jaers zestien hondert drie en vier en zestig, op de Kuste van Sina, en ontrent d' Eilanden Tayowan, Fomorsa, Ay en Quemuy, onder 't gezag van Balthasar Bort; en het derde Gezanschap aen Konchy, Tartarsche Keizer van Sina en Oost-Tatarye:onder beleit van zijne Ed. Pieter van Hoorn, beneffens een Beschryving van geheel Sina. Verçiert doorgaens met verscheide kopere platen, （t' Amsterdam: Jacob van Meurs, 1670）

正式書名為《荷蘭東印度公司在大清帝國沿岸殊堪表彰的作為...》但由於過長，此書通常取封

面版畫上的簡稱為書名《荷使第二及第三次出訪（大清）中國記》（ Tweede en Derde Gesandschap na het Keyserryck Taysing of China ）。館藏有荷文原版與德譯本。

《水陸旅行全史或遊記大全》第五冊／館藏號：2003.15.183

Schwabe J. J., Allgemeine Historie der Reisen zu Wasser und Lande; oder Sammlung aller Reisebeschreibungen,welche bis ißo in verschiedenen Sprachen von allen Völkern herausgegeben worden, worinnen der wirkliche zustand aller Nationen vorgestellet, und das merkwürdigste, nüßlichste und wahrhaftigste,in Europa, Asia, Africa und America, in Ansehung ihrer verschiedenen Reiche und Länder; Deren Lage, Größe, Gränzen, Eintheilungen, Himmelsgegenden, Erdreichs, Früchte, Thiere, Flüße, Seen, Gebirge,Großen und kleinen Städte, häfen, Gebäude, u.s.w. Wie auch der Sitten und Gebräuche der Einwohner, ihrer Religion, Regierungsart, Künste und Wissenschaften, handlung und Manufacturen, enthalten ist;Mit nötihigen landkarten nach den neuesten und richtigsten astronomischen Wahrehmungen, und macherlen Abbildungen der städte, küsten, Aussichten, Thiere, Gewächse, Kleidungen, und anderer dergleichen Merkwürdigkeiten, versehen;Durch eine Gesellschaft gelehrter Männer im Englischen zusammen getragen, und aus demselben ins Deutsche überseß t., Fünfter Band, （ Leipzig: Arktee und Merkus, 1749 ）

本書譯自英國倫敦出版商 Thomas Astley 於1745-47年間所出版的：《新航海遊記大全》（A New General Collection of Voyages and Travels ），收錄將《荷使第二及第三次出訪（大清）中國記》照大意濃縮的篇章。

《莫斯科大使出訪中國記》／館藏號：2003.15.178

Ides, E. Ysbrants., Driejaarige reize naar China, te lande gedaan door den Moskovischen Afgezant, E. Ysbrants Ides, van Moskou af, over Groot Ustiga, Siriania, Permia, Sibirien, Daour, Groot Tartaryen tot in China. Waar in, behalven de gemelde Landstreeken, de Zeden dier woeste Volken, ten aanzien van hunnen Godtsdienst, Regeeringen, Huwelyken, dagelykschen Handel, Kleedinge, Woningen, Onderhoud, Dood en Begraafnissen naaukeuriglyk beschreven worden. Met eene Landkaart, door den Gezant op zyne Reize, naar de waare gelegenheit der plaatzen getekent, en met veele schoone Printverbeeldingen versiert. Hier is bygevoegt, eene beknopte Beschryvinge van China. Door eenen Chineeschen Schryver t'zamengestelt, nu eerst in 't Neêrduitsch vertaalt, en met verscheide Aantekeningen verrykt, （ t'Amsterdam: François Halma, 1704 ）

附錄為漢人戴奧尼索斯‧高 （Dionyzius Kao）口述，譯為荷文出版的《中華大王國簡述》（ Korte Beschryvinge van Magtig Keizerryk China ）。

《亞洲指南》／館藏號：2003.15.177

Spaan, Gerrit van., De Aziaansche Weg-wijzer, vertoonende verscheide Landstreken, ten dienste van die gene, dewelke haar geluk in andere Gewesten moeten zoeken, （ Rotterdam: Pieter vander Slaart , 1694 ）

《福爾摩莎島歷史與地理的描述》荷文版／館藏號：2002.06.57；英文版／館藏號：2003.15.179

Psalmanaanzaar, Georgius., N.F.B.D.R trans., Beschryvinge van het Eyland Formosa in Asia, en der Regering, Wetten, Zeden, en Gods-dienst der inwoonders. Uit de gedenkschriften van den Hr. Georgius

Psalmanaanzaar. Aldaar geboortig, t'zamengestelt. Mitsgaders een breet, en net verhaal zijner Reizen door vervolging, welke hy door toedoen der Jesuiten van Avignon, geleden heeft; benevens de redenen, die hem tot het afweren van het Heidendom, en het aannemen der hervormde Christelyke Godsdienst gebragt hebben. Door d' Hr. N.F.D.B.R. Met Kopere Platen verciert. Uit het Frans vertaalt, （Rotterdam: Pieter vander Veer, 1705）

原文是英文，1704年在英國倫敦出版。此為由法譯本轉譯的荷譯本。

Psalmanaazaar, George., An Historical and Geographical Description of Formosa, an island subject to the Emperor of Japan. Giving an Account of the Religion, Customs, Manners, etc. of the Inhabitants. Together with a Relation of what happened to the Author in his Travels; particularly his Conferences with the Jesuits, and others, in several parts of Europe. Also the History and Reasons of his Conversion to Christianity, with his Objections against it （in defence of Paganism） and their Answers, to which is prefix 'd, A preface in Vindication of Himself from the Reflections of a Jesuit lately come from China, with an Account of what passed between them. By George Psalmanaazaar, a Native of the said Island, now in London. The second Edition corrected, with many large and useful Additions, particularly a new Preface clearly answering every thing that has been objected against the Author and the Book, illustrated with several Cuts. To which are added, A Map, and the Figure of an Idol not in the former Edition, （London: Mat Wotton, Abel Roper and B Lintott, 1705）

此為第二版，附加了作者受到耶穌會士質疑的辯解，還有所謂上一版未公布的福爾摩沙群島圖，及「新人物圖」（Figure of an Idol）。

●

《反對薩爾曼納查言論的探究》／館藏號：2003.15.180

Psalmanaazaar, George., An Enquiry into the Objections against George Psalmanaazaar of Formosa, in which the accounts of the People, and Language of Formosa by Candidius, and the other European Authors, and the Letters from Geneva, and from Suffolk, about Psalmanaazaar, are proved not to contradict his Accounts. With accurate and authentick Maps of Formosa and the Isles adjacent, as far as Leuconia, China, and Japan. With two other very Particular Descriptions of Formosa. To which is added, George Pdalmanaazaar's Answer to Mons. D' Amalvy of Sluice, （London: Bernard Lintott, 1710）

本書雖未標示作者，但由其內容來看，一般多認為是薩爾曼納查主導的作品。

●

《耶穌會士書簡集》第十四冊／館藏號：2003.14.88

Du Halde, Jean-Baptiste ed., Lettres édifiantes et curieuses, écrites des missions étrangéres par quelques missionnaires de la Compagnie de Jésus, XIV recueil, （Paris: chez Nicolas Le Clerc, ruë Saint Jacques, proche Saint Yves, à l'image Saint Lambert, 1720）

主要編纂者是杜赫德（Jean Baptiste du Halde）神父，但編輯、印圖、發行均是教會修士擔當，並非私人書商出版。

●

《水陸遊記中有教益和奇趣的書簡大全》第六冊／館藏號：2003.15.183

Stöcklein, Joseph., Allerhand so Lehr-als Geist-reiche Brief, Schrifften und Reis-Beschreibungen, welche von denen Missionariis der Gesellschafft Jesu aus beyden Indien, und andern über Meer gelegenen Ländern, seit Anno 1642. biß 1726 in Europa angelangt seynd. Jeßt zum erstenmal, theils aus Handschrifftlichen Urkunden, theils aus denen Französischen Lettres Edifiantes verteutscht und zusammen getragen von Joseph Stöcklein, gedachter

Societät Jesu Priester, Sechster Theil, （Augspurg und Gräz：Verlegts Philipp/ Martin und Johann Veith Seel, 1726 ）

翻譯自法國杜赫德神父所編纂的《耶穌會士書簡集》，並補上其未曾收錄的德語地區耶穌會士書簡。本館所藏為第六冊，收錄1711到1715年間，編號從127到149號的書簡。

●

《中國全誌》第一冊 ／ 館藏號：2003.15.184

Du Halde, Jean-Baptiste., Description géographique, historique, chronologique, politique et physique de l'empire de la Chine et de la Tartarie chinoise, enrichie des Cartes generales et particulieres de ces Pays, de la Carte générale & des Cartes particulieres du Thibet, & de la Corée, & ornée d' un grand nombre de Figures & de Vignettes gravées en Taille-douce, Tome Premier, （ Paris : P.G. Le mercier : 1735 ）

●

《荷使出訪日本記》 ／ 2003.15.176

Montanus, Arnold., Ambassades mémorables de la Compagnie des Indes Orientales des Provinces Unies, vers les Empereurs du Japon. Contenant plusieurs choses remarquables arrivées pendant le voyage des ambassadeurs; et de plus, la description des villes, bourgs, châteaux, forteresses, temples et autres bâtiments: des animaux, des plantes, montagnes, rivières, fonteines, des moeurs, coutumes, religions & habillements des Japonois: Comme aussi leurs exploits de guerre, et les révolutions tant anciennes que modernes que ces peuples ont essuyées. Le tout enrichi de figures dessinées sur les lieux, & tiré des mémoires des ambassadeurs de la Compagnie. （ Amsterdam: Jacob de Meurs，1680 ）

館藏為法文版本。本書雖然沒有標示作者與譯者，但原文為Arnold Montanus所著於1669年所出版的荷文著作，故推定其為作者。

●

《新舊東印度誌》 ／ 2003.15.182

Valentyn, François., Oud en Nieuw Oost- Indiën, vervattende een naaukeurige en uitvoerige Verhandelinge van handel, en vaart der Nederlanders op Tsjina als ook een keurlyke Verhandeling van 't wezentlykste, dat men behoort te weten van Tayouan, of Formosa, alles zeer naaukeurig, Land- en Zeè-dieren, met alle het Wereldlyke en Kerkelyke, van d' Oudste tyden af tot nu toe aldaar voorgevallen, beschreven, en met veele zeer nette daar toe vereyschte Kaarten opgeheldert door François Valentyn, onlangs Bedienaar des Goddelyken Woords in Amboina, Banda, enz.,（ Dordrecht/ Amsterdam: Joannes van Braam/ Gerard onder de Linden, 1724 ）

「新舊東印度」指的是荷蘭人所接觸過亞洲、東南亞地區的「過去與現在」，而不是兩個東印度地區。本書全套共分五冊，第三、四、五冊均分上下冊。館藏部份則是第四冊前半冊。

國家圖書館出版品預行編目資料

製作福爾摩沙─追尋西洋古書中的台
灣身影＝The fabrication of formosa:
images of Formosa in European
antique books / 鄭維中著.--初版.--臺北
市 : 如果出版 : 大雁文化發行,
2006〔民95〕
面: 公分
ISBN 978-986-82416-2-6 （平裝）
1. 台灣- 歷史 2. 台灣- 歷史- 目錄
673.22   95018796

製作福爾摩沙——追尋西洋古書中的台灣身影
The fabrication of Formosa: Images of Formosa in European antique books

作者／鄭維中
設計／黃子欽
攝影／劉信佑
責任編輯／張海靜、江明珊、劉文駿
行銷企劃／黃文慧
副總編輯／張海靜
總編輯／王思迅
合作出版／
如果出版社
大雁文化事業股份有限公司
發行人／蘇拾平
地址／台北市中正區重慶南路一段121號5樓之10
電話／（02）2311-3678
傳真／（02）2375-5637
國立台灣歷史博物館籌備處
籌備處主任／呂理政
地址／台南市長和路一段250號
電話／（06）356-8889

傳真／（06）356-8896
網站／ http://thm.gov.tw
發行／大雁文化事業股份有限公司
地址／台北市中正區重慶南路一段121號5樓之10
24小時傳真服務／（02）2375-5637
讀者服務信箱E-mail／andbooks@andbooks.com.tw
劃撥帳號／19983379
戶名／大雁文化事業股份有限公司
印刷／成陽印刷股份有限公司
出版日期／2006年10月 初版
定價／380元

ISBN 978-986-82416-2-6
　　　986-82416-2-6
GPN 1009502572